『赢在京东』系列电商教程

京东平台数据化运营

数据创新组 著

JD.COM 京东　京东大学 JD UNIVERSITY 权威出品

電子工業出版社
Publishing House of Electronics Industry
北京•BEIJING

内容简介

"赢在京东"系列电商教程是京东官方认证用书，由一线业务精英和权威专家团队出品的电商读物，将不断分享京东发展过程中的优势资源与先进经验，希望能满足品牌商家、创业者、电子商务从业人员等发展之所需。

本书为继首部《京东平台运营攻略》之后的又一部力作。从商家最关心的流量、转化率、客单价、复购率、行业分析五个维度展开，详解为可执行可实操的方法和步骤，帮助商家运用数据化思维去分析店铺，指导店铺运营。

本书首次公开了许多京东平台的特色内容，例如关于京东APP端、微信端、手机QQ端、M端等无线流量的详细介绍；关于优化京东搜索流量的方法和步骤；关于京东平台转化率相关指标的优化方法等。同时，本书还联合京东平台资深商家提供了多个实操案例。

图书在版编目（CIP）数据

京东平台数据化运营 / 数据创新组著 . —北京：电子工业出版社，2016.3
"赢在京东"系列电商教程
ISBN 978-7-121-27895-2

Ⅰ. ①京… Ⅱ. ①数… Ⅲ. ①电子商务—商业企业管理—经验—中国 Ⅳ. ① F724.6

中国版本图书馆 CIP 数据核字 (2015) 第 307503 号

策划编辑：张慧敏
责任编辑：石　倩
印　　刷：北京虎彩文化传播有限公司
装　　订：北京虎彩文化传播有限公司
出版发行：电子工业出版社
　　　　　北京市海淀区万寿路173信箱　邮编：100036
开　　本：787×1092　1/16　印张：16.25　字数：454.08千字
版　　次：2016年3月第1版
印　　次：2023年5月第18次印刷
定　　价：69.00元

凡所购买电子工业出版社图书有缺损问题，请向购买书店调换。若书店售缺，请与本社发行部联系，联系及邮购电话：（010）88254888，88258888。

质量投诉请发邮件至 zlts@phei.com.cn，盗版侵权举报请发邮件至 dbqq@phei.com.cn。

本书咨询联系方式：010-51260888-819　faq@phei.com.cn。

本书编委会

在此诚挚感谢所有为此书付出努力的京东同仁

• 数据创新组 •

· 王彪 ·

京东商城营销研发部 POP 平台部负责人，互联网及电商行业资深人士。2010 年加入京东，一直专注于 POP 平台的系统建设，对电商开放平台理解深刻，致力于为京东第三方商家提供丰富的合作模式、优秀的电商系统和工具，打造健康开放的电商生态。

· 赵环宇 ·

京东数据罗盘产品经理，京东易搜产品经理。在数据洞察、数据分析、统计解析等领域具有丰富经验，曾担任香港上市企业数据分析师，是国内最早一批的电商运营人员。乐于为商家提供数据分析、决策与指导建议。

· 陈宣武 ·

资深产品经理，京东数据罗盘产品组 Owner，问题终结者。目前专注于数据产品领域，产品设计思想遵循分析思路及方法，认同数据驱动，希望通过数据指导更多商家做精准运营。

· 安璐千 ·

具有九年电商 SEO 技术及运营经验。曾任职京东平台及商家运营平台，协助京东第一家 O2O 企业完成团队搭建；成功运用 SEO 技术帮助多家传统企业、自营品牌在电子商务平台上取得显著发展。被称为京东最具影响力的 SEO 技术研究者。

· 陈为恒 ·

具有七年多全球电商产品经验。目前负责京东导购产品线创新工作（包括首页、频道、类目及综合导购产品）。

· 黄华 ·

数据罗盘产品经理。热情友好，倾听商家的每一个声音，在商家中有良好的声誉，致力于通过数据产品简化商家决策的过程。

· 贾彦 ·

高级经理。做数据也做战略，一切均是为了提高用户和商家的体验。希望每一个数据分析结论都有自己的应用场景，通过数据帮助商户摸索业务的规律，帮助用户推荐喜爱的商品。

· 李星毅 ·

POP平台数据创新组负责人。具有十年以上互联网、电商产品经理工作经历，对电商平台店铺运营、数据分析、广告投放、营销推广有多年实战经验。

· 李亚鹏 ·

京东资深产品经理。2012 年加入京东，主导了 POP 平台商家管理、全球购等重大项目，目前负责 POP 平台基础产品线管理工作。

· 林慧 ·

有丰富数据开发经验的数据产品经理。参与京东大数据平台的搭建过程，负责产品罗盘（面向网站分析）的规划、设计，是京东技术学院优秀讲师。

· 马冉 ·

京东商城PC端商品详情页产品经理。打过工创过业，可前台可后台，专注用户体验三十年。尤文蒂尼（尤文图斯球迷的昵称）、岳云鹏忠实粉丝、准咖啡师。

· 孟令芹 ·

京东商城 POP 平台高级产品经理。可做需求、带项目、敲代码、建网站。钟情于产品设计，曾带领团队从 0 到 1 创立京东活动管理系统，并曾主导过商品和促销模块的优化工作。

· 宋骞 ·

京东资深产品经理，商家后台营销平台组产品负责人。具有多年会员及营销管理的产品经验及运营经验。“京师堂”TOP100 讲师。

· 申鹏飞 ·

京东无线事业部资深产品经理。负责京东客户端基础模块的产品规划及体验，项目经验涵盖iOS/Android/WP/M/TV等平台，涉及电商、音乐、电子书、网盘、社交等多种业务。擅长跨平台、跨业务的产品设计，致力于追求极致的产品体验。

· 吴燕迪 ·

数据罗盘产品经理。英国曼彻斯特大学商业分析硕士（Distinction Degree），擅长用数据分析的思路来解决问题，致力于丰富和优化数据罗盘产品功能，进而帮助京东开放平台商家挖掘大数据价值，提升运营效率和经营业绩。

· 于寒 ·

基础平台商家组产品经理。目前负责奖惩系统、卖家服务认证及店铺评分产品。具有多年项目及实施经验。擅长挖掘事物本源，探索最大价值。

· 于宏顺 ·

京东无线后台产品经理。在市场营销、品牌推广领域具有丰富经验。

· 杨廷彬 ·

营销平台组产品经理。负责基础类营销相关产品，设计让商家喜爱的营销工具，支撑创新业务的扩展工作。

· 周广彤 ·

京东商家后台系统营销平台组产品经理，京东技术学院优秀讲师。主要负责商家营销方式的拓展和创新，致力于实现商家营销需求，提升商家体验。

· 赵晓蕾 ·

数据创新组高级产品经理。从事数据挖掘和数据化运营分析工作，研究包括：移动应用数据分析、产品数据体验优化、用户行为预测和推荐系统。擅长数据的定量分析，希望将数据分析的结论应用于实践，并通过数据分析为网站创造价值。

序一

数据创造价值，创新铸就辉煌

京东商城 CEO 沈皓瑜

随着互联网的高速发展，电商行业已经渗透到人们日常生活中的方方面面。作为国内最大的自营电商，京东的成功离不开这次互联网浪潮带来的历史机遇，但更重要的是，京东一直以来都在坚持做一件事：创造价值。

目前，价格已不再是电商市场的唯一决胜因素，品质和服务日显重要。用户为先是京东的价值观，为了向用户、平台商家和供应商提供最好的服务，京东构建了国内最先进的供应链管理体系。通过不断优化采购、仓储、分拣、运输等环节，京东做了很多行业创新。例如，创造性提供"极速达"、"211 限时达"、"次日达"等便捷服务，满足了用户对速度的需求；大幅提升了库存周转率和资金周转率，为京东和合作伙伴降低了运营成本，提高了效率。

当然，供应链效率的提升，离不开业务和技术的通力协作，特别是在大数据领域的深度挖掘。基于完善的电商数据体系，京东创建了商品销量预测等智能模型，在供应商协同、智能补货和库存优化等方面都取得了突破进展；通过数据协同，可以帮助供应商更高效地完成原材料采购、产能计划、送货、补货，释放了采购人员大量的工作。

数据化运营已经获得电商同行的普遍重视。努力做到用户体验更好、运营效率更高、成本更低，就会在激烈的市场竞争中取得优势，因此我们准备了本书，分享了京东在数据化运营领域的方法和心得。希望供应商和商家对京东有更全面、更深刻的认识，结合数据更好地运用京东资源，最终与京东一起通过数据创造价值，通过创新铸就辉煌。

序二

迎接数据时代，技术驱动创新

京东集团 CTO 张晨

过去十年，秉承对用户体验的不懈追求，京东实现了无数次颠覆行业的突破和创新，推动国内乃至全世界电商行业的生态发展。面对瞬息万变的市场，为了满足业务快速发展的需要，京东正在成为技术和业务双驱动模式的互联网公司。未来十年，技术的力量将帮助京东在每一个业务环节都做到极致，持续为用户提供更好的服务，同时也降低供应链成本、提高运营效率。

大数据作为技术驱动的核心引擎，是京东现阶段的重大战略。京东拥有中国电商领域最完善、最精确、价值链最长的数据，通过优化数据模型、挖掘数据价值、提高深度学习能力，京东在精准营销、推荐搜索、用户体验等方面不断实现新突破，这些研究成果创造了巨大的商业价值。

当然，挖掘数据价值，并不只是京东的独角戏。作为京东生态链中至关重要的一环，开放平台的商家也身在其中。本书是京东推出的以数据化运营为主题的第一本书，有两点显著意义：第一，帮助商家全面了解开放平台的操作方式和运营方法；第二，指导商家在数据分析的基础上，进行日常运营。随着电商行业竞争的加剧和运营人员能力的提升，商家想要脱颖而出，必须采取科学的数据化运营方法。数据可以帮助商家更精准地分析店铺健康状况、掌握行业动态、确定品牌定位，大幅提升店铺运营效率、降低运营成本、增强用户购物体验。

希望本书能为开放平台商家带来一个全新视角，开创数据掘金的新篇章。京东将持续为商家提供更高效、更智能的系统，帮助商家快速成长；同时，商家良好的数据化运营，也将促进京东整体的进步和提升，最终实现良性循环、共生共赢！

序三

通过数据提升商家运营效率

京东商城研发部副总裁 马松

从 2010 年京东开放平台上线来，秉承服务好商家的宗旨，京东技术体系一直致力于为商家提供最具价值的解决方案。京东技术体系的特点是涵盖电商全流程、全价值链。从前端的交易到供应链、仓储、配送、客服及售后等环节的系统，全部由京东自己研发。京东平台承载大量的用户数据和交互行为，这些数据会是核心生产力，成为技术驱动业务创新和商业变革的重要力量。

随着京东开放平台的发展、业务场景的扩充，越来越多的商家提出了用数据指导店铺运营的迫切需求。这反映了商家越来越重视数据，重视精细化运营，本书也就应运而生。本书经由十几名京东一线产品和业务精英，历时四个月编撰而成。从商家最为关心的流量、转化率、客单价、复购率和行业分析五个维度着手，访谈了大量的商家，既介绍了平台数据产品的分析方法，又对很多案例进行了深度讲解，还邀请到多位有丰富实战经验的商家分享心得，当之无愧成为开放平台商家和电商从业人员必备的数据化运营教科书。

掌握本书的内容，可以帮助商家提升运营效率，成为运营高手。数据化运营没有捷径，需要大家踏实地学习、实践和总结。希望通过本书，可以为商家抛砖引玉，开拓思路，给大家带来一些思考和启发。

前言

京东商城营销研发部 POP 平台部总监 王彪

初于本心

孙子曰：兵者，国之大事，死生之地，存亡之道，不可不察也。又曰：多算胜，少算不胜，而况于无算乎！观今日电商界风起云涌，商场如战场，每个商家都在思踌运营之道和营销之术。为了帮助商家在京东更快更好的发展和成长，我们组织团队十余人，历时四个多月，走访了京东内部众多的运营精英和电商企业，经过提取、分析、归纳后，编写成本书。

立于吾业

书中的内容，紧紧围绕电商的业务展开。本书不是简单枯燥的介绍各种系统的使用方法和步骤，而是根据“销售额 = 流量 × 转化率 × 客单价”最为核心的公式展开，并扩展至复购率和行业分析的内容，将京东平台有价值的业务规则、运营经验和各种分析方法，逐个讲解，帮助商家实现从入门到精通、从了解到实操的最终目标。

寄予此情

感悟：数据要与商业结合，从商业价值出发才能体现数据的价值。只有真实、有效、能落地的案例才对读者具有正确的导向，掌握数据运营能力的商家会取得领先优势。

感动：本书的编委会成员，均来自于京东第一线的产品和业务精英。大家在完成每天繁重的工作之余，不分昼夜加班编写各自章节的内容，大家这种忘我的付出，确保了本书的质量。

感谢：感谢为本书提供案例分析的北京乐天时代咨询顾问有限公司和北京京拍档科技有限公司，以及小狗电器官方旗舰店、茵曼官方旗舰店、李宁官方旗舰店、大朴家居旗舰店等资深商家的无私分享，贡献的这些实操干货，为本书增色不少。

目录

第1章 01

第2章 02

第3章 03

第4章 04

第5章 05

附录A A

附录B B

附录C C

第 1 章

流量篇——流量为王的电商风云

1

我们知道电商行业的黄金公式，销售额 = 流量 × 转化率 × 客单价。其中流量是排在第一位的，因为客流量是基础、是根本，没有流量，就意味着没有用户到达店铺，就像一个装修豪华的购物中心却位于一个渺无人迹的荒山上，没有人来买东西啊！京东（JD.COM）作为“中国最大的自营电商企业”之一，即便在如今电商流量获取日益困难的情况下，京东平台的流量每年还是呈现强势增长的态势，年度活跃用户数由截至 2014 年 9 月 30 日的 12 个月期间的 8280 万人增长至截至 2015 年 9 月 30 日的 12 个月期间的 1.319 亿人，同比增长 59%。京东平台目前处于正常运营状态的店铺有 9 万余家，这个数字好像在说明一个道理：“资源永远是稀缺的，流量永远是不够用的”。无论是大型商家、中小商家还是刚开张的新商家，每天都在追求着流量的增长。然而，电商平台的流量红利期窗口一定是有限的，当竞争越来越激烈的时候，精细化运营一定是一个必然的趋势。对于流量，我们也同样应该精打细算，把每种渠道、每种类型的流量来源的特质理解透彻并运用自如，才可能实现流量的最佳利用，最大化挖掘每一位到达店铺访客的消费价值。

因此，第 1 章我们首先来聊聊流量那些事儿，对京东流量来源的类型进行详细的介绍，并指导商家分析诊断流量的方法与步骤，最后几节介绍一些在京东平台实用的流量获取与优化的方法，为商家朋友抛砖引玉，开拓思路。

1.1 京东流量来源概览

京东平台较之其他电商平台，独具特色的就是终端的多样性和流量来源的丰富性，这就为不同商家的精细化运营提供了非常好的基础。目前终端可以分为两大类，一是 PC 端、二是移动端，而移动端又包括京东 APP 端、M 端、微信端和手机 QQ 端四个子类型。如图 1-1-1 所示，为京东某类目的行业标杆性商家 2015 年 10 月的 PC 端和移动端占比。因此，商家应了解目前五大终端类型的流量特点和特色，结合自己店铺的定位和商品的优势，进行差异化、精细化的运营。下面为大家介绍京东平台五种终端的流量特征。

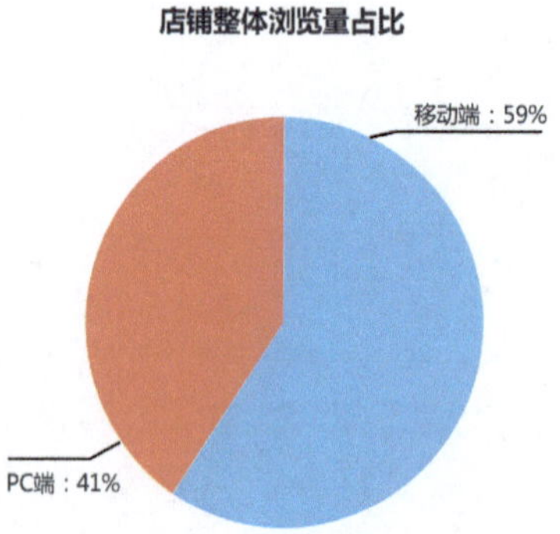

图 1-1-1

1.1.1 流量的重要指标

首先我们需要了解关于流量的一些基本数据指标。访客数、浏览量和访问次数，是常用的衡量流量多寡的数据指标，而平均访问深度、平均停留时间和跳失率三个指标，是常用于衡量流量质量优劣的数据指标。

访客数：也称为 UV，访客数是用于衡量店铺或页面来了多少个人的指标，是到达店铺或页面的用户去重后的数值，即同一用户从多个渠道多次访问只被计算一次。多天的访客数为各天访客数累计后去重的数值，也就是说同一个人在一段时间内来了多次，也只会被统计为一个人。

浏览量：也称为 PV，浏览量是用于衡量用户，也就是访客在店铺内浏览和查看了多少次页面的指标。也就是说，一个用户多次打开或刷新某个页面，浏览量累加。多天的浏览量为各天浏览量的累计值。

访问次数：也称为 Visits，用于表示店铺在一个会话内被用户连续访问的次数，如图 1-1-2 所示，从用户进入店铺页面开始，连续访问店铺页面 4 和页面 5 后离开店铺，记为一次 SHOP 店铺访问次数；用户中途离开后，再次进入店铺页面，又访问了页面 8 和页面 9，记为第二次 SHOP 店铺访问次数。

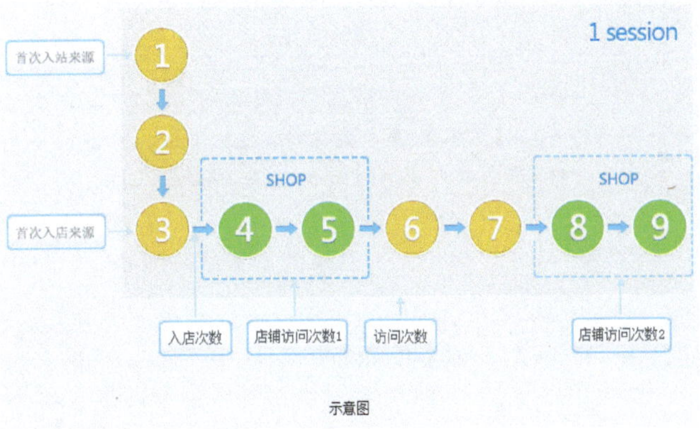

图 1-1-2

结合以上三个指标，给出一个示例，例如用户小果在 8 月 1 日上午通过京东搜索点击到达店铺 A，浏览了 2 个页面后离开店铺，下午小果又通过首焦广告位点击到达店铺 A，浏览了 3 个页面后离开，那么，8 月 1 日用户小果为店铺 A 带来的访客数为 1 人，浏览量为 5 个，而访问次数为 2 次。

平均访问深度：平均访问深度 = 浏览量 / 访问次数。这个数据是用于衡量用户在进行店铺访问时，浏览了几个页面的指标，上例中，用户小果在上午的店铺访问中，访问深度是 2，假设 8 月 1 日店铺 A 只有小果一个来访用户，那么这个店铺全天的店铺平均访问深度为 2.5。

平均停留时间：平均停留时间 = 总停留时间 / 总浏览量。平均停留时间表示用户每次访问在页面内停留时间的均值，单位为秒。上例中，例如小果在上午的访问中停留了 20s，下午的访问中停留了 60s，则 8 月 1 日用户小果在店铺 A 的平均停留时间为 16s。

跳失率：跳失率 = 跳出次数 / 访问次数。用于表示用户只访问了店铺或商品一个页面就离开店铺的访问次数占总访问次数的比例。上例中，例如 8 月 1 日店铺 A 只有小果一个访客，在上午的访问中小果访问了商品 a 后就从商品页跳出离开店铺，下午的访问中小果访问了商品 a 后又通过 a 的关联商品推荐访问了商品 b，那么针对商品页 a 来说，跳失率为 50%。

关于以上几个指标在应用中的详解，将在本章的 1.2 节进行说明。

1.1.2 PC 端的流量特征

PC 端的流量是指用户通过 PC 访问京东主站（JD.COM）而进入店铺的流量，PC 端是京东最早的，也是最为成熟的终端类型。可以说是国内电商最优质的流量入口之一，总体来讲，PC 端的流量具有如下特点。

1. 流量入口丰富

PC 端显示器的屏幕越来越大，可展现的界面和内容会更多，可承载的用户交互也更多，因此较之其他几种终端，PC 端的频道设计最为丰富，同时，由于中心化入口的模式，首页、一级频道页、类目页、搜索页等几个大份额流量入口又相对集中。商家应该了解所有细分入口的特征，结合自己商品的定位，这样无论是报活动，还是优化流量入口，都不是盲目的进行。下面我们列举几个较大的店铺流量来源入口。

（1）首页

访问 www.jd.com 到达京东首页，首页既是京东的品牌门户，又是京东平台内最重要的流量集散地。最新一版首页于 2015 年 4 月份上线，新版首页除了视觉上美轮美奂，还在品类引流策略上也做了适当调整，加强了服装、个护美妆等日百品类的露出，并引入“千人千面”个性化推荐模块。其中：

- “左侧分类”

如图 1-1-3 所示，左侧分类是贯穿全站基础的核心导购组件，首页有大约 25% 的点击从该区域向内分发流量。当鼠标移动至某一级分类时，会展开浮层呈现该分类下所有二、三级类目，浮层右侧有三块广告位，呈现形式可为品牌 LOGO、单品图片，因组件贯穿全站绝大部分页面，该广告位曝光次数高，是较优的广告位置，可选择投放，为店铺及重点单品引流。

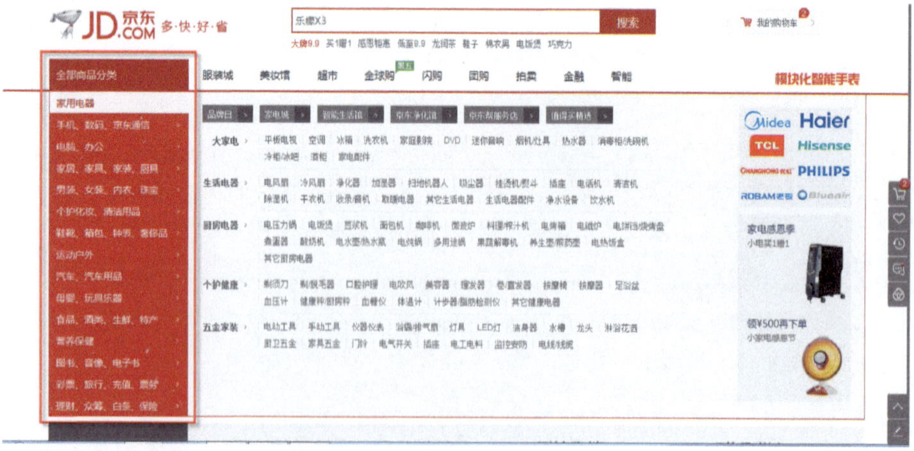

图 1-1-3

目前，类目页流量最大的品类仍然是京东的传统优势“手机”，随着全品类的扩充发展和用户群体的发展壮大，京东已经不再是手机品类独大的时代，女装、男装、运动鞋包等品类的流量也非常可观，以 2015 年 6 月某日为例，TOP10 类目如表 1-1-1 所示。

表 1-1-1

排　名	一级类目	二级类目	三级类目
1	手机	手机通讯	手机
2	服饰内衣	女装	连衣裙
3	钟表	钟表	男表
4	服饰内衣	男装	T 恤
5	运动户外	运动鞋包	跑步鞋
6	家用电器	大 家 电	空调
7	电脑、办公	电脑整机	平板电脑
8	电脑、办公	电脑整机	笔记本
9	手机	手机配件	手机保护套
10	家用电器	大 家 电	平板电视

- 首屏焦点图

如图 1-1-4 所示，首页首屏中间位置的焦点图区域包含 6 帧大幅广告位，属固定广告位，其中第 2、3 帧可开放出售，由于首页海量的日均浏览量，首屏焦点图位置显然是进行品牌推广和吸引客流的最佳广告投放选择。

图 1-1-4

- 今日推荐、猜你喜欢

如图 1-1-5 所示，“今日推荐”为个性化推荐模块，该模块的定位是为促销活动引流（促销活动指的是京东内部运营人员搭建及商家自行搭建的促销活动类页面）。其共包含 16 个位置，分 4 帧切换，每帧显示 4 个活动。其中，每帧前两个位置，为京东大数据系统根据用户的历史行为进行的个性化推荐，即每个用户看到的活动是不尽相同的，是匹配其潜在兴趣的活动，这些活动是京东内部运营人员搭建的；每帧后两个位置，可开发销售，是提供给商家进行促销活动的广告投放。

“猜你喜欢”为个性化推荐模块，为大数据系统根据用户的历史行为实时推荐的单品集合。

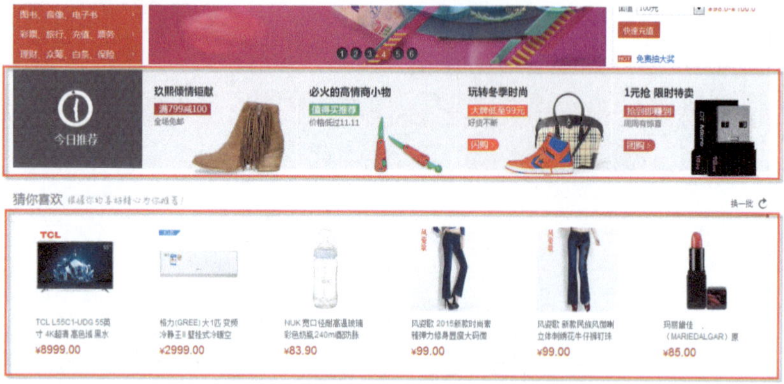

图 1-1-5

- 京东特色购

如图 1-1-6 所示，特色购版块是京东特色导购产品的聚合入口，目前有“品牌街”、“京东首发”、“预售”、“好东西”、“试用”共计 5 个模块。

“品牌街”，主要服务于品牌促销及为店铺引流，属于浏览量最大的特色导购产品，商家可提报活动参加。“京东首发”主要服务于新品的营销。“预售”，主要服务于支撑京东平台预售模式的业务，目前手机、3C、家电等品类的参与比较集中。“好东西”，定位为精选单品的推荐平台，通过人工提报及对评论、晒单的数据挖掘进行选品。

图 1-1-6

- 楼层

首页一共有 11 个楼层，按一级类目进行归整，覆盖京东包括实物、虚拟、金融全业务。

如图 1-1-7 所示，楼层区域有 9 个以内的页签（页签一般按二级类目分类），以及底部的品牌 LOGO 通栏。默认的第一个“热门”标签为该楼层分类的综合内容（包括单品、促销活动、频道、店铺等），其他每个标签展开后有 8 个位置，显示对应分类下的单品。楼层区域一般有 90 个左右的引流位置，其中部分开放销售，可供商家进行选择投放。

图 1-1-7

（2）一 / 二级频道页

目前京东商城经营的品类，包含 27 个左右的一级实物品类及 10 多个虚拟品类（电子出版物、票务、充值、彩票、旅游等），一级实物品类下包含 100 个左右的二级品类，品类数量和结构在持续优化调整中。

如图 1–1–8 所示，频道是京东商城的基础导购信息框架，是流量垂直化分发的重要渠道。频道垂直化是导购产品线的核心战略，自 2014 年 8 月份至 2015 年初进行了大面积的垂直化改版，目标是整合领域消费内容、商品、服务，形成一站式解决方案的垂直市场，让用户在频道上“逛”起来。

图 1-1-8

（3）京东搜索

当用户具有较为明确的购物意图时，一般会首先在搜索框输入商品名称或商品属性词开始搜索商品，再在搜索结果页进行筛选，如图 1–1–9 所示。搜索流量是精准度和转化率都较高的优质流量，是商家最应该重视的精准流量来源。本章第 1.5 节将对搜索流量的优化进行详细介绍。

图 1-1-9

2. 工作日为流量高峰

如图 1–1–10 所示，为 2015 年 7 月份京东 PC 端全站的流量趋势曲线图，可以明显地看到，每周的上半周流量处于高位，下半周开始逐渐走向低位，四个流量的低谷区域均位于周末（或者是节假日），透过这个曲线我们可以分析，使用 PC 在京东主站进行购物的主力人群大部分是上班族，在工作日的休息间隔进行网购，另一部分是周末具有放松、游玩、旅游等特征的人群，因此他们周末在 PC 端进行网购会觉得不便利。

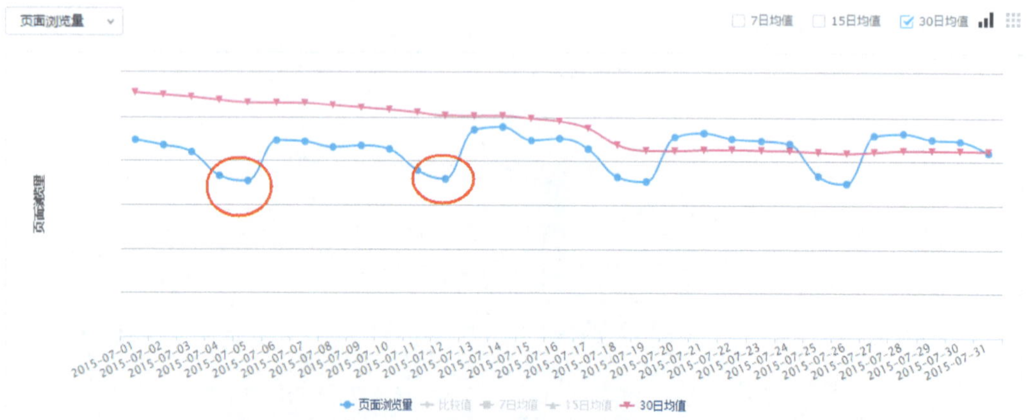

图 1-1-10

同样，每个商家都应该分析自己店铺的 PC 端流量趋势曲线，迎合流量的上行趋势进行商品上新和营销活动的推广，才可以达到事半功倍的效果。商家可以通过数据罗盘中的“店铺分析→PC 流量分析→流量概况”模块，查看 PC 端的流量趋势曲线。如图 1–1–11 所示，为某商家 2015 年 7 月的流量趋势曲线图。

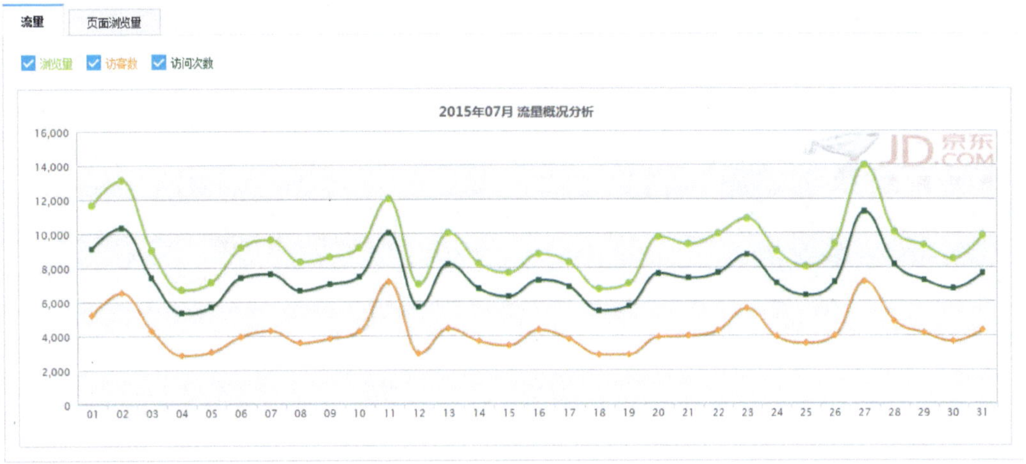

图 1-1-11

1.1.3 APP 端的流量特征

根据易观智库和京东 2015 年 5 月联合发布的研究报告称，2014 年中国手机网民达 5.56 亿人，手机网购者达到 2.36 亿人。近年来，移动网购市场始终保持三位数的高增长态势，移动网购在整个网上零售中的占比已超过 30%（图 1-1-12）。

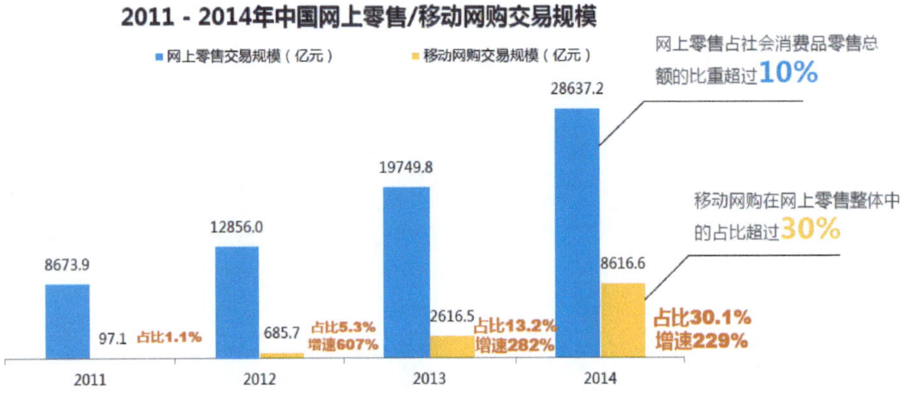

图 1-1-12（图片来自易观智库）

京东从 2011 年推出第一款京东 APP，经过几年的发展，目前已覆盖了包括 Android 、iOS、WP、Win8 在内的几乎所有移动终端平台。截至 2015 年 6 月 18 日，京东 APP 已经成为 2 亿用户的首选，是国内最大的购物 APP 之一。在 2015 年“双 11”大促当日，来自移动端（包括京东 APP、微信购物、手机 QQ 购物和 M 端）的下单量已经达到 74%。

卓越的移动网购体验，这是用户认可京东移动端的关键因素，京东 APP 从运营端、产品端、技术研发端不断改进，抓住移动电商的碎片化、聚焦感、随时性、随地性的特点，努力提升用户的终端使用体验，对于用户来说，这里是一个更便捷、更好玩、更个性的购物入口（图 1-1-13）。

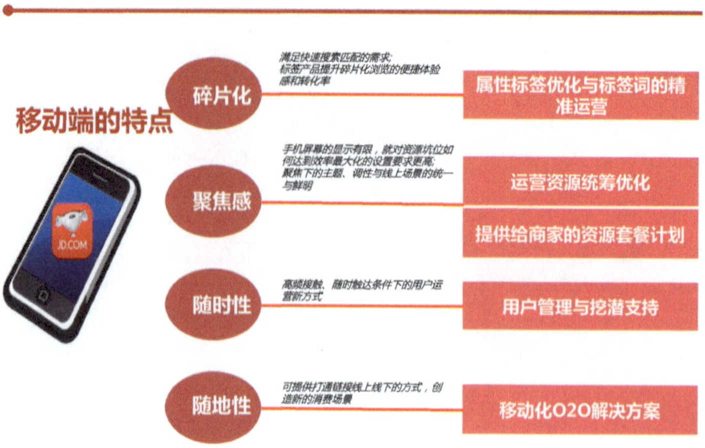

图 1-1-13

1. 碎片化

移动端的用户常常在碎片化的时间里快速完成购物，除价格之外，他们也非常注重购物流程的顺畅和快捷，因此商品推荐、露出的精准性要求比 PC 时代提高了很多，APP 需要比 PC 端的搜索、分类、首焦、推荐等流量入口方面做到更精准命中的引导用户。从购物流程上来说，由于碎片化的时间可能是在交通工具上，可能是在会议中，因此对 APP 的购物流畅性要求极高；从获取用户上来说，需要在有限的时间里把用户吸引住，意味着在资源位的图片露出、商品详情页的图片设计、店铺的装修等方面需要花更多心思来留住用户；从精准触达上来说，搜索是目前各大购物 APP 最主要的流量来源，意味着商家需要认真选取自己商品的关键词，关注时下流行的热点词等，使自己的商品尽可能多地被用户搜索到。

以关键词精准触达为例，手机购物碎片化的特征要求商家能满足快速搜索匹配的需求，而随着商品不断丰富，传统类目分类将无法解决手机流量长尾问题，好的标签将能重新组织流量，成为 POP 商家的重要流量入口。比如，关键词编辑的精准与契合决定了是否能提高自己商铺的 SKU（Stock Keeping Unit，库存量单位在海量商品中的出场概率，提升碎片化浏览的便捷体验感和转化率（图 1-1-14）。

全平台热搜词	例如：这一段时间女装品类的热搜词TOP榜为：T恤女、套装女夏装、防晒衣，而秋装新品的热搜度相对低一些，说明目前全国普遍气温依然较高，夏装还有一段热销期，商家可以多安排换季清仓的活动，同时根据热搜的品类、功能属性筛选出可能热卖的单品重点做露出营销
店铺商品的热搜词	例如：某服装品牌旗舰店的商品的搜索关键热词包含着“韩版”、“宽松”、“运动套装”，此品牌卖家就可以清楚地判断出用户对品牌的属性认知，并且在上新品的时候有意识地增加此类属性标签
标签商品交易表现	例如：商家有一款半身裙，属性究竟应该是“淑女”还是“甜美”，就可以通过用户关键词搜索触达和后续转化的交易表现情况来辅助判断
热点事件+新词表 标签词的更新迭代	例如：现在热点事件与新词出现了“小公举”，便会被直接更新在后台，同时有解析热点新词的基本属性规范，供商家对照衡量是否可以或需要使用热点词； 此外不断更新的标签词库也可以辅助商家及时淘汰旧词、使用新词

图 1-1-14

2. 聚焦感

移动屏幕相对于 PC 端较小，这对信息排版布局提出更高要求，需要更合理的展示信息层级，因此对资源坑位如何达到效率最大化的设置要求更高，聚焦下的主题、调性与线上场景的统一非常重要。因此资源位的配置对运营成效来说非常重要，用户需要在其中感受到明确的购物场景化引导，如果这一步做得不够好，不但商家得到的曝光和流量都不够，用户在浏览路径中途放弃的概率也将会很高。

因此，京东目前正在优化的是整体化地协调分配移动运营资源，明确各栏目、频道、频道内各坑位的场景定位和运营规则，方便商家可以尽量及时、全面的获悉可参与的无线端资源套餐。此外，在资源位的属性方面，我们也会根据商品生命周期帮助商家进行各自的 SKU 划分，比如从店铺入驻到店铺上新，再到当季促销和尾货清仓等环节，可以有目标有主题地解决新品曝光、尾货清仓等问题（图 1-1-15）。

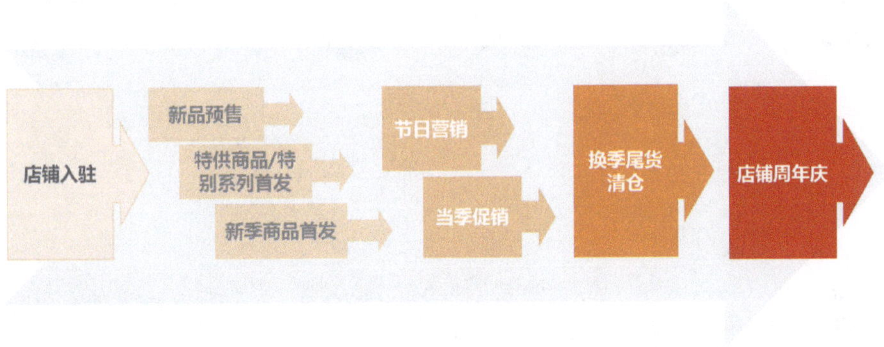

图 1-1-15

3. 个性化

不同于 PC，一般来说手机等移动设备更私人化，设备背后的人大多数情况下是唯一的，也就是说在商品呈现、基础体验、页面风格等方面，都可以更个性的来满足。举例来说，服装品类通过一些可配搭的推荐（上装 + 下装等）能带来用户更多的驻足；3C 品类通过一些配套推荐（笔记本 + 电脑包 + 散热器等）能带来更高的客单价，等等。

个性化推荐基本上融入了 APP 端的各大重点页面，大数据系统基于用户的基本属性、购买能力、行为特征、心理特征、社交网络和兴趣爱好等多维因素，为用户精准的推荐需求度、吻合度更高的商品，这其实是无形的广告位，可以为商家引流更多的精准流量，最重要的是，还免费哦（图 1-1-16）！

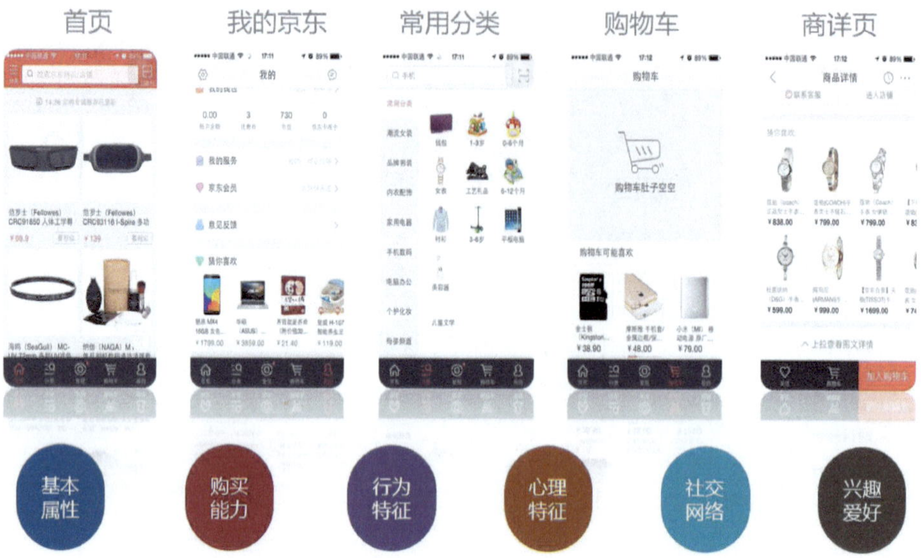

图 1-1-16

不仅如此，京东 APP 还推出了一个完全个性化的定制频道“我的街”，根据用户的购物基因、浏览过或者关注过的店铺和商品进行更个性化的商品推荐（图 1-1-17）。

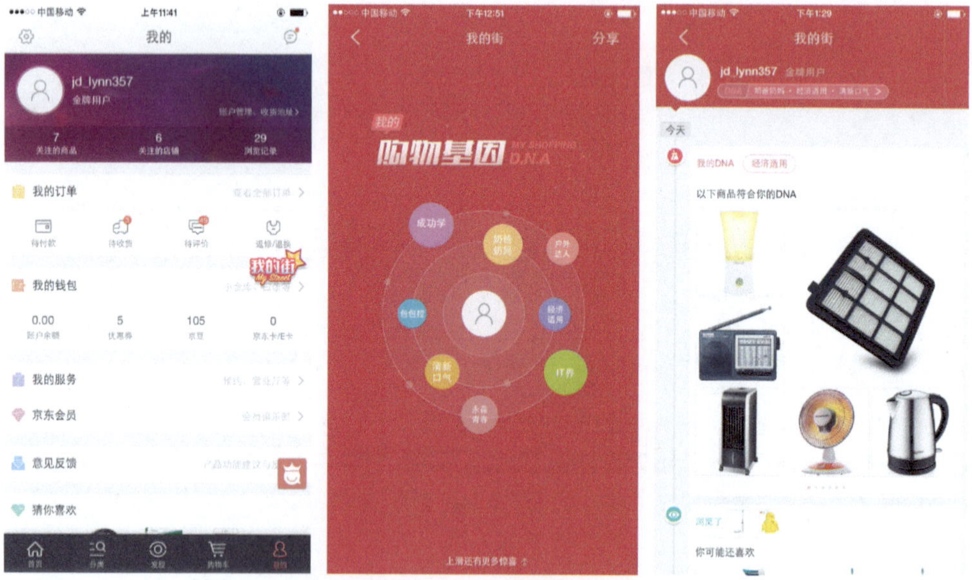

图 1-1-17

同时，APP 端更加强调店铺的概念，以及个性化店铺的推荐，无论是 APP 主页、“我的街”频道页、店铺首页还是商品详情页，“关注”按钮都是处于核心区域（图 1-1-18），用户可以非常便捷地关注某个商品或店铺，并及时了解关注店铺或者商品的促销情况、降价通知或者是会员专享，这对于商家打造品牌、提升用户黏性和忠诚度，无疑是一个利好的方向。

图 1-1-18

4. 场景化

用户在线下线上的内容、功能、社交等场景下衍生的生意可能，这是整个移动互联网产业最独特的特征。这里的场景我们谈两点：

第一是 APP 内的购物场景，也就是我们常说的消费内容。漂亮的服装搭配是场景，实用的家居设计是场景，诱人的食物图片是场景，评价晒单及分享都是能提高流量的场景。“工作在 PC，生活在手机”，APP 端也在尝试更多社区化、分享式的购物体验，让具有相同购物爱好和相同购物场景需求的陌生人，因为京东、因为购物，交流互动起来（图 1-1-19）。

较之微博等其他社交化媒体，这种分享是可以形成购物闭环的，其实是非常适合进行口碑营销的，商家可以开拓一种在京东 APP 的新营销思路，如何拉动粉丝，如何促进分享，这是较之其他购物 APP 大流量入口相对集中的一个补充，是非常适合中小商家起步时拉新引流的方案。

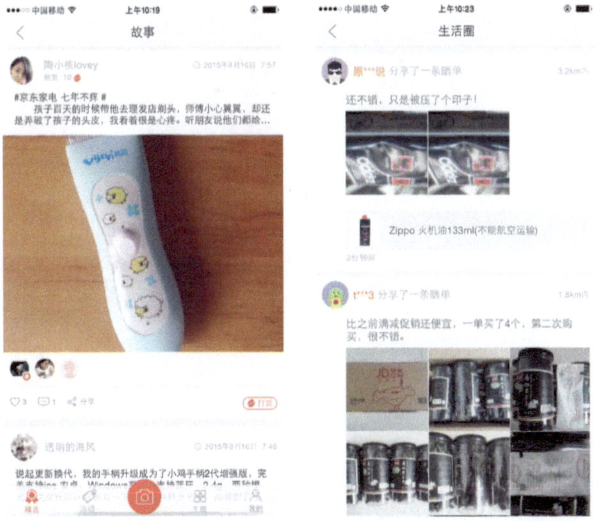

图 1-1-19

第二是由于移动带来的更延伸的交易场景，比如通过移动定位的解决方案，帮助商家实现更为灵活高效的到店服务（图 1-1-20）；又比如将来可实现的线下扫码、京东配送到家的解决方案，打通商家的全渠道销售（图 1-1-21）。

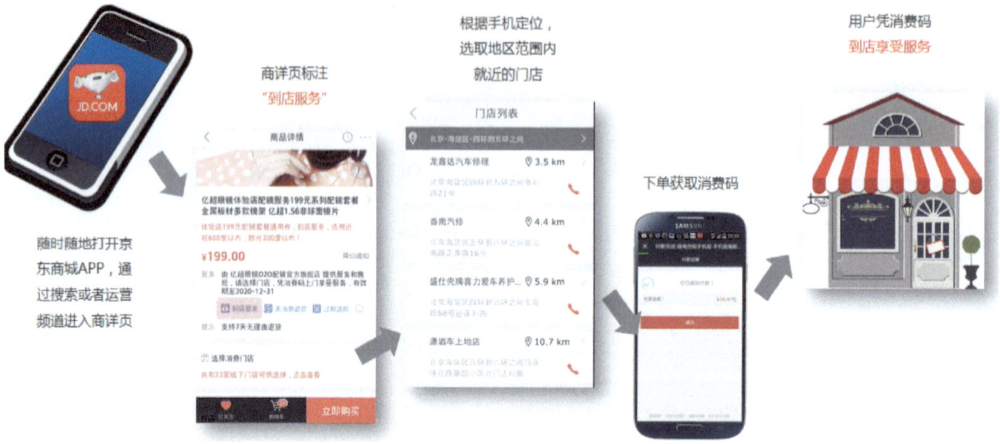

图 1-1-20

图 1-1-21

5．便捷化

如图 1-1-22 所示，在首屏的黄金位置，用户可以直接点击进行物流信息查询，跟踪已下单商品的到货情况，同时，在“我的”频道中，“返修 / 退换”也在非常核心的区域，非常方便用户进行退换货的操作。平台所引导的，当然也就是商家需要重点关注的，商家需重视售后服务环节，想办法提高用户的售后体验，相信对于店铺的复购和用户黏性都是大有裨益的。

图 1-1-22

为了树立京东配送的品牌口碑及加强用户和配送员的互动，APP 端于 2014 年 9 月上线了配送员主页（图 1-1-23），并首创用户给配送员赠送京豆奖励模式，得到用户热烈反馈，上线第 10 天用户累计赠送京豆已突破百万个。

图 1-1-23

6. 趣味性

无论是签到领京豆、摇一摇、跳啊跳还是砍一砍（图 1-1-24），都是 APP 上备受用户青睐的频道，这些既有趣味性又能为用户带来购物实惠的方式，既能提升用户的购物体验，又能帮助商家进行创新性的营销，移动互联网的用户爱玩、爱秀、爱分享，商家应该充分了解和理解你的用户群，在自己的店铺营销上利用这些优势，其实是可以获得更多免费且精准的优质流量的。

图 1-1-24

7. 流量高峰期

商家可以通过数据罗盘中的“店铺分析→经营概况→移动端概况”模块，查看移动端整体和 APP 端的流量趋势曲线。如图 1-1-25 所示，为某商家 2015 年 10 月 14 日的 APP 流量趋势曲线图，第一个流量高峰出现在 13:00 ~ 14:00 的时段，而一天的流量最高峰出现在 21:00 ~ 22:00，且晚高峰持续时间较长。

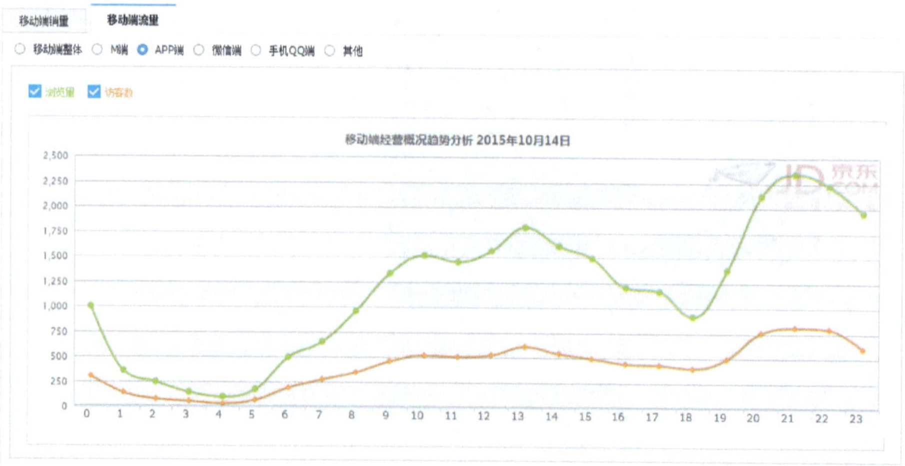

图 1-1-25

1.1.4 微信端的流量特征

2014 年 3 月 10 日，京东、腾讯宣布战略合作；同年 5 月 27 日，京东微信购物上线；同年 10 月，京东微店与京东商城（JD.COM）实现全面打通，打造去中心化和中心化结合的移动电商平台，如图 1-1-26 所示。

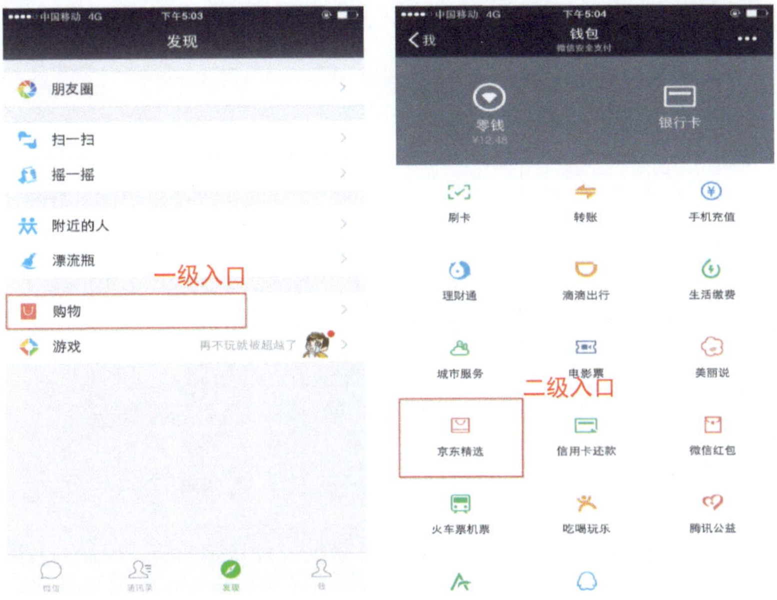

图 1-1-26

1. 去中心化流量入口

2014 年 11 月 27 日，微信购物首页的“微店”专属频道上线，展示更多主题活动和热门微店，每日推荐 200 家好店，为更多好店高效引流。同时，微信端推行去中心化的战略，每个商家既可以享受平台导入的高效流量，又可以通过服务号独立进行营销推广、会员活动等，所谓“八仙过海，各显神通”。以往中心化平台上商家非常头疼的两件大事，就是打造品牌和会员管理，通过微店，都非常巧妙的得以解决，只要用户关注微店，就默认成为店铺的粉丝，非常便于管理，同时，对于店铺品牌的树立和商品品牌的打造，也更加轻松便利。截至 2015 年 4 月 30 日，商家中有 97% 已经入驻了京东微店，其中 55% 已经绑定了微信服务号。

粉丝的力量有多大？可能有的商家并不清楚，曾经风靡的小米粉丝经济如果还不能改变您的思路，那么，通过购物入口的导流，微信购物的微信服务号“京东 JD.COM”粉丝数已达 2896 万个，这个数据，相信会撼动你的神经！品牌的影响力，一定要跟品牌的粉丝们相结合，才能发生爆炸式的化学反应，快来把自己手中的粉丝玩转吧（图 1-1-27）。

图 1-1-27

2. 社交性、参与性

微信是移动互联网时代最为活跃的 APP，根据 2015 年 5 月易观智库与京东联合发布的研究报告（图 1-1-28），微信的月活跃用户数为 5.49 亿人，用户增长高达 40%。微信端购物充分利用和发挥微信的社交化媒体属性，推出了抢红包、抢购、拼购、众筹、特价、首发等创新营销模式，收效非常显著。

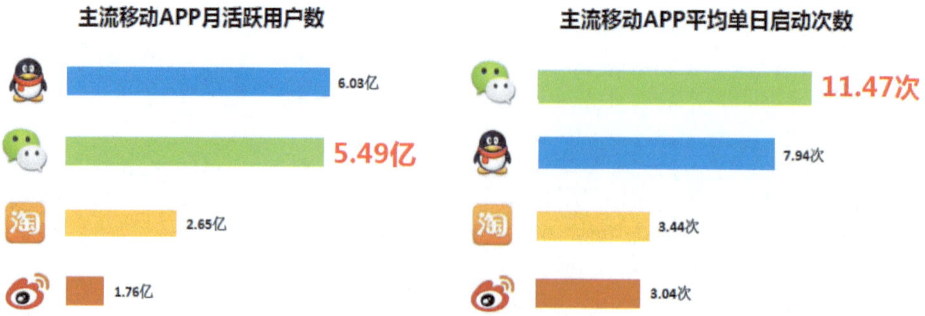

图 1-1-28（图片来自易观智库）

如图 1-1-29 所示，2015 年微信推出基于微信社交关系链的新功能“购物圈”，微信好友可以在这里分享购物体验，或通过好友晒单直接购买自己心仪的商品，为移动购物赋予全新社交乐趣，商家可以进一步开拓 SNS 营销、品牌传播的更多新玩法。

图 1-1-29

3. 用户画像

如图 1–1–30 所示为微信购物群体的用户画像。

图 1-1-30

- 更高的消费能力

根据 2015 年 5 月易观智库与京东联合发布的研究报告（图 1–1–31），微信端的主力消费人群为 80 后的高学历白领人群，商家从一开始就应该确定不同终端的店铺和商品定位，上新时可以考虑将更符合这类人群的商品作为微信主推款，例如推出新颖、有概念的商品在微信“首发”频道发布；或者有文化范儿、有个性的潮品在“潮品发现”频道发布。

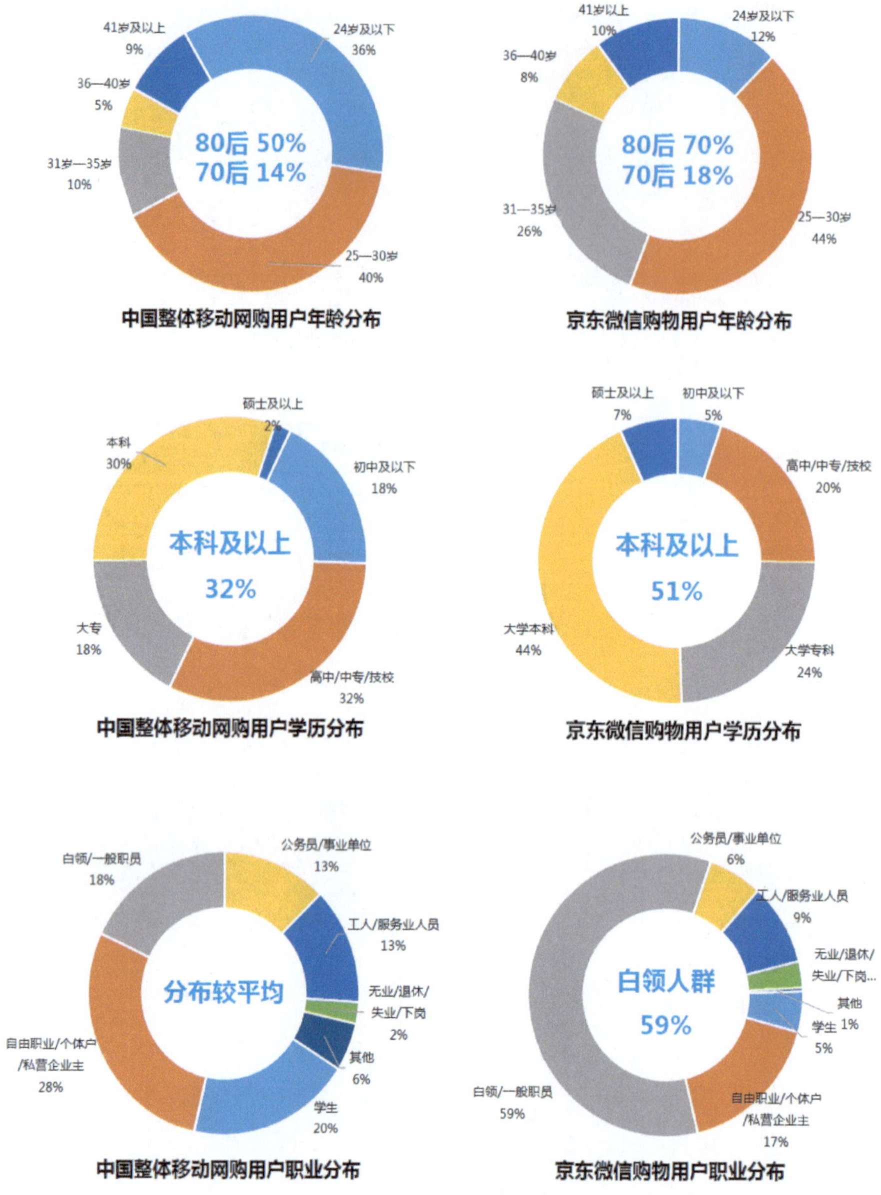

图 1-1-31（图片来自易观智库）

- 男女购物品类差异

根据 2015 年 5 月易观智库与京东联合发布的研究报告（图 1-1-32），在微信购物的用户群中，男性占比为 61%，男性消费会首选电脑、手机、数码类目，而女性消费首选服饰鞋帽类目。

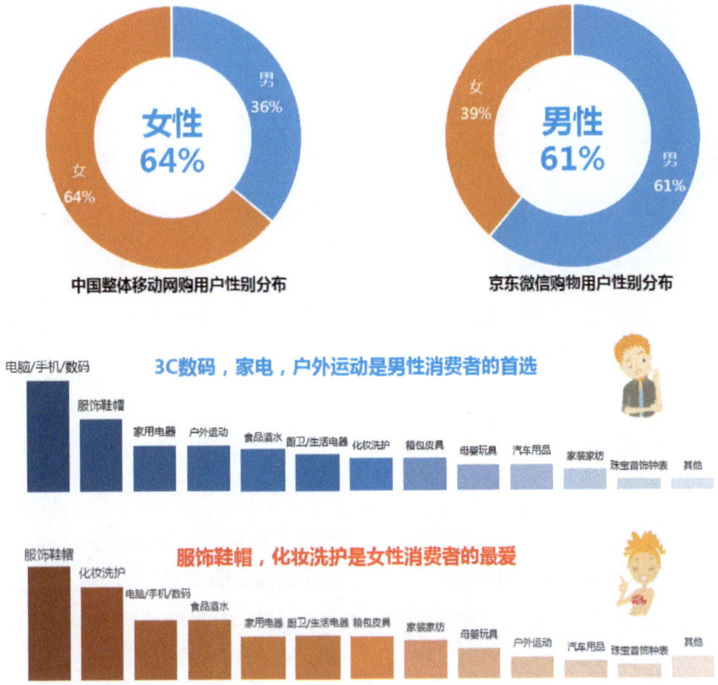

图 1-1-32（图片来自易观智库）

4. 流量高峰期

商家可以通过数据罗盘中的“店铺分析→经营概况→无线端概况”模块，查看微信端的流量趋势曲线。如图 1-1-33 所示，为某商家 2015 年 10 月 15 日的微信端流量趋势曲线图，可以看到，每天的流量高峰，主要集中在 22:00 ～ 23:00。

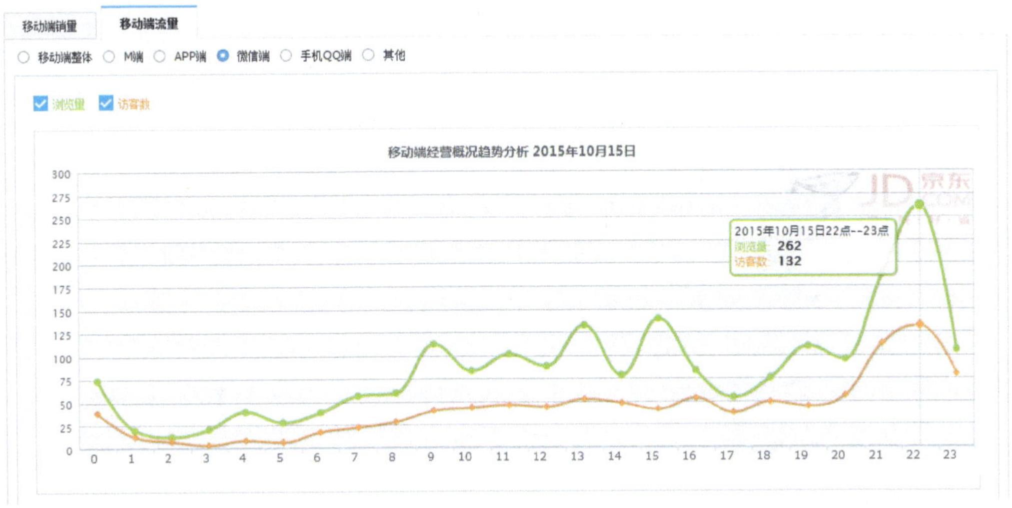

图 1-1-33

1.1.5 手机 QQ 端的流量特征

京东手机 QQ 购物入口在 2014 年 8 月 8 日正式上线，推出“超划算”、“耍大牌”、“逛大街”三大频道，后改版为“惠品牌”、“超划算”和“聚活动”三个频道。京东手机 QQ 购物一级入口的上线，是京东与腾讯战略合作的又一重要合作，有助于京东实现渠道下沉。同时，京东为手机 QQ 会员设计了专享款、专享价、提前进场等 QQ 会员特权。

1. 用户主力为 90 后

根据 2015 年 8 月推出的《中国移动社群生态报告》数据显示，95 后基本不用微信，使用 QQ 的群体中 10 ~ 29 岁的用户占比达到 80%（图 1-1-34）。

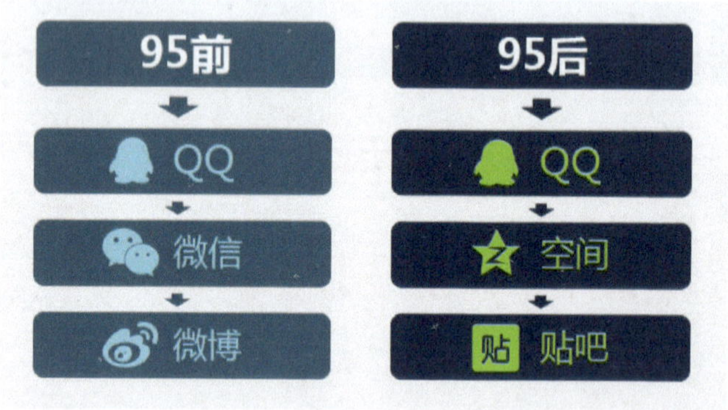

图 1-1-34

- 更有主见

90 后是比较有主见的一个群体，更多地会从自己个人偏好作为购物出发点。根据 2015 年北京大学市场与媒介研究的调查数据显示，在日常购物时，90 后中有 77.3% 的人会注重自己是否喜欢，40.5% 的人会关注价格高低，31.9% 的人会受到朋友推荐的影响。因此，90 后网购时受广告的影响越来越小，一些小清新、小文艺的社交和信息聚集地，也许是商家可以拓展 90 后用户群的新阵地（图 1-1-35）。

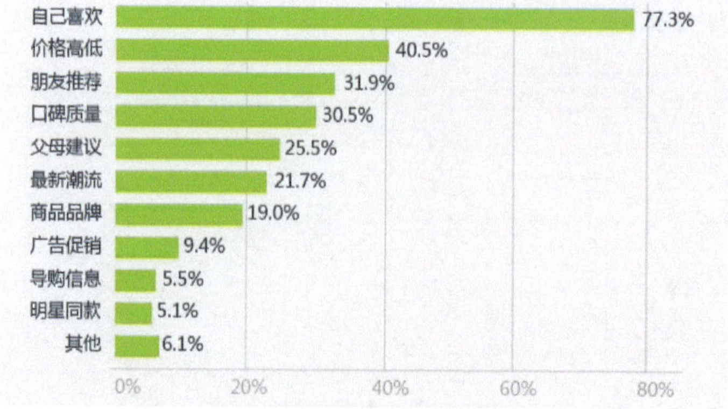

图 1-1-35

• 爱好旅游

90 后最渴望的事情是旅行，根据 2015 年北京大学市场与媒介研究中心的调查数据显示，其中旅行愿望最为迫切的是工作中的 90 后，达 50.9%，学生群体有外出旅行愿望的为 44.5%。做旅游周边商品的商家是不是感觉找到了一点思路（图 1-1-36）？

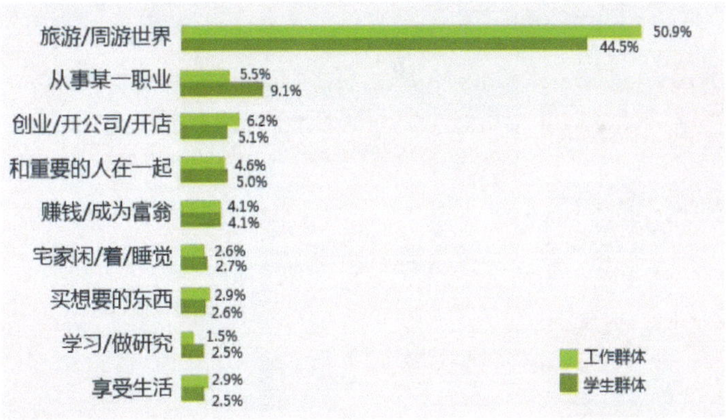

图 1-1-36

• 不拒绝陌生人

根据 2015 年 8 月推出的《中国移动社群生态报告》数据显示，整体上看，大部分 90 后不排斥认识陌生人，愿意使用即时通信工具扩大自己的交友圈，认识更多的朋友。74.1% 的 90 后会在即时通信软件中，加陌生人为好友，25.9% 的 90 后不会加陌生人为好友（图 1-1-37）。商家是不是突然感觉做 QQ 营销没有那么难了？

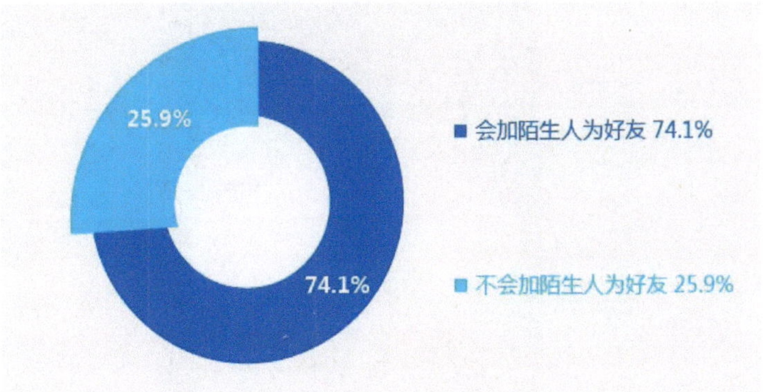

图 1-1-37

2. 客单价低的单品更畅销

手机 QQ 用户在三四线城市分布较广，该领域用户对商品包括物流速度等服务并没有过高的要求，相反对商品的种类数量和价格有较高的要求。从手机 QQ 购物频道的设计上可以看出，更加强调优惠、划算等促销的信息，那么对于一些中小品牌类商家来说，商品性价比比较好，且符合手机 QQ 用户群的购物兴趣，做单品推广的效果应该是比较好的。设置手机 QQ 专享价是一个非常适合的营销手段，那么如何增加小品牌的信任度呢，商家一定要设置“货到付款”和“七天无理由退换货”，如图 1-1-38 所示。

图 1-1-38

- 强调趣味性

对于爱好游戏的 90 后，手机 QQ 购物更是精心设计了许多趣味互动游戏，这点商家也可以借鉴，在推广店铺或商品时，借力一些游戏的元素，如图 1-1-39 所示。

图 1-1-39

1.2　流量的分析诊断

在笔者进行商家调研的过程中，发现很多商家对于店铺流量的困惑，就是如何判断店铺流量是否健康？如何判断流量结构是否合理？本节将介绍流量分析诊断的一些方法和步骤，为商家提供一些常见的分析方法。

1.2.1　四种流量来源分类

首先我们需要了解京东对于流量来源的四种分类方式，分别是自主访问、京东免费流量、京东付费流量和京东站外流量。

商家可以通过数据罗盘中的“店铺分析→流量分析→流量来源分析”模块，查看店铺的流量来源，如图 1-2-1 所示。

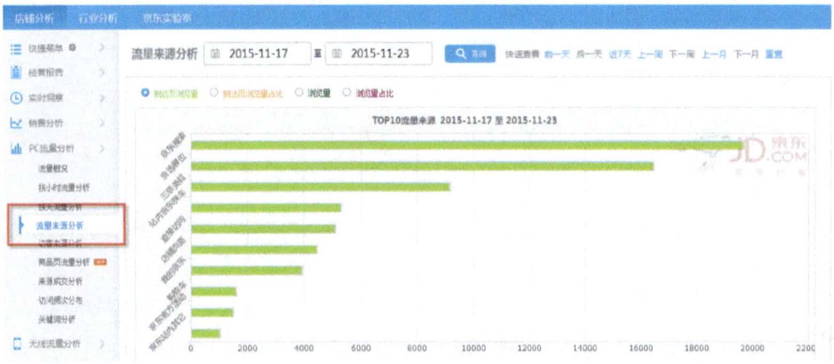

图 1-2-1

自主访问的流量，一部分是老用户，一部分是直接推广店铺的营销活动流量。例如上次用户收藏过你店铺或商品的链接，再次通过浏览器收藏夹里的链接进入你的店铺，这种属于老用户自主访问；或者通过查看之前购买过或者关注过的商品，再次进入你的店铺，这种属于通过“我的京东”再次来访的老用户（图 1-2-2）。例如商家在 QQ 群中直接推广店铺或商品的链接而带来的访问流量，这种就是营销活动带来的直接访问。

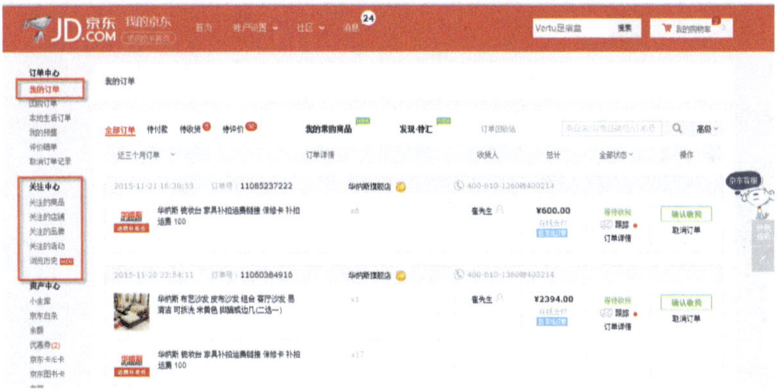

图 1-2-2

京东免费流量，就是访客通过京东上非付费推广的链接进入店铺的流量，例如第一节中提到的搜索流量、类目流量、活动资源位流量等。

京东付费流量，就是访客通过商家在京准通平台上设置的付费推广链接进入店铺的流量，原京东商务舱升级改版为京准通平台，如图 1-2-3 所示，目前细分为京选展位、京东快车、京东直投和京挑客四种类型的营销推广方式，本书中不对京准通进行详细的介绍。

图 1-2-3

京东站外流量，就是访客通过京东站外的来源进入你的店铺，例如百度、搜狗等搜索网站带来的流量或者各种导航网站带来的流量，如图 1-2-4 所示。

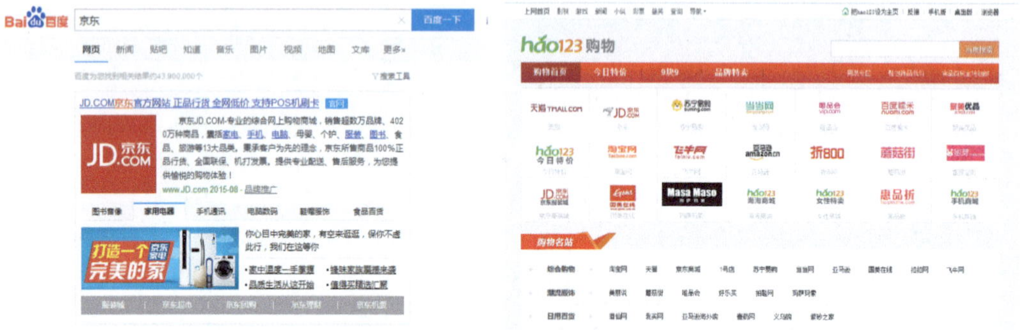

图 1-2-4

1.2.2 流量分析诊断的三步走

如图 1-2-5 所示为流量分析诊断涉及的流程图。

图 1-2-5

第一步：稳定性

进行流量分析诊断的第一步，就是要观察和诊断流量的稳定性，一般分为两种情况：

（1）平台没有大促且商家没有进行活动时

流量呈现平稳微升态势，表示商家基本流量根基稳定，店铺流量非常健康；

流量呈现逐步下滑或起伏明显的不稳定态势，表示商家流量不健康，应进一步检查是哪种流量来源的骤增或骤减带来的波动，进一步去制定处理方案。

（2）在平台大促或者商家活动期间

流量应该在预热期呈现上升态势，活动当日出现高峰，活动结束后出现低谷，后又保持平稳态势，这样属于健康的流量表现；

反之，如果流量没有在活动期间出现应有的起伏，则表示活动效果不佳，则可判断为活动类型不适合商家，或者商家的活动策划不佳，商家需要进行进一步的分析。

商家可以通过数据罗盘中的“店铺分析→流量分析→流量概况”模块，查看店铺的流量趋势曲线。

如图 1-2-6 所示，为某商家 2015 年 8 月的流量趋势曲线。该商家在 3 号报名了一个京东官方活动 A，流量迎来一个高峰，在 24 号购买了首焦广告位，但引流效果弱于活动 A。在非活动期间，流量整体处于平稳上升态势，属于非常健康的一家店铺。

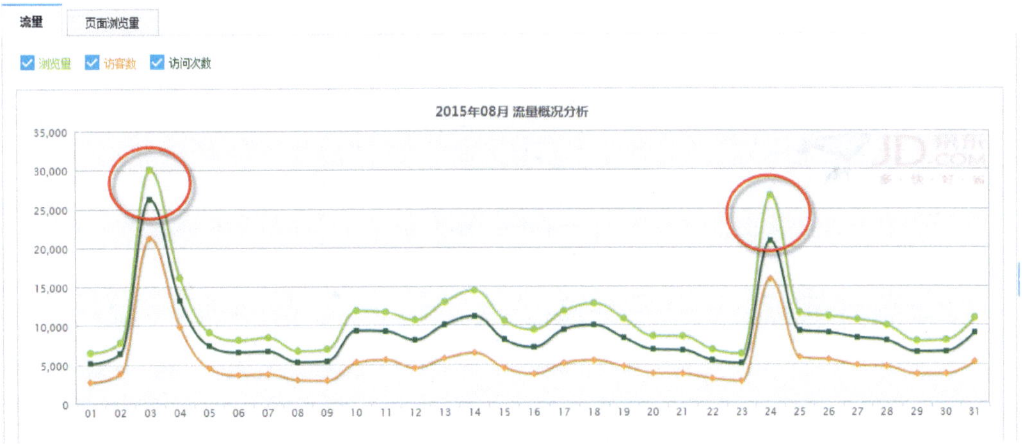

图 1-2-6

同时，商家可以通过对月度的数据对比，寻找出月度的流量高峰与低谷时期，适时推出活动、促销等措施，在高峰期做到更高，让低谷期不低谷。

第二步：合理性

第二步需要诊断的就是流量分布的合理性，主要看两个方面：

（1）流量来源的合理性

商家可以通过数据罗盘中的“店铺分析→流量分析→流量来源分析”模块查看各流量来源的占比情况，并且诊断流量占比是否合理。

那么占比在什么情况下，算较为合理呢？根据店铺的发展阶段不同，占比会有变化和侧重，比如店铺在进行老会员或粉丝营销期间，那么自主访问的流量占比会较大；比如新店铺成立初期，自然流量较少的情况下，可以采用京准通付费流量引流，这时候，付费流量的占比就会很大；比如店铺参加了京东官方的一些活动，那么京东官方流量的占比就会较大，但是总体来讲，店铺流量的占比应该呈现合理性分布的范围，某个流量特别大或者特别小，长久都会影响店铺的长足发展。对于处于稳定成长阶段的店铺，一般可以这样来诊断：

- 对于家用电器、手机数码等复购率相对较低的类目

自主访问的占比在 10% ~ 20%，京东免费流量的占比在 45% ~ 55%（其中搜索的流量占比应为最大，建议不低于 30%），京东付费流量的占比在 20% ~ 30%，京东站外在 5% ~ 10%。

- 对于服饰鞋帽、母婴玩具等复购率相对较高的类目

自主访问的占比在 20% ~ 30%，京东免费流量的占比在 40% ~ 50%（其中搜索的流量占比应为最大，建议不低于 30%），京东付费流量的占比在 15% ~ 25%，京东站外在 5% ~ 10%；当然这只是笔者的一部分经验值，根据商家所属类目的区别，会有一定的差异性。

而对于已经处于成熟期的店铺，则要求自主访问的流量占比更大，且需要引入更多的京东站外推广渠道来搭建更为全面、更为完善的营销体系。

Joy小援手

到达页浏览量占比越高表示渠道引流的效果越好，浏览量越高表示渠道吸引用户的能力越强，例如京东付费流量的浏览量高于到达页浏览量，表示这个渠道引流来的用户能形成更深一步的访问。

示例：某家电商家流量占比（图 1-2-7）

下载

来源	到达页浏览量	到达页浏览量占比	浏览量	浏览量占比
总计	72,529	100.00%	93,988	100.00%
自主访问	10,746	14.82%	12,961	13.79%
京东免费流量	38,849	53.56%	48,316	51.41%
京东付费流量	22,325	30.78%	31,913	33.95%
京东站外	609	0.84%	798	0.85%

图 1-2-7

示例：某女装商家流量占比（图 1-2-8）

来源	到达页浏览量	到达页浏览量占比	浏览量	浏览量占比
总计	272,674	100.00%	551,260	100.00%
自主访问	94,048	34.49%	140,946	25.57%
京东免费流量	134,913	49.48%	320,050	58.06%
京东付费流量	42,700	15.66%	87,872	15.94%
京东站外	1,013	0.37%	2,392	0.43%

图 1-2-8

（2）页面流量分布的合理性

流量到达店铺一般由首页、活动页或商品页进行承接，之后又在店铺内页面进行流转，一部分访客会离开店铺，一部分访客最终在商品页完成成交，因此，各个页面承载着不同的功能，流量的分配也具有一定的规律性。一般来讲，对于 SKU 非常丰富的商家，建议商家在首页和活动页的策划上更加丰富，可以使得访客在店铺内形成“逛”的流量闭环，这样的情况下，首页、活动页、分类页的占比分别在 10% ~ 15%，商品页保持在 60% ~ 70% 的比例是比较合理的。如果活动页的流量占比很低，商家需要检查活动页的引流渠道是否合理，以及活动的策划是否不够吸引用户，如图 1-2-9 所示为某服饰类商家的流量分布示例图。

分类	浏览量	占比
商品页	50,881	68.41%
店铺首页	9,161	12.32%
店铺自建活动页	6,946	9.34%
店铺分类页	5,344	7.18%
其它	2,046	2.75%

图 1-2-9

对于 SKU 相对单一的商家，一般会将首页的功能和活动页的功能相结合，商品页保持在 70% ~ 80% 的比例是比较合理的。同时，由于店铺内需要导航的商品类别较少，因此分类页的流量占比也不大，这里就需要注意，如果列表页的流量特别大，则说明店铺的关联导航做得不够优化，大量的用户在通过类目寻找合适的商品，如图 1-2-10 所示为某电器类商家的流量分布示例图。

分类	浏览量	占比
商品页	9,110	79.07%
店铺首页	1,144	9.93%
其它	1,144	9.93%
店铺分类页	108	0.94%
店铺自建活动页	16	0.14%

图 1-2-10

第三步：成长性

数据指标的成长性，也是进行流量诊断最关键的一步，主要是看流量质量指标的成长性。首先，可以通过数据罗盘中的“店铺分析→流量分析→按天流量分析”模块，查看店铺流量的质量指标，从访问深度、停留时间、跳失率、回访率各维度查看流量指标有无达到预期目标（图 1-2-11）。

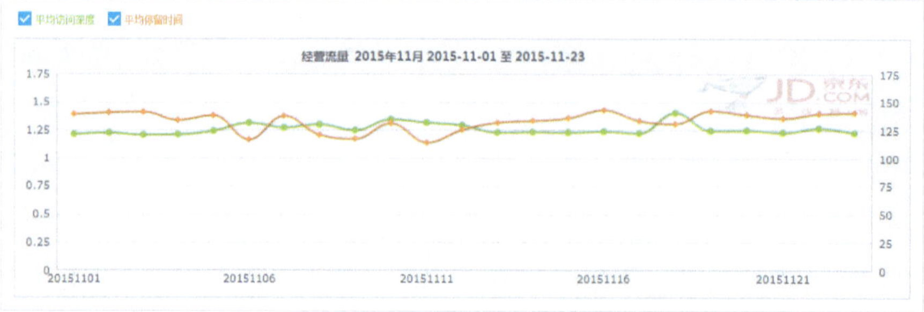

图 1-2-11

前面已经介绍过平均访问深度的指标概念，这里不做赘述，平均访问深度如果偏低，需要检查页面之间的关联性；平均停留时间如果偏低，需要检查页面的质量，并与转化率做综合分析。对于商家运营的目标来讲，平均访问深度要争取做到 2，平均停留时间起码要做到 110 秒以上，否则店铺要形成较好的转化率，就非常困难（图 1−2−12）。

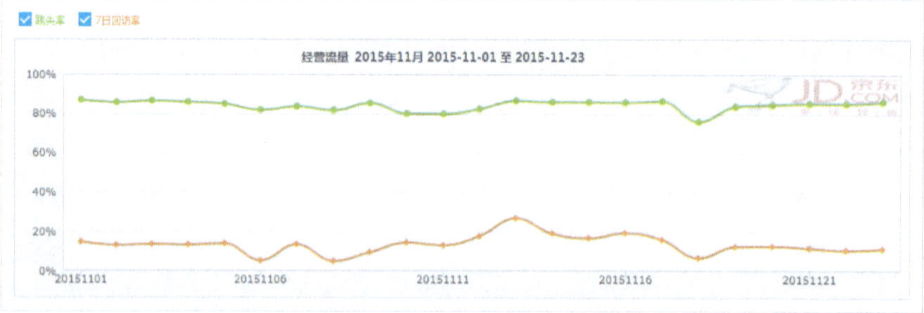

图 1-2-12

跳失率的指标越低代表店铺的流量质量越高，也就是用户到达承接页面后，对店铺产生了二次甚至多次的浏览行为，尤其当店铺引入新渠道时，需重点关注该指标的变化情况。7 日回访率，是罗盘中关于老用户回访的指标，自当日起向前推 7 天内，访问过店铺的用户数量 / 当天访客数。对于运营指标来讲，需要定义以上几个指标的运营目标，按计划去执行改善方案，并及时跟踪指标的改善效果。

对于流量来源各项指标的成长性，需要通过“流量来源分析”、“访客来源分析”和“成交来源分析”三个模块进行综合诊断。

1.2.3 案例：流量分析诊断综合案例

下面我们结合某女装类目的商家数据，进行综合分析。如图 1−2−13 所示，可以看到 2015 年 11 月某日的流量来源、访客来源、成交来源数据。我们将京东搜索和京东官方活动这两个渠道的数据进行重点分析，“流量来源分析”模块中，京东搜索的到达页浏览量占比为 14.79%，京东官方活动的到达页浏览量占比为 14.28%，可见，搜索比例过低，搜索流量是店铺自然流量的根基，如果店铺强依赖于京东活动的流量或者站外推广渠道的流量，当这些流量不稳定时，店铺的流量就会出现断崖式的跌幅，因此该商家需进一步优化搜索流量。

再通过“访客来源分析”模块可以看到，京东搜索的流量跳失率为 75.62%，高于店铺平均跳失率，这个指标的表现并不优秀，在女装类目中属于中等水平，还有可提升的空间，商家可结合关键词分析和商品页流量分析模块进一步进行诊断，将搜索流量的问题商品及问题关键词进行优化，具体操作方法可参见本章 1.5 节的介绍。再看京东官方活动的平均访问深度为 2.92，跳失率为 54.99%，说明活动入店的用户入店后形成了多次浏览行为，对用户吸引力较好。

最后通过“成交来源分析”模块的数据，可以查看京东搜索的实际转化效果为 23 个订单和 55 件商品（请大家查看“成交来源分析→首次入店来源”模块），转化率明显高于其他渠道，这也是搜索来源的特性，相对来讲流量更为精准。而官方活动的转化仅为 10 单共计 22 件商品，在流量相似的情况下，转化率不足搜索的一半，商家需要去进一步思考，这个数据背后的意义是：官方活动引来的用户点击了活动链接，证明对于活动资源位上的图片或者宣传语感兴趣，到达活动承接页面后，也产生了浏览，但是形成的购买转化率较差，因此，商家需进一步优化活动承接页面，制定下一步的优化策略，具体方法可以参见第 2 章 2.2 节转化率的分析诊断。

京东免费流量	23,706	51.76%	58,699	60.08%
京东首页	369	0.81%	1,014	1.04%
京东搜索	6,874	15.01%	14,452	14.79%
三级类目	3,796	8.29%	5,617	5.75%
频道页	5,517	12.05%	17,516	17.93%
商家自建活动	291	0.64%	650	0.67%
京东官方活动	4,774	10.42%	13,955	14.28%
店铺页面	1,352	2.95%	3,166	3.24%
品牌页	262	0.57%	581	0.59%
京东社区	36	0.08%	43	0.04%
在线客服	38	0.08%	48	0.05%
京东内部页面	60	0.13%	64	0.07%
京东站内其它	337	0.74%	1,593	1.63%

流量来源分析模块

京东免费流量	15,770	23,706	2.48	65.51%
京东首页	304	369	2.75	67.48%
京东搜索	3,480	6,874	2.10	75.62%
三级类目	2,075	3,796	1.48	83.69%
频道页	5,124	5,517	3.17	46.89%
商家自建活动	128	291	2.23	63.92%
京东官方活动	4,254	4,774	2.92	54.99%
店铺页面	797	1,352	2.34	71.45%
品牌页	71	262	2.22	77.10%
京东社区	26	36	1.19	91.67%
在线客服	35	38	1.26	76.32%
京东内部页面	17	60	1.07	93.33%
京东站内其它	254	337	4.73	65.88%

访客来源分析模块

京东免费流量	275	24,125.60	92	177	17,157.50	66	
京东首页	0	0.00	0	15	1,769.00	7	查看
京东搜索	14	1,200.90	5	55	6,696.50	23	查看
一级类目	0	0.00	0	0	0.00	0	查看
二级类目	0	0.00	0	0	0.00	0	查看
三级类目	0	0.00	0	17	2,358.50	10	查看
频道页	0	0.00	0	20	3,090.60	12	查看
商家自建活动	2	97.60	1	42	137.60	2	查看
京东官方活动	0	0.00	0	22	2,688.90	10	查看
京东团购	0	0.00	0	0	0.00	0	查看

成交来源分析模块

图 1-2-13

Joy小援手

商家制定优化策略的前提，是分析清楚导致转化效果差的原因。如上案例，有可能是活动承接页面的策划跟京东官方活动的匹配度不够、店铺整体装修和调性与活动主推不符，甚至活动商品的价格不够吸引用户等原因，商家需要逐个去分析。

1.3 巧用京东活动资源流量

问渠哪得清如许？为有源头活水来。

——朱熹

活动就是为了流量而生的。大多数人都觉得，活动流量是集中爆发的，不具持续性的流量，活动进行时会有暂时性的高流量，一旦活动结束，流量也就不复存在。笔者认为，这只看到了活动的引流表面现象，但是却没有分析出它的附加价值：品牌曝光及爆品打造。活动的品牌曝光会迅速造成品牌效应，而品牌效应和爆品搜索又能大大促进搜索流量的引入。如果活动流量利用好了，那将开启一个良性循环的流量池。

所以，本节笔者将给大家介绍活动流量。

1.3.1 透视京东活动

任何一个像京东这样的电商平台，每天都会有各种大大小小的活动来增强用户的购物愉悦感。不同类型的活动，面对的是不同的消费群体，了解此类消费群体的消费习惯及消费点，找到店铺内符合这些消费点的商品及促销点，可以使我们的流量获取事半功倍。

按照活动类型，笔者将京东的活动分为以下三种：

- 频道常规活动
- 类目日常活动
- 全站大促活动

每种类型的活动，在不同的时间会针对不同的用户去设置不同的活动主题。而这所有的活动资源中，除了个别活动的特殊资源位有需要收费竞拍外，大部分的活动资源几乎都是免费的。商家可以针对活动要求和店铺情况，申请提报。

对此，笔者简单汇总了一些常见活动资源，供商家参考。

1. 频道常规活动

京东频道活动的资源比较固定，面向的用户群体和运营策略相对稳定，流量引入有保障。商家可定期维护提报。

注：表 1-3-1 中的截图为 2015 年 9 月的展示样式，仅供参考。

表 1-3-1

频道名称	访问地址	报名介绍
首页各楼层	http://www.jd.com  首页楼层资源示意	首页每个楼层有多个推荐标签。商家可报名主题商品及活动信息，大多数资源免费
二 / 三级类目频道	http://channel.jd.com/kitchenware.html （http://channel.jd.com/×××.html） 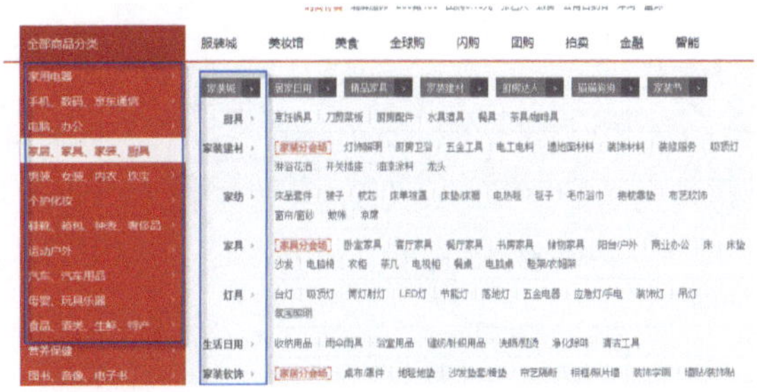 类目频道入口 服装城：http://channel.jd.com/fashion.html 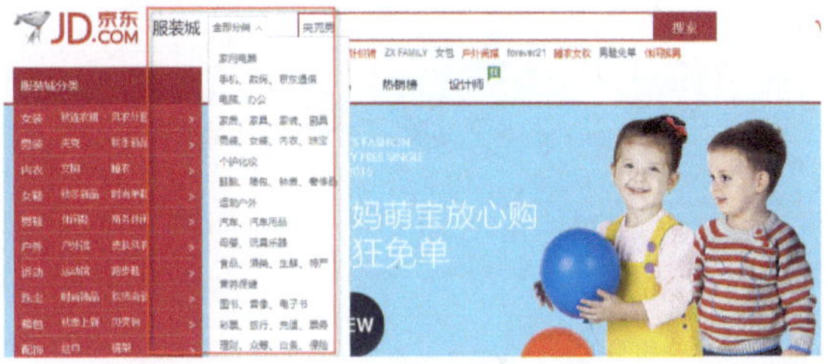 服装城频道页首页	从京东导航二级、三级类目进去，每个类目都有一个频道页。商家可提报主题商品及活动信息，大多数资源免费
品牌街频	http://pinpaijie.jd.com  品牌街首页	京东最大的品牌频道，包括“奢品”、“国际”、“科技”等多个子热门、子栏目，占据京东首页第一屏的活动资源。商家可免费提报一个品牌活动页及优惠券信息

续表

频道名称	访问地址	报名介绍
品牌街频道	 首页推荐的品牌街广告位	京东最大的品牌频道，包括“奢品”、“国际”、“科技”等多个子热门、子栏目，占据京东首页第一屏的活动资源。商家可免费提报一个品牌活动页及优惠券信息
好东西频道	http://hao.jd.com/  好东西频道首页	京东专业导购栏目，提供攻略性专题及热销口碑商品。商家可以免费提报相关主题的商品及活动信息
预售频道	http://yushou.jd.com  预售频道首页	京东预售商品类栏目。商家可提报各品类预售商品信息
今日抄底频道	http://day.jd.com/electronic.html  今日抄底首页	低价促销热门商品汇聚频道。商家可提报低价折扣商品

续表

频道名称	访问地址	报名介绍
京选频道	http://xuan.jd.com  京选频道首页	精挑细选各类商品，导购性质栏目。商家可提报热销口碑好的商品
京东团购	http://tuan.jd.com  京东团购首页	京东团购频道。商家可提报免费单品参团
京东闪购	http://red.jd.com  京东闪购首页	京东特卖类型频道。目前仅支持闪购类型商家
值得买频道	http://zhidemai.jd.com  京东值得买首页	买手推荐导购频道。商家可提报单品、促销、活动信息

续表

频道名称	访问地址	报名介绍
移动端频道	京东 APP 常规频道  京东 APP 掌上秒杀　　主题馆	掌上秒杀 + 手机专享 + 主题馆，支持商家提报促销商品、活动信息

2. 类目日常活动：分为日常活动和大型品牌活动

日常活动：每个类目每周都有自己的活动策划，进行站内频道资源和站外引流推广。需关注各自类目运营的活动策划时间。根据活动策划不同，商家可以提报商品、活动信息。这也是商家可以接触到的频率最多的活动，引流效果需要根据活动的推广效果而定。

大型品牌活动：京东不少类目，打造了每年一度的行业特色活动。例如，9 月份的家装节已经成为用户眼中有影响力的购物庆典。对类目商家来说，能参加到这样的行业盛典，引流曝光程度不可小觑。

3. 全站大促活动：京东全站各类目各平台共同参与的大型活动

在每年的不同时期，京东都会为全民用户准备大型的促销狂欢盛典，并配以线上线下整合推广，不管是品牌效应还是流量引入，都非比寻常。典型的活动如表 1-3-2 所示。

表 1-3-2

大促活动	活动介绍	活动级别
春雷行动－蝴蝶节	3 月，以美妆、服饰、数码户外类目为主的全站促销活动	B 级
6.18 店庆活动	6 月，京东店庆，平台最大促销力度活动，全民网购狂欢节	A 级
七夕情人节活动	7 月 7 日，节日类促销活动	C 级
金秋风暴	9 月，针对开学学生及男性用户为主展开的促销活动	B 级
双 11 活动	11 月 11 日，全网狂欢促销活动	A 级
双 12 活动	12 月 12 日，全网狂欢促销活动	B 级
感恩节活动	节日类全站活动	C 级
双诞活动	圣诞节、元旦，节日类促销活动	B 级
年货活动	春节，京东食品、酒品、生鲜等类目为主的全站促销活动	A 级

更多活动资源提报，可关注 http://huodong.shop.jd.com/ 或及时关注运营的商家群消息动态。

不管是大型的店庆活动，还是小型的类目日常活动，还是资源固定的频道类活动，都需要商家积极配合，用心参与。从活动带来的每一份流量，都承接着用户对平台、对商家、对品牌的期望，一个不用心，都有可能会丢失。那么怎么才能很好地利用活动流量，将流量价值发挥到最大呢？

1.3.2 巧用活动资源

不积跬步无以至千里，不积小流无以成江海

——《荀子》

活动资源总归是有限的，这就意味着活动带来的流量必然也不是无止境的。商家需要在活动的每个环节做好充分准备，争取到有限资源中的最大化流量。下面笔者将以商家报名全站大促类活动为例来梳理怎样用好活动资源。

1. 活动资源整理规划

虽然笔者在上节已简单介绍了京东平台的活动资源，不过，每个商家还应该针对自己所属类目的情况，对所有活动资源进行统一的收集整理。要对活动的目标用户、选品策略、收品周期、素材类型等信息了如指掌，并针对这些活动资源和运营策略，规划店铺的活动力度和周期。这样才能在活动资源到达时，做好充分准备，优先获得活动资源。

2. 活动前准备

（1）分析活动力度，制定活动目标

很多商家都会忽视这一步。其实，制定恰当的活动目标，能引导我们去更深入的分析活动信息，进而使后面的每一步工作都比较清晰，有的放矢。在制订活动目标时，可以借鉴历史同类型、同力度的活动经验，要制订可实现，微微带有压力和挑战的目标。将目标进行更为细化的数据分解，如表 1-3-3 所示为活动目标分解图表。

表 1-3-3

活动时间	预计 PV	预计 UV	转化率	销售额目标（元）	订单数	客单价（元）
9 月 2 日						
9:00–10:00						
10:00–11:00						
11:00–12:00						

Joy小援手

为什么要制订具有压力和挑战的目标？正如美国谚语说“不要订微不足道的计划，因为它没有使人热血沸腾的魅力。”

（2）货品选择，素材提报

在此之前，要求商家一定要分析掌握店铺的商品特性，每个店铺都有自己的商品结构，每个商品都有一定的特性，不同特性的商品在活动中起到不同的效果。商家比较常规的方法，一般分为四个特性：低价引流款、高价品牌款、高利润款、清仓甩卖款。针对提报商品类的活动资源，可以按图 1–3–1 所示的货品选择分析图进行分析选品。

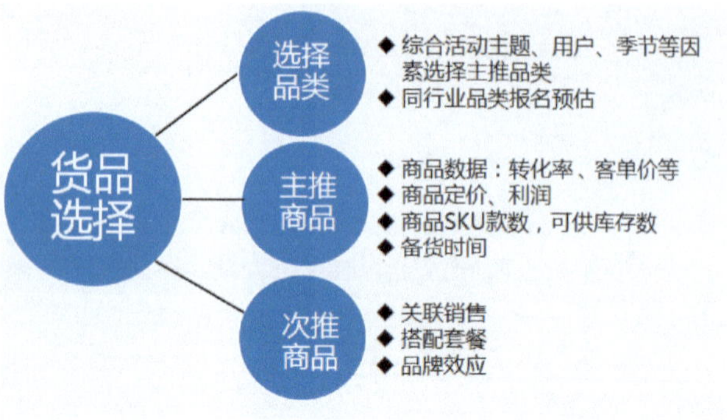

图 1-3-1

商品选择好后，就可以准备活动所需素材了。一定要按照活动要求去准备，图片的尺寸、格式、文字类型、推荐力度等信息都直接影响到是否能最终获得此活动的资源。

如果能提报活动链接，那就会有更多的流量转化，需要好好的准备活动页面，如图 1–3–2 所示为活动策划分析图。

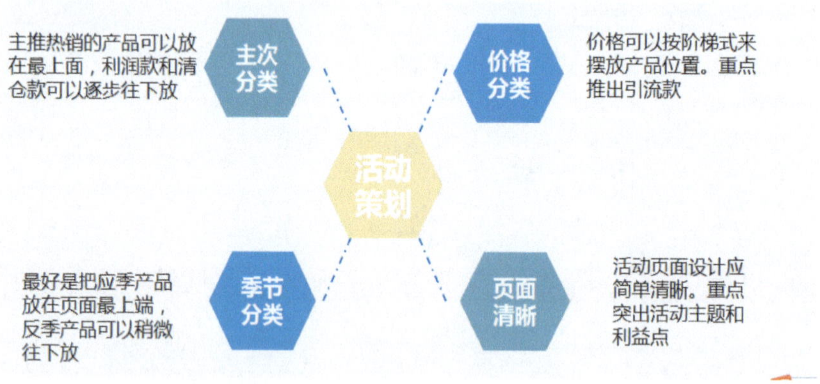

图 1-3-2

（3）积极备货，做好关联营销

一旦确定了活动资源，在积极备货的同时，为了能将活动流量最大化，更需要做好活动的关联销售。这里介绍两点。

- 可以在商品详情页介绍的描述中，增加关联商品、店铺活动推荐，如图 1–3–3 所示。

图 1-3-3

在毛利润允许的情况下，也可以利用商品详情页的“套装促销”的推荐区域，创建一个与此商品相关的促销活动，买风衣，关联衬衣，这样的引流及转化效果都是非常明显的，如图 1-3-4 所示。

图 1-3-4

在进行店铺页面装修时，头部可重点推荐活动商品，做到店铺整体活动相关联，如图 1-3-5 所示。

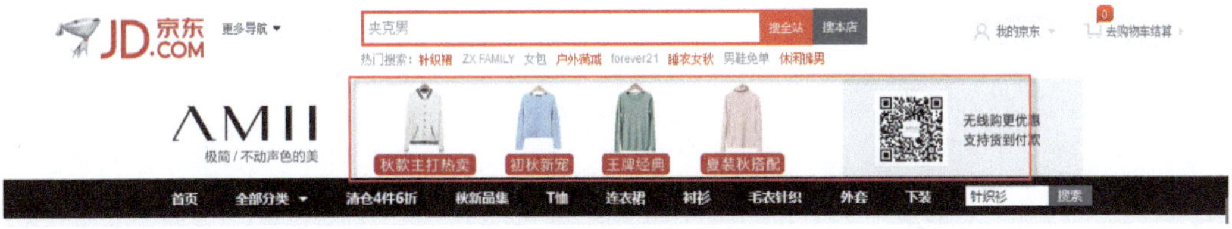

图 1-3-5

总之，跟活动资源相关的页面的所有资源都要好好把握，因为，每个地方都可能提高商家的流量转化率。关于关联销售的具体分析，可见第 3 章 3.3 节。

3. 活动中监控

在活动进行中，要实时监控活动数据情况，商家可以通过“数据罗盘→实时洞察”模块，查看实时活动流量的数据表现，同时，通过实时访客模块查看活动来源的实时访客数据（图 1–3–6），并通过实时榜单模块（图 1–3–7），查看主推商品的实时浏览量、实时销售量及商品页转化率等数据。根据监控数据的表现，及时调整策略。

图 1-3-6

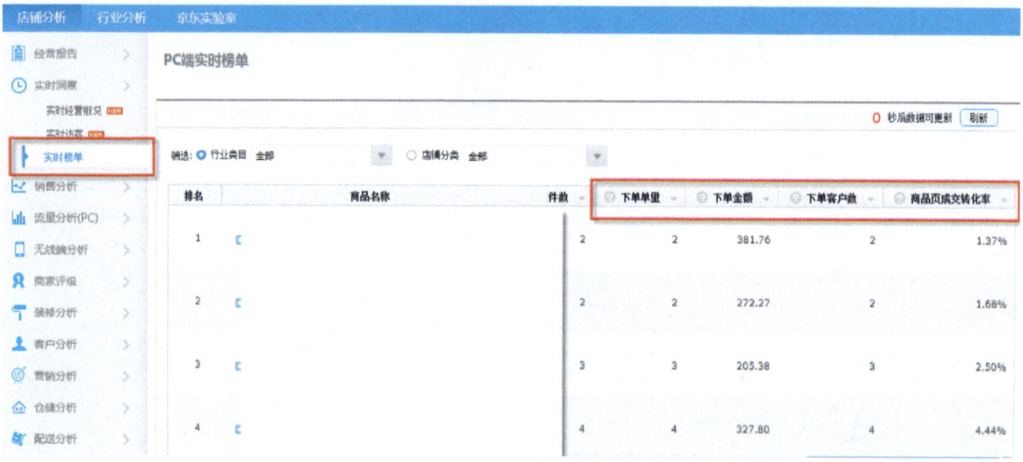

图 1-3-7

活动中需要重点监控的内容，总结如下：

- 流量变化，及时调整推广策略
- 转化率变化，注意商品详描页、IM 咨询应答

- 库存变化，更新库存，避免无货、超卖
- 客单价变化，调整商品、促销方式的组合

例如，一旦发现主推商品库存不足，需要及时备货，对于断货且需要时间补货的商品，如做售罄预售，需要在店铺明显位置说明发货时间，避免不必要的投诉产生拉低 DSR（商家动态评分）。同时，如果活动时间较长，还需要对关联销售商品进行分析，一旦发现效果不明显，要及时更换调整。

4. 活动后跟进总结

笔者这里说的活动后，指的是线上的活动结束了，但这场活动资源的利用却并未结束。

（1）做好发货、退换货服务

保证活动后的店铺服务评分和时效评分，如图 1-3-8 所示。。

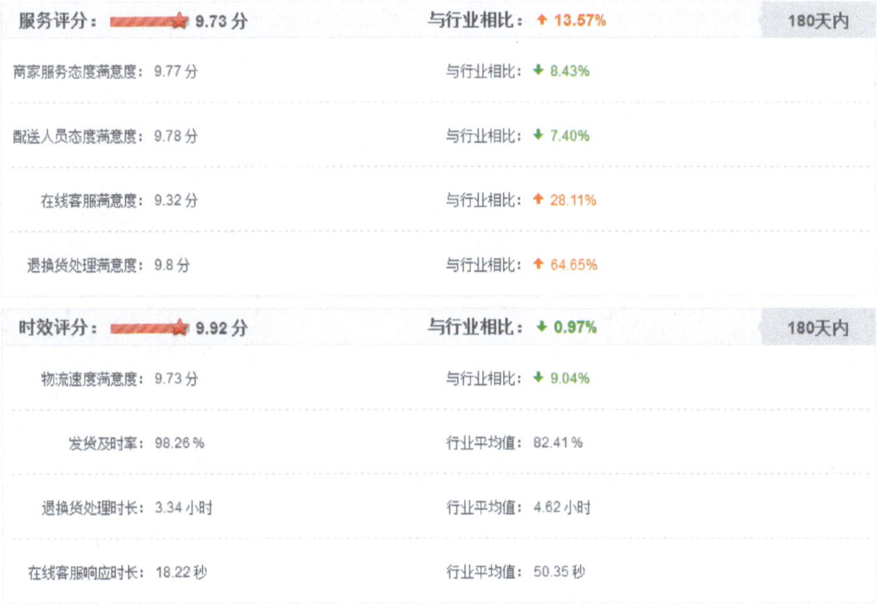

图 1-3-8

（2）对比活动预估效果

统一汇总活动带来的 PV、UV、订单量及销售金额是否到达预定目标。着重分析每个时间段的差异，为下次同类型活动积累数据经验，可参照表 1-3-3 所示的表格进行总结分析。

（3）分析活动边际效应

挖掘活动商品特性：分析主推商品引流潜力及次推商品的关联销售情况，验证、调整之前可能存在错误的商品选款。

分析店铺核心指标：侧重查看发货时效、退货率等店铺核心指标，评估商家整体运营的承载能力。

5. 活动用户精准营销

针对活动中产生的用户进行标记分析，方便后期进行精准营销，维护忠实用户。

1.3.3 案例：大朴家居“8.28”三周年品牌庆活动案例总结

2015 年 8 月 28 日，适逢大朴家居旗舰店品牌三周年庆典。在力求打造特色的品牌狂欢节日上，大朴和京东家纺运营人员达成了深度的运营沟通和合作，着力于京东 APP 端，最终在活动的 4 天时间内，销售额增长了 6 倍，创造了又一次属于品牌自己的“6.18 大促”。

纵观整个活动，有以下几点可以值得商家们借鉴，以下为大朴家居运营团队的无私分享。

1. 提前预热，老用户粉丝效应

尽管活动大促确定为 8 月 28 日 ~ 31 日的 4 天时间，但整体的活动策划，从 8 月 1 日开始就已经展开，期间更多是为后续的大促做预热，通过例如微店关注抽奖、老会员每天定期秒杀等系列活动，营造整体的促销气氛，如图 1-3-9 所示为店庆期间微店发布的微信文章。目的只有一个，让用户对“8.28”大促留下印象，让其在“8.28”促销中成为回头客。

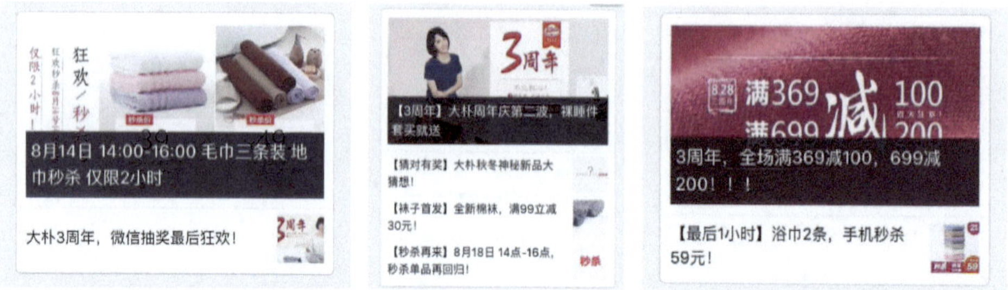

图 1-3-9

我们的京东微店公众号开通以后，积累了一定的粉丝数量，虽然对新品牌来说，粉丝数量不多，但都是精准的老用户。所以在一些老用户的营销上，只要有一定的针对性，就能起到意想不到的效果。例如我们从 15 日起，就向老用户发短信、微信，告知店庆当天是全场满 369 元减 100 元，满 699 元减 200 元。活动力度对比平时有了翻倍的优惠，非常适合囤货，所以让老用户提前获知这个消息，可以有利于他们有所准备，提前准备购买。

2. 多渠道爆发，流量最大化

和类目运营人员的提前沟通准备，可以获得类目的重点支持，也是整个活动的成功关键。经过和类目运营的沟通对接后，我们此次的活动获得了包括 PC 端二、三级类目资源入口、京东 APP 端优惠券频道、手机秒杀等多项优质资源位置（图 1-3-10 ~ 图 1-3-12），为活动当天爆发起到决定性作用（图 1-3-13）。

图 1-3-10

图 1-3-11

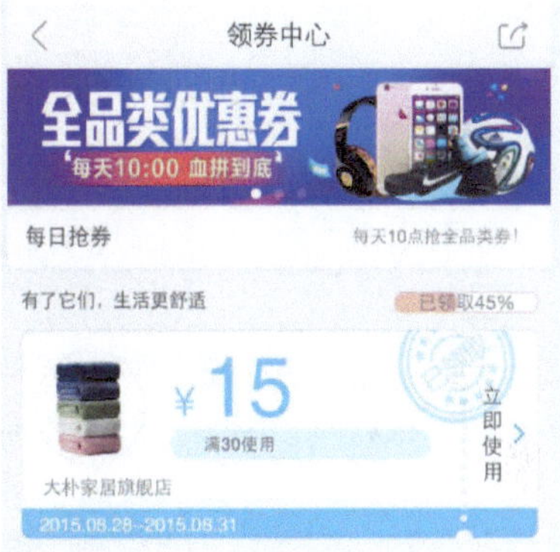

图 1-3-12

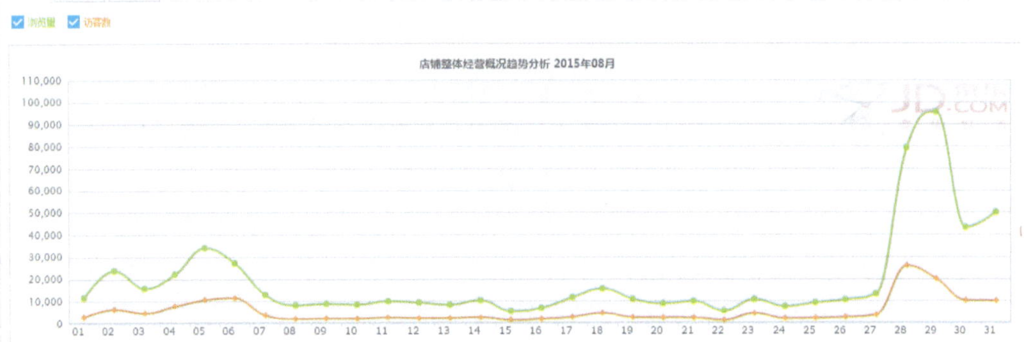

图 1-3-13

3．重视移动端，货品是主力

移动端的活动资源，一直是我们所重视的。非大促期间，店铺的日常移动端流量和销售，能占到店铺整体的 56%。而当大促来临，移动端的流量和销售，能占到 80% 或以上，可见移动端的流量和转化率非常理想。

而要想做好移动端的活动，货品起到至关重要的作用。众所周知，移动端的客单价普遍偏低，移动端用户的心理价格会比 PC 端高很多。如果能揣摩到用户的心理价格，相信你的订单将会接踵而来。

以大朴家家居店铺为例，日常他们的移动端客单价在 100 元左右，对比 PC 端将近低了一半。而通过和京东运营的对接沟通后，我们共同发现，店铺的小品类，低客单价的商品其实在移动端非常畅销，商品丰富度也合适。所以最终我们在移动端的活动盘货上，精算了价格段从 9 元 ~ 99 元的商品，品类涉及巾类、拖鞋、内衣裤、家居服、床品单品等。

在确定好货品价格之后，我们再针对流量非常大的优惠券领券频道，制定了满 20 元减 10 元、30 元减 15 元的大力度优惠券（图 1-3-14），大大降低了用户的购买门槛，形成薅羊毛的心态，促使其下单。同时，店铺的包邮力度也适当调整到 49 元包邮，促使用户商品关联购买，提高整体客单价。

图 1-3-14

1.4 善用营销工具获取流量

1.4.1 善用“店铺动态”获取 APP 流量

俗话说：“背靠大树好乘凉”。

对每一个做电商的商家来说，京东都是一棵大树。在这棵大树下面，如果足够有心，我们总可以发现一些“荫凉”可供利用——也就是那些被我们称之为“资源”的东西。当然，我这里所说的，指的是那些不需要付费的资源。

上一节笔者介绍了京东的活动资源，这一节要介绍的，是京东 APP 的店铺动态。

1. 初识“店铺动态”

什么是“店铺动态”？

用一句话来回答，就是商家发布的“店铺资讯”。

商家也可以发布“资讯”？

当然可以。与媒体的“资讯”相比，商家的资讯，其实更具有商业价值。在此之前，无论商家在自己的店铺中把活动做得多么热闹，店铺之外的用户都无从知晓。“店铺动态”诞生之后，商家就可以把店铺内的活动和优惠通过它传播出来，告知自己的用户、粉丝或潜在用户。

目前的店铺动态包括三种类型：专题动态、促销动态和上新动态。所谓“专题动态”，就是商家发布的不限主题、不限内容、不限形式的线上活动资讯；所谓“促销动态”，就是商家发布的店铺促销资讯，目前包括单品促销动态和满减动态；所谓“上新动态”，就是商家发布的店铺新品上架资讯。

同时，手机 APP 也有非常好的位置。不但好，而且多，准确地说，是四个，下面详细讲述。

2.“店铺动态”的四大黄金入口

“店铺动态”之所以重要，主要是在于它是京东 APP 的四大黄金入口，能够有效地触达用户。

（1）首页首屏“发现”

在几乎每个京东 APP 的下方，都有一个菜单栏。菜单栏里面摆放着 APP 最核心、最重要的功能入口。这个位置被称为“黄金入口”。

对京东 APP 来说，黄金入口共有五个，分别是：首页、分类、发现、购物车、我的。毋庸多言，单从字面上看，我们就能猜出，在这五个入口中，最好玩的是“发现”。

在“发现”这里，用户可以看到一些新鲜的、好玩的内容。比如：故事、逛逛、摇一摇、小冰……当然，也有我们的“店铺动态”。每当“店铺动态”有新内容的时候，“发现”的右上角都会出现一个小小的红点，如图 1-4-1 所示为 APP 首页首屏。

这个红点很小，但几乎每一个人都不会无视它的存在。

所以，“发现”的日流量是非常惊人的。

（2）首页首屏“关注”

在京东 APP 中，右上角是一个叫作“我的关注”的按钮。点击这个按钮，就看到两个标签，“商品”和“店铺”。

点击“店铺”，出现的就是用户关注的店铺动态，如图 1-4-2 所示。

图 1-4-1

图 1-4-2

“我的关注”位于首页醒目的位置，理所当然地有较好的流量，如图 1-4-3 所示。目前，“我的关注”的日流量仅次于“发现”。

图 1-4-3

（3）首页首屏“我的”

有一个栏目，是每一个京东用户都要访问的，那就是订单中心。在京东 APP 中，这个功能以“我的”形式对用户展现。在其中，APP 以用户的维度聚合了一些常见的、重要的功能。

用户关注店铺的店铺动态，是其中最重要的功能之一，如图 1-4-4 所示。

图 1-4-4

（4）首页“发现好店”

在首页的下方，有一个叫作“发现好店”的栏目。这个栏目以前叫作“店铺街”，如图 1-4-5 所示。

这是一个以“逛店铺”为创意的栏目，当然少不了店铺的动态。其中，既包括用户关注的店铺动态，也包括系统向用户智能推荐的店铺动态。

3. 店铺动态流量的价值分析

从店铺动态的入口，我们已经大致了解了店铺动态的价值。不过还有一个问题需要我们回答：这些流量的构成是什么？其对商家具有哪些价值？

（1）吸引粉丝，维系“存量流量”

人人都在说“粉丝经济”。

粉丝是最有意愿给商家捧场的群体，他们的访问对店铺具有很高的价值。

APP 首页第四个入口：“发现好店”

图 1-4-5

目前京东各类资源中，京东 APP 的“店铺动态→关注”，是最重要、最关键的触达“粉丝”的通道。

一般来说，知道粉丝是谁并不难，把各类信息（如上新、促销、团购、秒杀等）传递给粉丝也不难，难的是这些传递出去的信息能够引起粉丝的注意。

形象地说，一个人把价值连城的钻戒塞进一个面包里，放在女神的窗沿，可能无法讨得女神的欢心。因为女神并不会留意窗外多出的那个面包，更不会想到面包里竟然会包含如此的深情；相反，如果这个人把钻戒直接放在女神的眼前，或者直接戴到她的手上，结果一定会大大不同。

因此，“关注店铺动态”之所以重要，关键在于它不是一个向粉丝传递信息的“工具”，而是一个触达粉丝的“资源”。通过“关注店铺动态”发布的店铺动态，被粉丝所注意、查看和浏览的概率，要比其他工具高很多。

我们把来自粉丝的流量，视为店铺的“存量流量”，即：这是店铺原本就应该存在的流量。向粉丝传递各类动态信息，是店铺维护存量流量的重要方法。

用户关注的店铺动态，大致有两种展现形式：第一种形式用于“我的关注”、“我的→我关注的店铺”；第二种形式用于“发现”、“发现好店”，如图 1-4-6 所示。

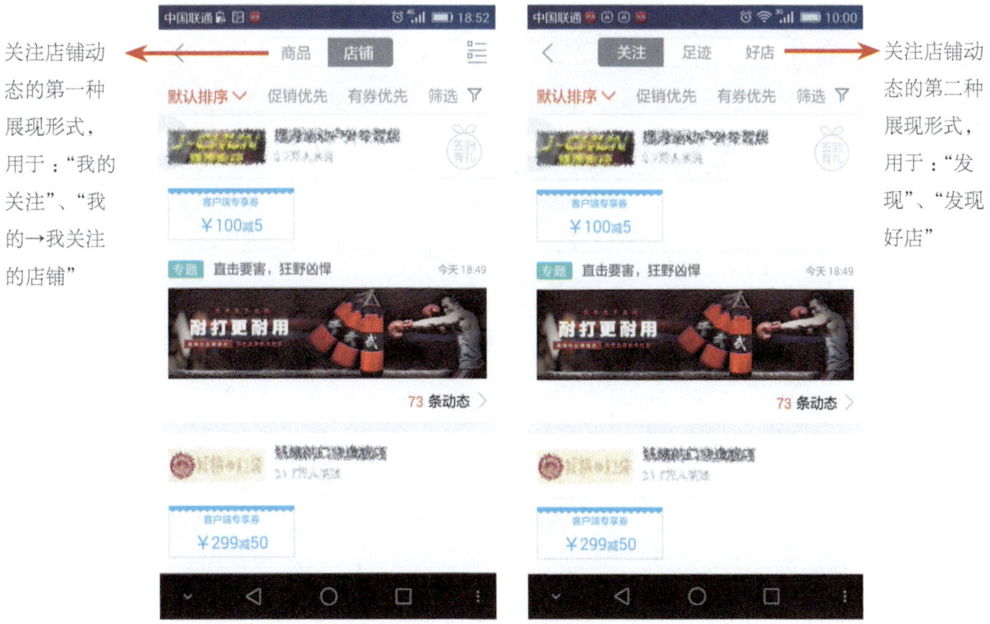

图 1-4-6

（2）吸引潜在用户，发展“增量流量”

没有关注店铺的用户，未必不是店铺的潜在用户。

实际上，很多人并没有刻意去关注某个店铺的习惯。从数量上来说，未曾关注店铺的潜在用户，要比关注店铺的用户多出不知多少倍。问题的关键在于，如何把这些用户筛选出来。

“店铺动态→足迹”所要解决的，就是帮助商家筛选高价值用户，并将他们引向商家店铺。

站在一个用户的角度，他每天都在接收店铺动态，但店铺的名单却每天都在变化。店铺动态系统在此发挥了关键性的作用——它会根据用户的行为特征，智能地推断出用户感兴趣的店铺和感兴趣的品类，进而把相应的、优质的动态推送出去，如图 1-4-7 所示。

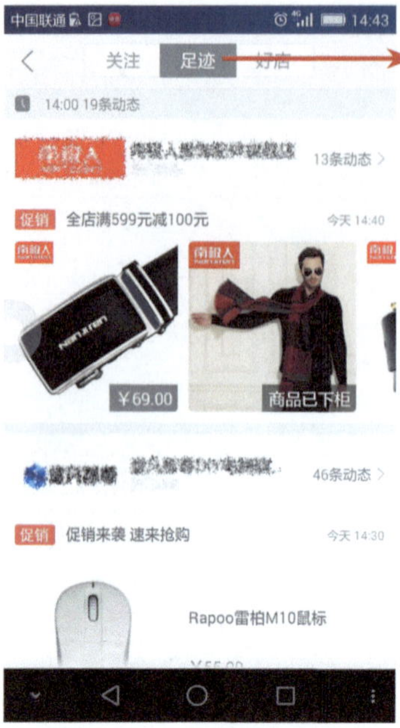

推荐店铺动态的展现形式，用于："发现"、"发现好店"

图 1-4-7

4．深入了解店铺动态——店铺动态的种类和特点

目前，店铺动态有三种类型：专题动态、促销动态和上新动态。这三种动态分别具有不同的特点。

（1）万能的“专题动态”

为了留住用户，商家们希望向潜在用户传递的信息很多，形式多样。

如何承载不拘一格的信息形态，传递各式各样的信息内容，正是“专题动态”所承担的使命。

张姿势

> 商家可以利用“专题动态”向用户传递各种非类型化的动态信息，几乎可以满足商家所有对外传递信息的需求。

通过专题动态，商家可以根据需要，创建各种类型的动态信息。因为这种形式的店铺动态，自由度是异乎寻常地大——商家可以自定义专题的标题，可以自定义专题的内容（包括图片和文字），可以绑定自家店铺的商品，还可以对内容进行简单的排版。借助专题动态，商家既可以发布各类促销活动信息，也可以发布各类推广文章塑造品牌（图 1-4-8）。

总之，对于那些有想法、有创意，希望在运营实践中进行崭新尝试的商家，“专题动态”总是可以满足他们的需求。

当然，从另一方面来说，虽然“专题动态”很强大，但其对运营人员的能力要求还是比较高

的。一般来说，具备如下几种技能的运营人员会让专题动态大放异彩：

- 营销策划能力
- 文案撰写能力
- 图片加工能力

考虑到不少小型商家可能存在此类运营人员不足的情况，系统支持把“专题动态”直接绑定 Jshop 活动。如此一来，就大大降低了商家使用“专题动态”的门槛和成本。

图 1-4-8

（2）有效的“促销动态”

相对于“专题动态”的开放与灵活，“促销动态”就要“刻板”很多。

在店铺动态里，所谓的“促销动态”必须是商家真正的“促销”。把话说得直白一些，京东不允许商家在没有让利的商品和活动上，打上“促销”的标签。这种做法跟京东的理念、文化是一致的，京东不容忍假货，当然也不会容忍假的“促销”。

为了确保“促销动态”的真实性，系统上相应地降低了商家的操作自由度。

目前的“促销动态”的生成逻辑是这样的：当商家在商家后台创建促销之后（例如单品促销、满减促销），系统会把这些促销信息集成起来，为商家自动生成“促销动态”。商家可以在无线后台（wuxian.jd.com）的店铺动态中看到这些促销动态，并且可以为这些动态中的商品进行排序，把那些最重要的商品呈现在用户的第一屏最重要的位置，如图 1-4-9 所示。

按照规划，京东正在扩展“促销动态”的类型和生成方式。例如，如果商家参加了京东的团购和秒杀，京东将会允许商家自主创建“团购动态”和“秒杀动态”。

因此，对于普通的单品促销、满减促销，商家无需人为创建“促销动态”，只需对“促销动态”进行相应设置即可；而对于“团购动态”、“秒杀动态”，以及日后将要增加的其他新型动态，商家都必须手工创建。

图 1-4-9

（3）新鲜的“上新动态”

每个商家都希望在第一时间把自己的上新商品告知用户，特别是老用户。

“上新动态”的设计初衷，就是用来满足商家的这种需要。

跟“促销动态”的设计理念一样，京东不允许假的“上新”动态存在。换言之，京东不允许商家把老商品拉出来，贴上“上新”的标签。京东认为，这是对用户的不尊重，是平台诚信和商家诚信的透支。

因此，京东的“上新动态”不是由商家创建的，而是系统根据商家的上新行为，自动为商家创建的。但跟“促销动态”一样，商家可以对“上新动态”中的商品进行排序，把那些最重要的商品呈现在用户的第一屏最重要的位置（图 1-4-10）。

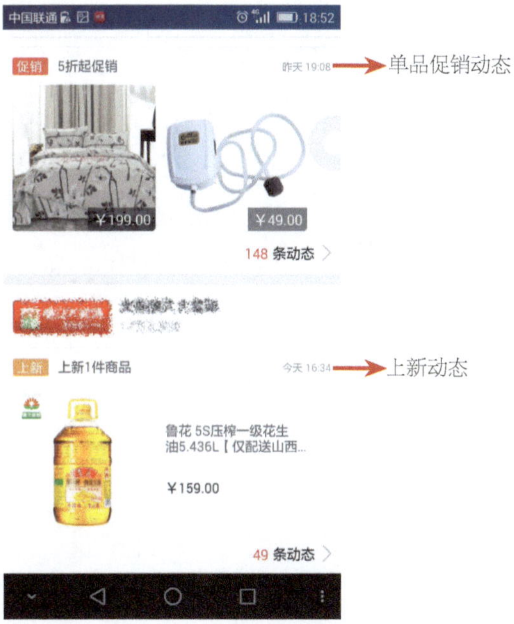

图 1-4-10

5．“店铺动态”进阶：店铺动态操作方法

我们终于对“店铺动态”有了一个较为清晰的认识，心急的读者可能早就摩拳擦掌了——这么好的店铺动态，到底怎么使用？

下面笔者将从店铺动态基本操作指南和店铺动态使用秘籍两个角度，告诉商家该如何操作店铺动态。

（1）“店铺动态”基本操作指南

创建专题动态需要登录无线后台（wuxian.jd.com）。当然，商家也可以先登录京东商家后台，然后跳转至无线后台。

以下是宝宝好官方旗舰店的运营人员创建和编辑专题动态、促销动态、上新动态的实例。该商家是这一新工具的第一批用户之一，感谢商家的分享。

- 专题动态的操作

在无线后台里，进入“店铺动态”栏目，然后单击“专题动态”标签，即进入“专题动态管理”。按如图 1-4-11 所示的方法，创建专题动态的基本信息。

其中，需要指出的是，专题内容有两种方式，一种是引用 Jshop 活动页面，另一种是自定义专题内容。

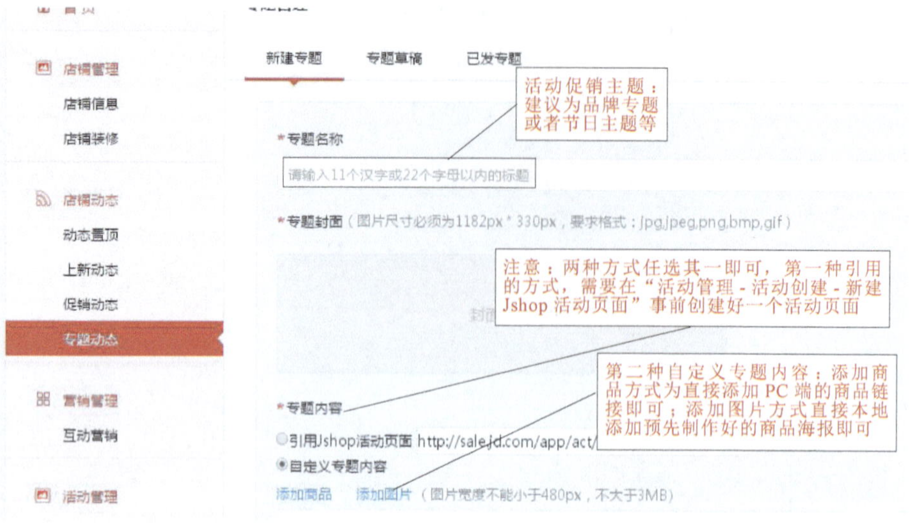

图 1-4-11

自定义专题内容，如图 1-14-12 所示。

图 1-4-12

专题发布如图 1-4-13 所示。

图 1-4-13

- 促销 / 上新动态的操作

如前所述，为保证动态的真实性，目前促销动态和上新动态都是由系统自动生成的。

其中，促销动态的生成规则为：当商家在促销中心创建促销后，无线后台会接收到促销数据，并按促销类型不同对促销活动进行合并。目前，单品促销和满减促销两种促销会被生成店铺动态（图 1-14-14）。

商家虽然无法决定促销动态的内容，但可以对动态的标题和商品顺序进行编辑。排列商品顺序的方法很简单，只需拖动商品即可。

上新动态的生成规则与促销动态类似。系统会把商家当日的上新商品，以 12 个 SPU(Standard Product Unit，标准化商品单元）为一组进行划分，从而形成不同的动态。上新动态的标题和商品顺序，也可以进行编辑，操作方法与设置促销动态类似，这里就不再赘述。

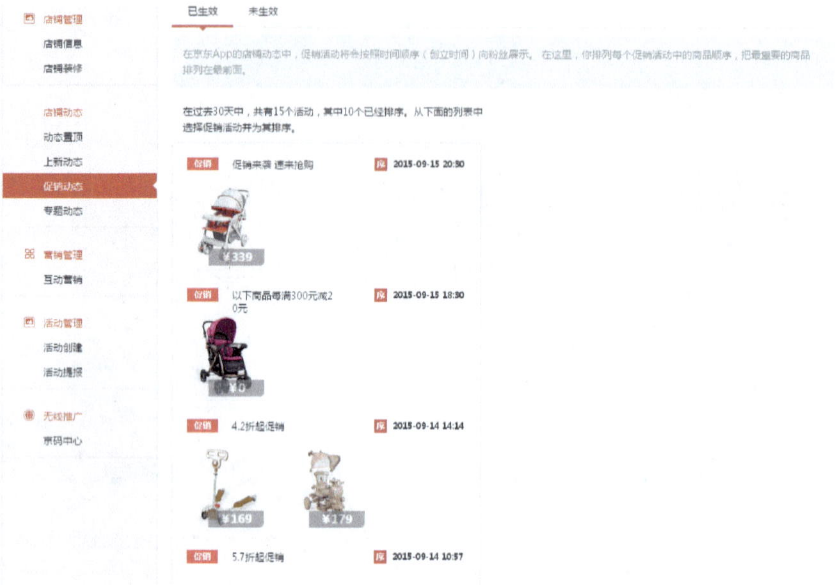

图 1-4-14

（2）店铺动态使用方法

笔者经常遇到商家提出这样的问题：为什么人家的效果更加显著？答案很简单，只需参考下述方法，每一个商家都可以让店铺动态发挥出“以一抵十”的效果。

- 让店铺动态更加“个性化”

目前，三大店铺动态类型中，上新动态、促销动态均由系统自动为商家创建。这是为保证动态的真实性，系统自动压缩的商家的自由度。

但这并不意味着，商家对上新动态、促销动态无所作为。恰恰相反，系统是允许商家对动态的关键内容进行设定的。

比如，商家可以设定上述两类动态的标题，也可以对两类动态中的商品进行排序。实际上，这两种操作对于增加动态的传播效果，具有重要意义——对动态重新设定标题，能够有效增加动态的吸引力；对动态中的商品进行排序，可以提高动态的转化率。

张姿势

实际上，在向用户推荐店铺动态的时候，京东系统会把那些标题更个性化、更有特色的动态，以及前三个为优质商品的动态优先推荐给用户。

- 让专题动态更加“多样化”

目前，在三大店铺动态类型中，专题动态的权重是最高的。换言之，系统在向用户推荐动态的时候，会优先推荐专题动态。

如前所述，专题动态是一种“万能动态”，商家的所有线上活动，都可以通过这种方式触达用户（图 1-4-15）。

这种动态为商家组织和推广各类线上活动，提供了一种非常强大的手段。例如，商家可以在各个节日组织促销活动：青年节、母亲节、儿童节、端午节、父亲节、七夕节、中秋节、教师节、圣诞节……即便没有节日，商家也可以根据自己的具体情况创建活动：××× 品牌节、空调节、店庆促销、新品试用……

图 1-4-15

- 善用动态置顶

每一个运营活跃的店铺，每天都会对外释放出很多动态。动态的数量一多，就有可能把那些最重要的信息淹没。

为此，商家可以把最重要的一条动态置顶。可以被置顶的动态没有类型限制，可以为“专题动态”、“促销动态”或“上新动态”。被置顶的动态，在京东 APP 中将打上“店主推荐”的标签。在商家店铺内的“店铺动态”里，被置顶的动态会始终置于所有动态的最上方，没有时间限制，除非手动取消或者将其中的商品下柜，否则将会持续存在。

通过这种方式，商家可以“画龙点睛”，把最终的动态，呈现在用户的面前。

1.4.2 善用二维码吸纳流量

现在人所共知的二维码，很多年前就已经存在了。当时，它的商业价值和前景还不明朗，没得到很好的应用。

智能手机的出现及移动互联网的发展，让二维码的价值慢慢展现出来。

1. 京码中心与商品二维码简介

京码中心（ma.jd.com）是京东推广各类条形码、二维码应用的系统（图 1-4-16）。

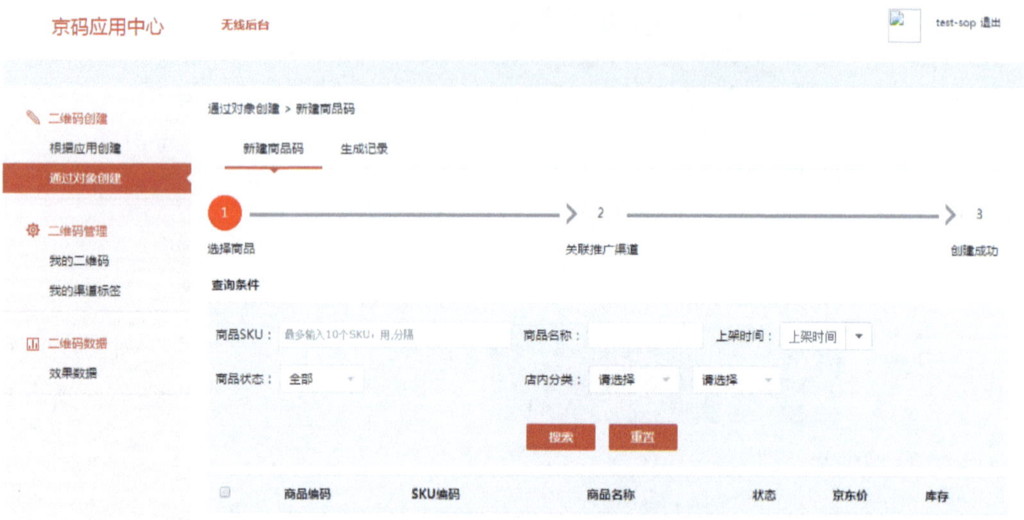

图 1-4-16

在这个系统中，京码中心向商家及各类第三方机构提供基础二维码的生成、统计功能和接口，并将集成各类二维码、条码的应用。

商品码是京码中心的一种基础的二维码。在京码中心，商家可以根据自己的在售商品，批量生成商品码。

在技术原理上，京码中心的商品码与其他二维码并无本质的不同。但在业务逻辑和形式上，京码中心的商品码却有其独到之处。

首先，当用户扫码的时候，系统将会根据具体情况，以用户体验最优为原则，从商家的微店商品详情页、京东 APP 的商品详情页、M 端商品详情页中选择其一打开。换言之，无论用户是否安装手机 APP，是否用微信扫码，京码中心都将确保用户能够看到商家希望他们看到的内容，如图 1-4-17 所示为商品码扫码流程。

其次，在生成二维码的时候，系统允许商家设置一个“扫码理由”。“扫码理由”将附加在二维码的下方，是商家吸引用户关注、扫码的小广告，如图 1-4-18 所示。这是一个非常小的细节，如果商家没有专门的设计人员，或者时间紧急，或者缺少预算，那么这个小小的“扫码理由”，将成为提高二维码应用效率的倍增器。如果商家准备把二维码进行美化处理，那么只需让设计人员把下方的扫码理由切掉即可。但无论如何，“扫码理由”都是必不可少的。

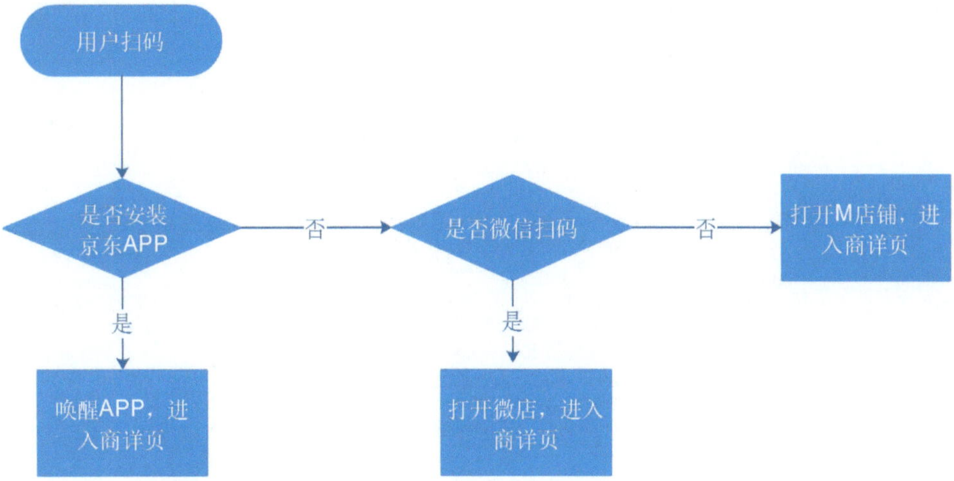

图 1-4-17

扫码送奥迪车模

图 1-4-18

2．把人际交往中的一切都转化成“流量”

随着二维码的普及，很多人想到了用二维码，把社交能量转化为流量的想法。他们在名片上、彩页中或其他有空白位置的地方，都镶嵌了二维码。但是，结果往往不尽如人意。

造成这种结果的原因在于二维码的吸引力不够。换一种做法，结果可能会大不相同。

例如，当有人把如图 1-4-19 所示的一张彩页塞进您的手中时，你是否会像对待其他宣传材料一样，看一眼就将其随手丢掉？

图 1-4-19

显然不会。

如图 1-4-19 所示的案例，这是一个持续长达 8 天、每天 8 次的类似“秒杀”的活动。

这是“秒杀”？

千真万确。只是，与常见秒杀不同的是，它是“线下秒杀”。这种秒杀不依赖线上秒杀系统，也不需要层层申请和审批。在京东，商家可以自行创建“线下秒杀”，创建的方式非常简单，只需两步就可完成：首先，在“商家后台营销中心”创建限时单品促销，设定促销时间和售空数量；其次，在“无线后台→京码中心”为促销商品创建商品二维码 如图 1-4-20 所示。

与普通秒杀活动相比，“线下秒杀”有如下几点不同：

- 商家可自行创建，无需申请
- 活动的流量来源不是利用京东资源，而是商家的自有资源
- 活动实现了商家与广告受众之间的双赢：对用户来说，可以购买便宜商品；对商家来说，大大提高了广告的有效到达率。

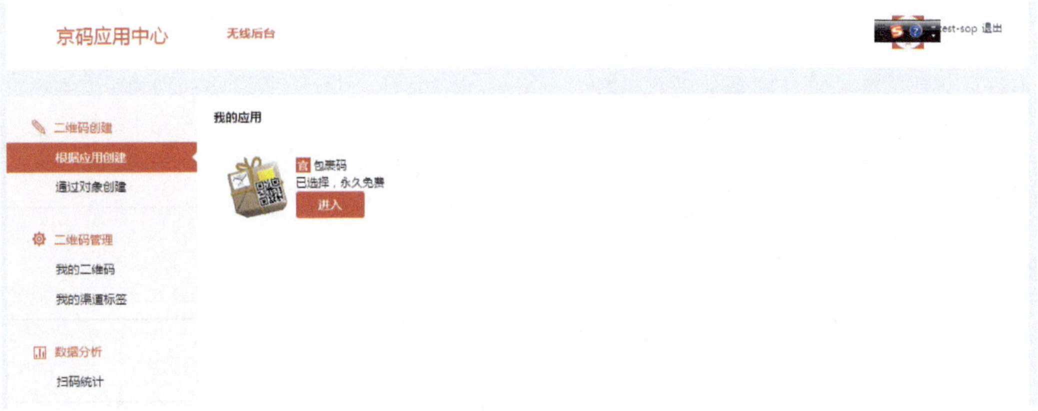

图 1-4-20

当然，这种方式需要商家拿出相当数量的商品，来做低价促销。但是考虑到其所带来的广告效应，这种代价还是值得的。

类似的方法还有很多，只要各位商家开动脑筋，总能想出更多、更好地利用二维码吸纳流量的办法来。

3．把销量转化成为二次流量

除了京东的各类资源，商家自己也有触达用户的通道，例如：包裹。

很多商家在利用这种通道，把自己的宣传资料塞进发往用户的包裹里。跟所有其他传统广告形式一样，单纯的广告单页很难准确评估推广效果。现在，利用京码中心的相应的包裹二维码，可以提高这种广告单页的推广效果。

这是一种二维码应用。利用该应用，商家可以向那些扫码的用户发放优惠券。至于非买家用户，商家可以把他们引导到自己的店铺首页，或者自定义的线上活动中。

也许，这都不是最重要的。最重要的是，商家可以借助这种方式，让用户在收到商品之后，引导其进行“确认收货”。用户的这一举动对商家来说具有重大意义：这将大大缩短京东与商家之间的结算时间。

1.4.3 善用“签到有礼”玩转粉丝营销

1．粉丝营销的价值

互联网思维是近两年最热的一个词汇，其核心就是“粉丝营销”，简单说就是让你的店铺或者商品走明星之路，吸引一群追随者。商家们一定都听说过小米公司粉丝营销的成功案例，通过粉丝营销，小米用更低的成本、更快的速度抢占了手机市场的大量份额。

对于商家来说，粉丝营销是让自己的店铺从众多店铺中脱颖而出的利器。根据笔者积累的实操经验，粉丝营销的基础是要亲民，把用户当朋友，用各种方式让用户参与到品牌的商品设计、商品选款或活动等一系列商家运营中去，这样可体现出品牌做事的态度，最核心的是让用户有参与感，从而产生被重视的感觉，让用户感受到品牌的做事态度。就拿选款说，曾有某品牌女装商家每次上新前都会让用户投票，票数高的款式留下，其余淘汰，此外还会引导让用户对这些款式做一些评价，商家会根据评价和用户投票数把商品进行改进，这样一来，上新当天往往能出现几百件的爆款，个别时候上千件，用户复购率奇高。粉丝营销本质是为获得粉丝用户的信任，增加品牌美誉度，从而产生二次传播，美誉度高了，流量和转化率自然就高了。

既然粉丝营销已成为商家提高流量的必备神器，贴心的京东研发团队已为商家在商家后台打造一款圈粉神器——“签到有礼”。签到这种互动形式已经很普遍了，对于用户来说学习成本低，此外这种方式可以起到维护老用户，发展新用户的双重作用，同时“签到有礼”会增加用户凝聚力，提升用户对店铺的黏度。其实，简单来看签到就是给发优惠券和推广促销做了一层美化的外衣，让用户以更新鲜的方式来体验促销和优惠券，这样委婉地推送给用户要比直接让用户接受促销更友好，现在的用户已经看过了太多的挥泪甩卖、跳楼价，已经对这种促销产生了抗体，所以签到会把促销变友好。

签到还是一种互动，让用户参与其中，参与感在现在的购物过程中很重要，让你的用户有参与感，并会为你不断发朋友圈去做免费推广。例如小米总结的粉丝营销成功经验之一，就是参与感，有参与感会让用户觉得自己也是商品的策划者，用户既然已是策划者之一，自然而然就成为了这个商品的传播者，提升转化率也就成为了必然结果。

2. “签到有礼”的操作技巧

目前“签到有礼”的规则有两种：每天签到有礼、连续签到有礼 。

对于这两种签到形式，笔者认为各有各的好处。对于“每天签到有礼”这种签到形式，可以不设置保底奖（奖项设置中的一种奖项形式，类似于参与奖），做成一个抽奖活动，用户获得奖池中的哪一个奖项都是靠概率也就是运气来判定，这样活动成本可以由商家掌控。也可以做成一个可以设置带有保底奖的每天签到有礼，这样可以通过多多送礼的方式来吸引用户进入店铺从而产生更多的流量，对于一些中小商家，建议初期采用这种方式，尽可能多地给用户发放些福利来提升店铺流量。

对于“连续签到有礼”这种签到形式，连续签到将会给连续签到的用户额外奖励，连续签到可以激励用户访问店铺，增加用户黏度，这种签到方式只要用户达到商家设定的签到天数即可获得相应奖项，建议随着设定签到天数的增加而提高奖品的价值，当然这样的活动成本不可控，因为无法预计会有多少人达到设定天数，相应的活动成本也会上升，举个夸张点的例子，假设某家店铺设置签到 10 天即可送一部 iPhone 手机，估计会有很多人定个闹钟也要来店铺签到呢！但是这样的成本可能是商家无法预计的，所以建议一些大商家可以创建这种连续签到活动，可以起到很好的维护老用户的作用。

目前在京东主站和京东 APP 上都为店铺签到活动提供了很多入口，也为设置签到活动的商家提供了更多流量入口和曝光率。

例如：商家设置了连续签到活动后，签到有礼活动在 PC 端店铺首页的入口如图 1-4-21 所示。

图 1-4-21

单击“签到”按钮后的签到页面如图 1-4-22 所示。

图 1-4-22

在签到页面除了让用户获得签到结果的信息，还在签到页面为商家预留了一些推荐商品版块，商家可以根据自己店铺的需要，推广一些店铺新品、促销商品、爆款等。

如图 1-4-23 ~ 图 1-4-25 所示，签到有礼活动在 APP 的入口目前有三种：①京东 APP 首页签到领京豆→店铺签到；②京东 APP 首页发现好店版块；③店铺首页。同时还在发现好店里的 Banner 中展示店铺签到赢好礼，点击进去可以看到店铺的签到榜同时还会为店铺展示促销、上新、专题、优惠券等标签，让用户更快捷地找到你的店铺，也让你的店铺动态直接触达到用户。

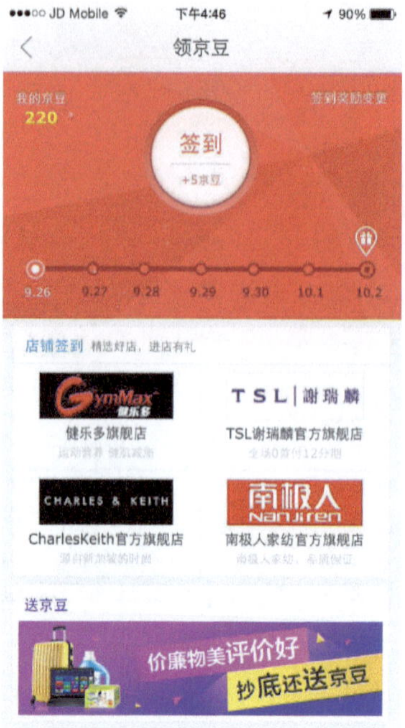

图 1-4-23

图 1-4-24

图 1-4-25

用户点击“签到有礼”按钮，跳转到如图 1-4-26 所示界面，展示签到结果。

图 1-4-26

如此圈粉神器，在商家后台是怎么创建的呢？创建途径如下：“营销中心→互动营销→签到有礼”。创建“签到有礼”活动时，商家可以根据笔者上面讲述的方法，结合自己店铺的实际情况来选择签到方式。

当用户通过持续签到获取了不同额度的优惠券后会不会去使用呢？这里笔者请某店铺做了一个签到营销的案列分析。店铺用【清凉夏季】作为利益点，设置了签到活动优惠券，让用户主动去领取优惠券，总计领取 1935 张优惠券，使用量为 701 张，使用率已达 36%，如图 1-4-27 所示。相较传统优惠券的方式，例如直接发券、用户领券，其最高的使用率也很难超过 10%，由此可见，通过“签到有礼”的优惠券使用率极高，同样是发券，当然选择更具有效果的！

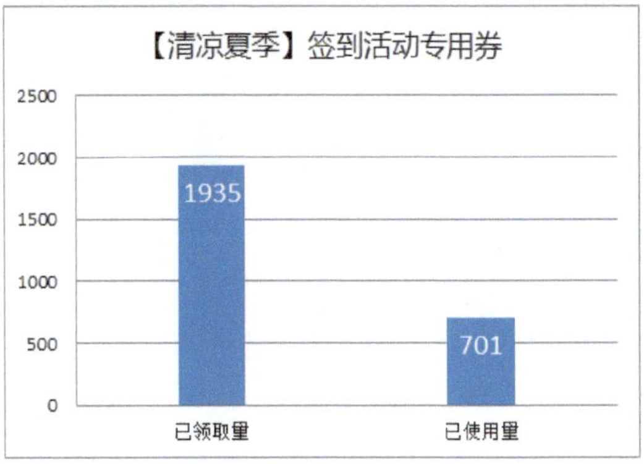

图 1-4-27

1.5 京东搜索流量优化方法

1.5.1 搜索流量优化的重要性

1. 京东搜索结果页数据统计分析

图 1-5-1 为京东关键词搜索结果页各排序方式入口。

表 1-5-1 为搜索不同排序方式入口下的流量占比。

表 1-5-2 为搜索不同排序方式入口下的 GMV（Gross Merchandise Volume，成交金额）占比。

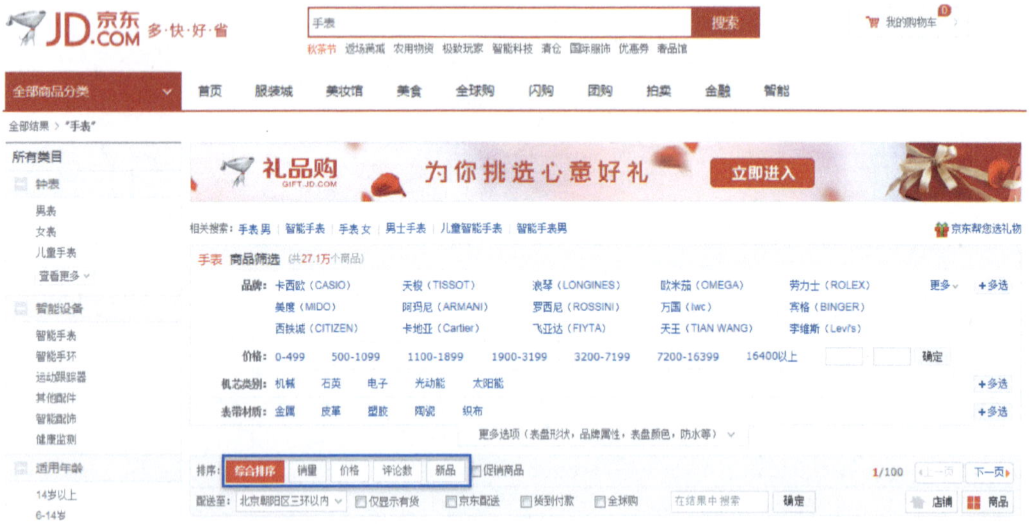

图 1-5-1

表 1-5-1

综合排序	销　量	价　格	评论数	新　品
93.45%	3.40%	2.65%	0.43%	0.08%

表 1-5-2

综合排序	销　量	价　格	评论数	新　品
90.69%	5.38%	3.17%	0.65%	0.11%

从搜索结果页的自然展示结果和流量、GMV 的统计数据看：关键词搜索下的综合排序是访客流量最大及成交最集中的部分。所以，关键词搜索优化的第一主要入口为综合排序入口。

2. 京东平台搜索排序权重简要分析

在京东平台中，影响搜索时商品是否曝光的因素有很多。我们把这些因素按照不同的方式分成以下六种类型。

（1）规则类型，包括搜索引擎索引规则、召回规则、排序规则和展示规则。如图 1–5–2 所示，可以看到，搜索系统通过这四种规则的规范和应用，实现商品从被索引到最终的被展示。

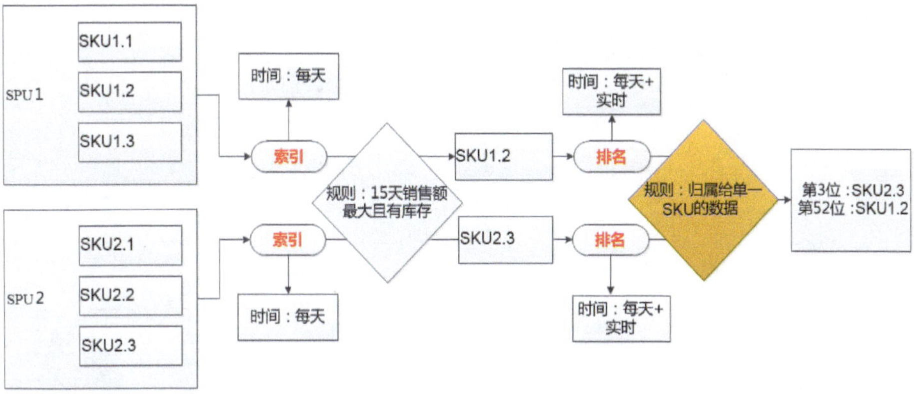

图 1-5-2

（2）排序类型，如图 1–5–3 所示，包括综合排序、销量排序、价格排序、评论数排序、新品排序。

图 1-5-3

（3）排序模式，如图 1–5–4 ~ 图 1–5–7 所示为，包括商品搜索排序、活动搜索排序、店铺搜索排序、促销搜索排序。

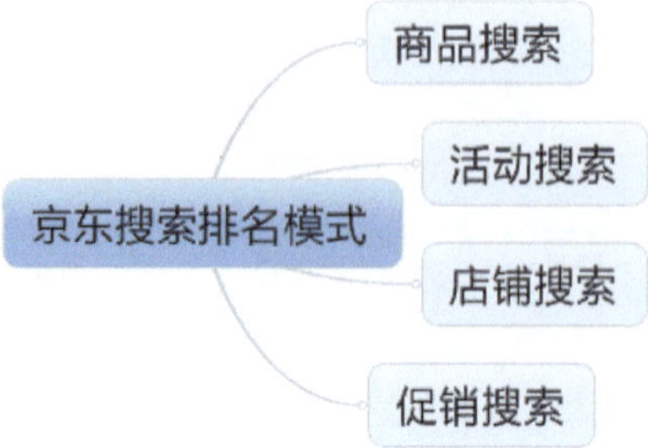

图 1-5-4

图 1-5-5

图 1-5-6

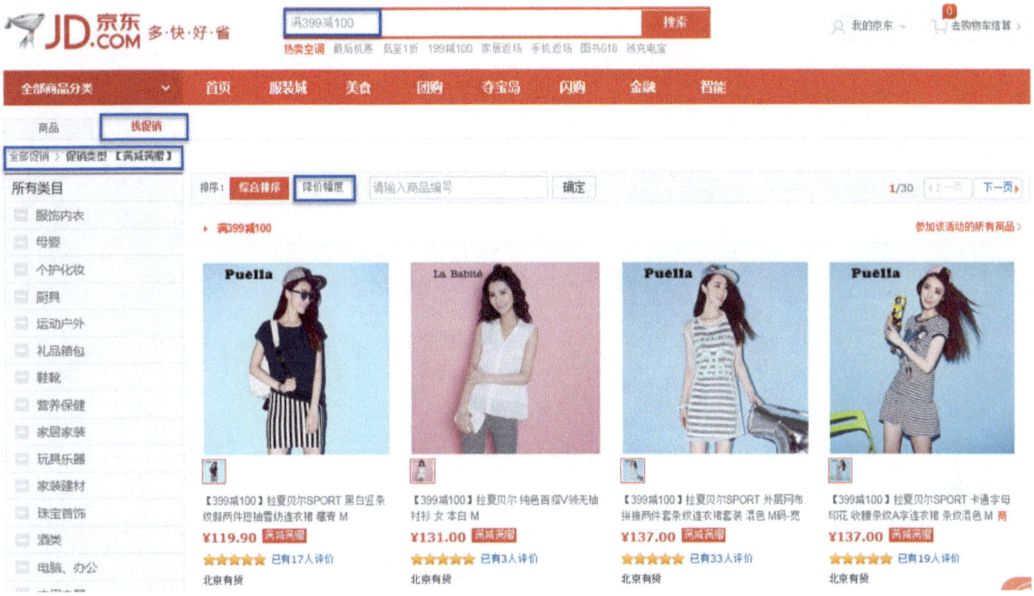

图 1-5-7

（4）权重模型，如图 1-5-8 所示为文本相关性、类目相关性、商品质量分、搜索反馈、价格模型、品牌模型、季节模型等（2015 年 10 月之前有“商品质量分模型”，之后被“人气模型”取代，商品质量分将逐步在各类目下线）。

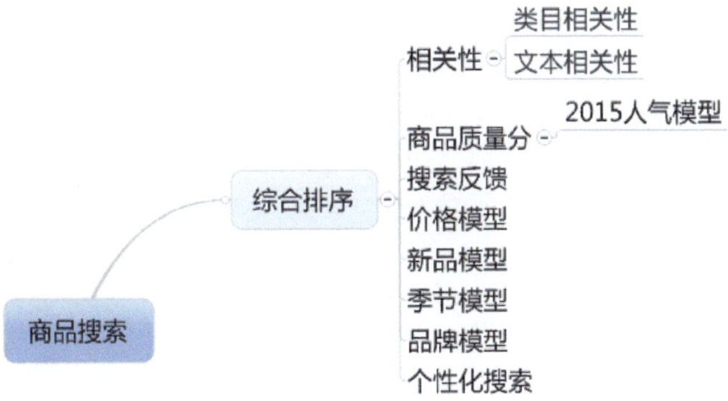

图 1-5-8

（5）权重因子，如图 1-5-9 所示为，销量、销售额、转化率、评论数、好评率、某关键词下的点击、成交、新品分、访问深度、独立访客数、客单价、UV 价值、老客回访率等。

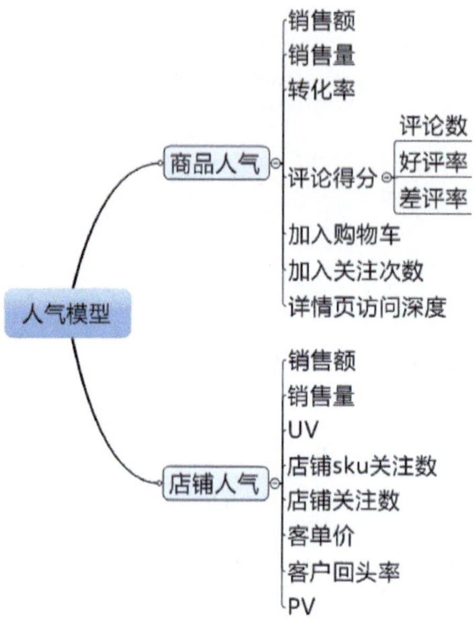

图 1-5-9

（6）宏观调控，如图 1-5-10、图 1-5-11 所示，包括店铺穿插，搜索反作弊系统。

在京东，我们把影响商品排序的数据统称为因子，因子在商品排名维度中起作用，我们把这些影响商品排名的维度叫做权重模型。

文本相关性和类目相关性我们统称为相关性模型。相关性模型是指：商品归属的类目、关键词与访客搜索词之间的关联程度。相关性是排名优化的基础，也是其他模型作用的基础。如果基础没有做对，例如高相关分类选择错误，关键词排列错误，都会导致商品无法被索引。即使其他模型的分数再高，也无法让商品在综合排序下得到好的曝光。

基于以上数据及权重分析，本章着重阐述基础模型中的关键词优化。

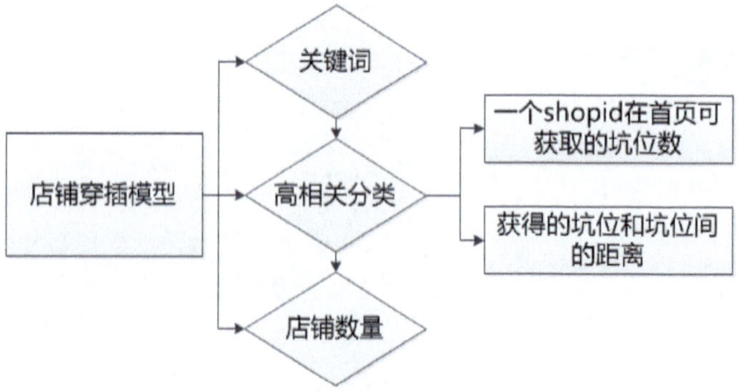

图 1-5-10

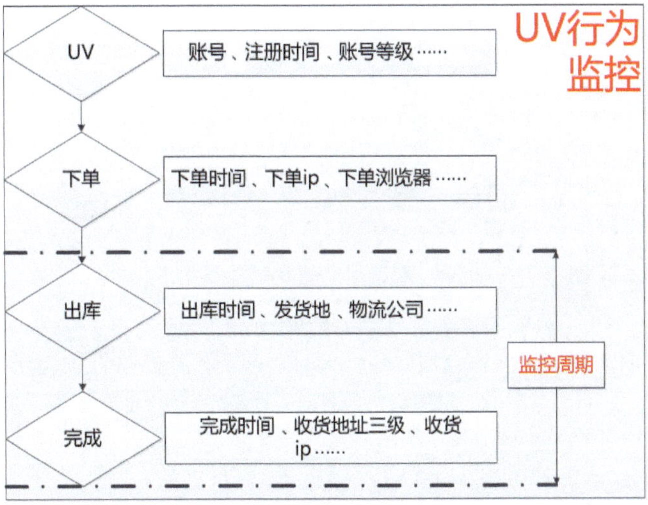

图 1-5-11

1.5.2 关键词优化步骤与案例

相关性模型中，文本相关性是 SEOer（指从事 SEO 工作的人）最需要熟知的知识，针对其优化的方法就叫作关键词优化。

关键词优化基础步骤包含五步，如图 1-5-12 所示。

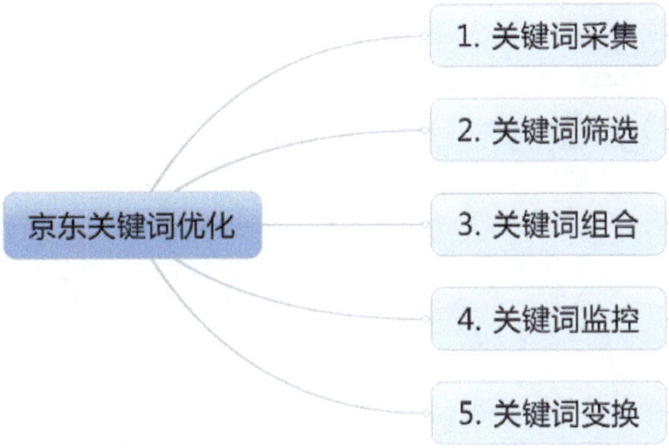

图 1-5-12

1. 关键词采集

进行关键词的采集，并把行业中与本店商品相关的关键词制作成商品关键词表，是 SEOer 在关键词优化工作中的第一步。这里介绍四种采集途径。

（1）平台前端页采集，如图 1-5-13 所示。

图 1-5-13

访客输入关键词，京东下拉框会展示与访客输，入词相关的关键词。京东的下拉框匹配主要有“前向匹配”和“首字母匹配”，如输入“lyq”，下拉推荐“连衣裙”、“路由器”等相关词。通过下拉推荐词与当前输入词的相关性和推荐词的热度进行的排序。这里的推荐词会有周期性的变化。同时京东搜索下拉框推荐词的个性化匹配策略也在探索中。

（2）用户反馈采集，如图 1-5-14、图 1-5-15 所示。

图 1-5-14

图 1-5-15

搜索结果页商品的标题、广告语中影响我们商品转化率的文本，叫作转化率关键词。我们可以通过用户反馈途径，为商品找到可应用在标题或者广告语中的转化率关键词。获取用户反馈的途径有几种：用户评价、标签和用户咚咚咨询。如果关键词带来的访客形成了较高的商品转化率，可以积累成为对商品排名的提升，从而提升曝光量。因为关键词的转化率数据是商品排序中使用的权重因子。

（3）市场细分采集

平台中很多品类都有访客对商品进行搜索时的统一习惯，这些习惯不是规则，而是通过访客对商品的认知养成的，这些词是商品词的有力补充，也是商家的必争词，如图 1-5-16 所示。这些就是市场细分词。例如：小清新、森女系、自拍神器等。

图 1-5-16

（4）数据罗盘采集

如图 1-5-17 所示，“数据罗盘→行业关键词分析→行业热词榜”中的数据，可以帮助我们了解平台访客在搜索、点击、购买商品时是如何具体表达行为的，这些行为就是我们看到的关键词下的具体数据：搜索指数、搜索人气、点击指数等。

图 1-5-17

通过数据罗盘采集关键词数据时，应着重从两个角度理解罗盘里关键词的数据。

- 搜索指数，如图 1-5-18 所示，关键词的搜索指数代表访客对于找寻类型商品时的搜索习惯。搜索指数越高，代表访客在这个关键词下的行为表现越高。这个数据是访客搜索购买商品时需求的表现。
- 关键词转化率，如图 1-5-19 所示，关键词转化率代表在京东平台中，访客对于商品的具体趋向性。关键词与商品间相关性的精准度。转化率高的关键词代表用户在这些词下更容易找到适合自己的商品。

序号	热词	三级类目	搜索指数	搜索人气	点击指数	点击率	成交指数	转化率	相关词	对比
1	男士内裤	男式内裤	3,383,150	1,712,100	3,993,650	118.05%	311,750	18%	相关词	加入对比
2	内裤	男式内裤	948,885	377,221	746,962	78.72%	18,182	6%	相关词	加入对比
3	内裤男	男式内裤	321,902	285,580	428,297	133.05%	6,435	3%	相关词	加入对比
4	男内裤	男式内裤	253,067	104,419	288,534	114.01%	5,254	6%	相关词	加入对比
5	英国卫裤	男式内裤	186,985	110,317	587,021	313.94%	5,824	6%	相关词	加入对比
6	男士纯棉内裤	男式内裤	141,241	85,815	125,224	88.66%	1,578	4%	相关词	加入对比
7	男士内裤莫代尔	男式内裤	126,119	64,490	107,742	85.43%	1,664	4%	相关词	加入对比
8	情侣内裤	男式内裤	118,750	57,450	211,968	178.50%	1,156	3%	相关词	加入对比
9	男士平角内裤	男式内裤	106,639	56,000	113,343	106.29%	1,395	3%	相关词	加入对比
10	男士内裤印花	男式内裤	105,363	56,177	58,930	55.93%	1	0%	相关词	加入对比
11	男士内裤平角纯棉	男式内裤	101,620	40,482	104,571	102.90%	393	2%	相关词	加入对比

图 1-5-18

序号	热词	三级类目	搜索指数	搜索人气	点击指数	点击率	成交指数	转化率	相关词	对比
1	男士内裤	男式内裤	3,383,150	1,712,100	3,993,650	118.05%	311,750	18%	相关词	加入对比
2	内裤	男式内裤	948,885	377,221	746,962	78.72%	18,182	6%	相关词	加入对比
3	内裤男	男式内裤	321,902	285,580	428,297	133.05%	6,435	3%	相关词	加入对比
4	男内裤	男式内裤	253,067	104,419	288,534	114.01%	5,254	6%	相关词	加入对比
5	英国卫裤	男式内裤	186,985	110,317	587,021	313.94%	5,824	6%	相关词	加入对比
6	男士纯棉内裤	男式内裤	141,241	85,815	125,224	88.66%	1,578	4%	相关词	加入对比
7	男士内裤莫代尔	男式内裤	126,119	64,490	107,742	85.43%	1,664	4%	相关词	加入对比
8	情侣内裤	男式内裤	118,750	57,450	211,968	178.50%	1,156	3%	相关词	加入对比
9	男士平角内裤	男式内裤	106,639	56,000	113,343	106.29%	1,395	3%	相关词	加入对比
10	男士内裤印花	男式内裤	105,363	56,177	58,930	55.93%	1	0%	相关词	加入对比
11	男士内裤平角纯棉	男式内裤	101,620	40,482	104,571	102.90%	393	2%	相关词	加入对比

图 1-5-19

通过数据采集关键词的过程，我们应将关键词从以下三种维度中进行数据排序、比较、采集，制作成关键词表。

- 搜索指数高（大搜索量宽泛词），如图 1-5-20 所示。

图 1-5-20

- 关键词搜索转化率高（中搜索量精准词），如图 1–5–21 所示。

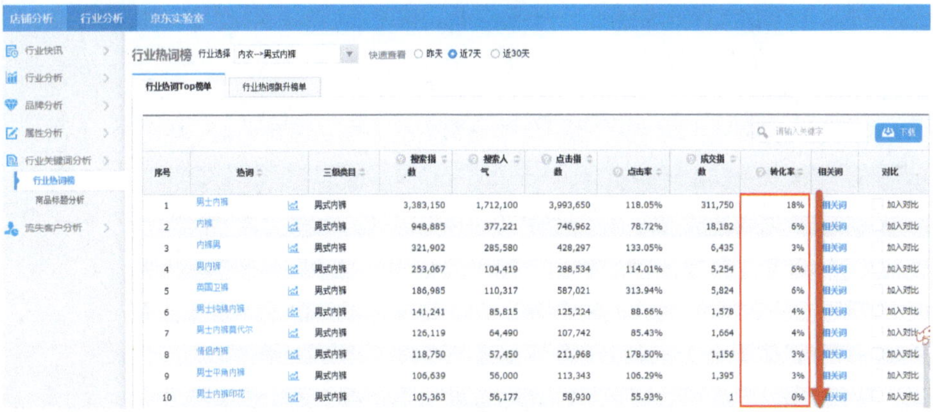

图 1-5-21

- 行业飙升热词（季节性关键词），如图 1–5–22 所示。

图 1-5-22

- 制作完成的品类词表，如图 1-5-23 所示。随季节性，用户搜索行为的变化，词表需周期更新。

关键词	搜索指数	转化率	飙升指数
内裤	948,885	6%	0%
内裤男	321,902	3%	0%
男内裤	253,067	6%	0%
英国卫裤	186,985	6%	0%
男士纯棉内裤	141,241	4%	0%
男士内裤莫代尔	126,119	4%	0%
情侣内裤	118,750	3%	0%
男士平角内裤	106,639	3%	0%
男士内裤印花	105,363	0%	0%

图 1-5-23

2. 关键词筛选

关键词采集，词表制作完成后，我们需要通过合理的筛选方式，在词表当中选择适合商品的关键词。SEOer 在关键词优化过程中，对关键词进行筛选的最重要标准是：降低关键词优化难度的同时提高关键词的有效覆盖率，增加商品曝光量。

按照以上标准，我们在关键词筛选时需做到以下几个方面。

- 关键词的竞争系数优
- 关键词的单品位竞争个数优
- 商品文本中使用的关键词可以满足用户搜索的多样性
- 通过关键词的使用对商品的卖点进行挖掘

这里介绍一种简单的数据计算方法，可以帮助大家在理解筛选理论的基础上，进行直接的应用。

例：商品及原标题、广告语如图 1-5-24 所示和图 1-5-25 所示。

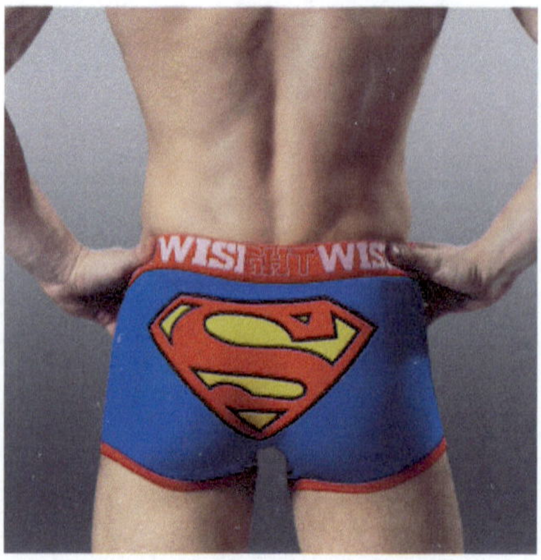

图 1-5-24

原标题	原广告语
男士内裤2条包邮 卡通个性纯棉可爱超人潮男平角裤男士情侣内裤 男生中	情侣内裤全网销量第一，原创款式，顶级面料，精美包装，2条包邮，3条9折！

图 1-5-25

我们通过数据计算的方法，对这个商品进行关键词的重新筛选。

- 通过词表选择与商品匹配的关键词。选择结果如图 1-5-26 所示。

SKU ID	关键词
13012449**	内裤
	男内裤
	男 内裤
	男士内裤
	内裤 男
	内裤男
	男式内裤
	性感内裤
	男士平角内裤
	男士内裤 平角
	内裤 男 平角
	男内裤 平角
	平角 内裤 男
	纯棉内裤
	情趣内裤
	男内裤 性感
	内裤 男 平角 纯棉
	卡通内裤
	情侣内裤
	卡通内裤 男
	男士卡通内裤
	卡通内裤 平角
	卡通内裤 纯棉
	超人内裤

图 1-5-26

- 计算关键词的竞争系数

竞争系数 = 关键词下的商品数量（可通过平台关键词结果页查询，如图 1-5-27）/ 关键词的搜索量（数据罗盘中的搜索指数）

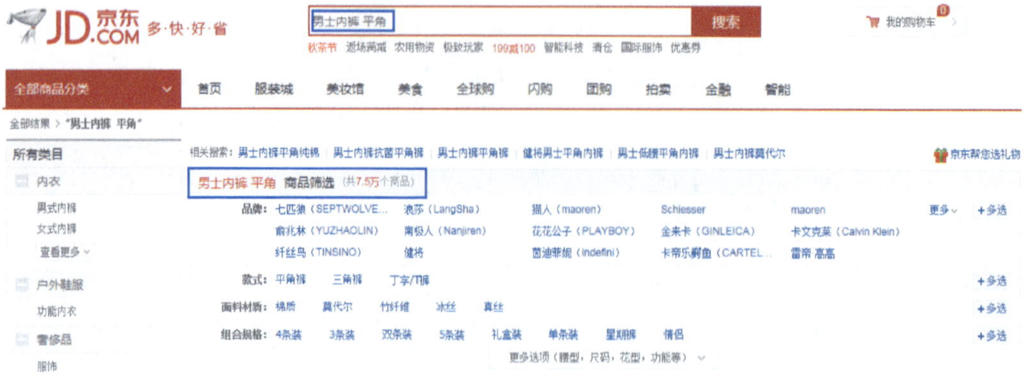

图 1-5-27

竞争系数的定义：代表具体关键词下，单一商品竞争的难易程度。竞争系数越小，表示竞争难度越低；竞争系数越大，表示竞争难度越高。计算结果如图 1-5-28 所示。

SKU ID	关键词	搜索量	关键词下商品数量	竞争系数
13012449**	内裤	5839	14605	2.50
	男内裤	479	11468	23.94
	男 内裤	94	11462	121.94
	男士内裤	5708	11433	2.00
	内裤 男	3356	11404	3.40
	内裤男	104	11396	109.58
	男式内裤	128	11309	88.35
	性感内裤	258	10960	42.48
	男士平角内裤	83	10580	127.47
	男士内裤 平角	706	10535	14.92
	内裤 男 平角	886	10520	11.87
	男内裤 平角	244	10519	43.11
	平角 内裤 男	105	10516	100.15
	纯棉内裤	104	9717	93.43
	情趣内裤	372	5072	13.63
	男内裤 性感	80	3897	48.71
	内裤 男 平角 纯棉	96	2509	26.14
	卡通内裤	478	1590	3.33
	情侣内裤	1956	1218	0.62
	卡通内裤 男	479	705	1.47
	男士卡通内裤	256	705	2.75
	卡通内裤 平角	232	688	2.97
	卡通内裤 纯棉	104	642	6.17
	超人内裤	101	132	1.31

图 1-5-28

通过竞争系数的计算、排序，我们从数据中可以看到，哪些关键词是有一个相对较易的竞争环境的。这样的关键词就是我们的商品在文本优化当中，最应该首先使用的关键词。

我们按照竞争系数从小到大进行排序后结果如图 1-5-29 所示。

SKU ID	关键词	搜索量	关键词下商品数量	竞争系数
13012449**	情侣内裤	1956	1218	0.62
	超人内裤	101	132	1.31
	卡通内裤 男	479	705	1.47
	男士内裤	5708	11433	2.00
	内裤	5839	14605	2.50
	男士卡通内裤	256	705	2.75
	卡通内裤 平角	232	688	2.97
	卡通内裤	478	1590	3.33
	内裤 男	3356	11404	3.40
	卡通内裤 纯棉	104	642	6.17
	内裤 男 平角	886	10520	11.87
	情趣内裤	372	5072	13.63
	男士内裤 平角	706	10535	14.92
	男内裤	479	11468	23.94
	内裤 男 平角 纯棉	96	2509	26.14
	性感内裤	258	10960	42.48
	男内裤 平角	244	10519	43.11
	男内裤 性感	80	3897	48.71
	男式内裤	128	11309	88.35
	纯棉内裤	104	9717	93.43
	平角 内裤 男	105	10516	100.15
	内裤男	104	11396	109.58
	男 内裤	94	11462	121.94
	男士平角内裤	83	10580	127.47

图 1-5-29

因各品类关键词下的竞争程度不同，我们可以进行相对大小的选择。例如，我们以竞争系数<10 为竞争系数优，如图 1-5-29 中蓝色标注所示。那么 10 以下竞争系数对应的关键词就是我们通过第一步降低竞争难度选出的关键词。

- 计算关键词的单品位竞争个数

单品位竞争个数 = 关键词下的商品数量（可通过平台关键词结果页查询）/ 首页坑位数

单品位竞争个数定义：商品进入具体关键词下的首页，面对的竞争对手的个数。

京东关键词首页有 60 个坑位。全品类关键词首页流量占比的均值达到 90.91%。这是众多商品必争之地。在不同的关键词下，有不同数量的商品在竞争，通过单品位竞争个数的计算，我们可以对竞争的难易程度进行二次筛选。

单品位竞争个数计算结果如图 1-5-30 所示。

对单品位竞争个数进行从小到大排序结果如图 1-5-31 所示。

竞争系数（蓝色标注）与单品位竞品个数（黄色标注）同时为优对应的关键词，就是我们在降低竞争程度时选择的关键词。

SKU ID	关键词	搜索量	关键词下商品数量	竞争系数	单品位竞争个数
13012449**	情侣内裤	1956	1218	0.62	20
	超人内裤	101	132	1.31	2
	卡通内裤 男	479	705	1.47	12
	男士内裤	5708	11433	2.00	191
	内裤	5839	14605	2.50	243
	男士卡通内裤	256	705	2.75	12
	卡通内裤 平角	232	688	2.97	11
	卡通内裤	478	1590	3.33	27
	内裤 男	3356	11404	3.40	190
	卡通内裤 纯棉	104	642	6.17	11
	内裤 男 平角	886	10520	11.87	175
	情趣内裤	372	5072	13.63	85
	男士内裤 平角	706	10535	14.92	176
	男内裤	479	11468	23.94	191
	内裤 男 平角 纯棉	96	2509	26.14	42
	性感内裤	258	10960	42.48	183
	男内裤 平角	244	10519	43.11	175
	男内裤 性感	80	3897	48.71	65
	男式内裤	128	11309	88.35	188
	纯棉内裤	104	9717	93.43	162
	平角 内裤 男	105	10516	100.15	175
	内裤男	104	11396	109.58	190
	男 内裤	94	11462	121.94	191
	男士平角内裤	83	10580	127.47	176

图 1-5-30

SKU ID	关键词	搜索量	关键词下商品数量	竞争系数	单品位竞争个数
13012449**	超人内裤	101	132	1.31	2
	卡通内裤 纯棉	104	642	6.17	11
	卡通内裤 平角	232	688	2.97	11
	卡通内裤 男	479	705	1.47	12
	男士卡通内裤	256	705	2.75	12
	情侣内裤	1956	1218	0.62	20
	卡通内裤	478	1590	3.33	27
	内裤 男 平角 纯棉	96	2509	26.14	42
	男内裤 性感	80	3897	48.71	65
	情趣内裤	372	5072	13.63	85
	纯棉内裤	104	9717	93.43	162
	平角 内裤 男	105	10516	100.15	175
	男内裤 平角	244	10519	43.11	175
	内裤 男 平角	886	10520	11.87	175
	男士内裤 平角	706	10535	14.92	176
	男士平角内裤	83	10580	127.47	176
	性感内裤	258	10960	42.48	183
	男式内裤	128	11309	88.35	188
	内裤男	104	11396	109.58	190
	内裤 男	3356	11404	3.40	190
	男士内裤	5708	11433	2.00	191
	男 内裤	94	11462	121.94	191
	男内裤	479	11468	23.94	191
	内裤	5839	14605	2.50	243

图 1-5-31

- 关键词综合排序下模型的影响因素

在京东平台，影响排序的权重模型中有一个是价格模型。不同的品类，不同的关键词都有一定的价格区间带。这个价格区间就是价格模型下最高得分区间（截至 2015 年 10 月，价格区间模型已经在进行升级）。客单价不符合价格区间的商品，即便在其他模型中得分较高，也很难排进关键词首页。所以我们在进行关键词筛选时，需要确定这些关键词的价格模型区间带（此处不对权重模型做详细的讲解，只针对例子中选词的影响因素稍带提及）。

商家可以通过京东官方或者服务市场的相关商品，查询具体品类及具体关键词的最高权重价格区间。如图 1-5-32 所示。

图 1-5-32

将价格区间与关键词相匹配，得到的结果如图 1-5-33 所示，标注灰色部分就是我们首次要使用在商品标题中的关键词。

SKU ID	关键词	搜索量	关键词下商品数量	竞争系数	单品位竞争个数	客单价区间
13012449**	超人内裤	101	132	1.31	2	
	卡通内裤 纯棉	104	642	6.17	11	
	卡通内裤 平角	232	688	2.97	11	
	卡通内裤 男	479	705	1.47	12	
	男士卡通内裤	256	705	2.75	12	
	情侣内裤	1956	1218	0.62	20	35-89
	卡通内裤	478	1590	3.33	27	
	内裤 男 平角 纯棉	96	2509	26.14	42	49-89
	男内裤 性感	80	3897	48.71	65	45-105
	情趣内裤	372	5072	13.63	85	19-49
	纯棉内裤	104	9717	93.43	162	35-95
	平角 内裤 男	105	10516	100.15	175	50-109
	男内裤 平角	244	10519	43.11	175	50-109
	内裤 男 平角	886	10520	11.87	175	50-109
	男士内裤 平角	706	10535	14.92	176	50-109
	男士平角内裤	83	10580	127.47	176	50-109
	性感内裤	258	10960	42.48	183	
	男式内裤	128	11309	88.35	188	50-109
	内裤男	104	11396	109.58	190	50-109
	内裤 男	3356	11404	3.40	190	50-109
	男士内裤	5708	11433	2.00	191	50-109
	男 内裤	94	11462	121.94	191	50-109
	男内裤	479	11468	23.94	191	50-109
	内裤	5839	14605	2.50	243	49-89

图 1-5-33

3. 关键词组合

关键词筛选完成后，我们需要进行关键词的组合。在组合时，我们需要了解京东文本的两个规则：

- 文本索引规则
- 文本计算规则

文本索引规则：指把关键词写在商品 / 店铺相关的具体位置上，在访客搜索时，可被平台发现、匹配、展示给用户的规则。

京东大部分品类有八大索引字段，分别是：

- 标题
- 广告语
- 店铺名称
- 商品属性值
- 三级类目字段
- 品牌字段
- 标签字段（目前有评价标签字段和部分品类的热点选购标签）
- 同义词字段（根据京东词库的调整会有变化）

图书、家电等品类还有作者名、空调型号等更多索引字段。这里以普遍类目为准。

索引字段具体位置如图 1-5-34 所示。

图 1-5-34

- 文本计算规则
- 有分数的字段

索引是指匹配并且被展现，计算规则是用于在展现的基础上通过文本分数进行排序。

京东可被用于计算的两个字段是：标题字段和品牌字段，如图 1-5-35 所示。

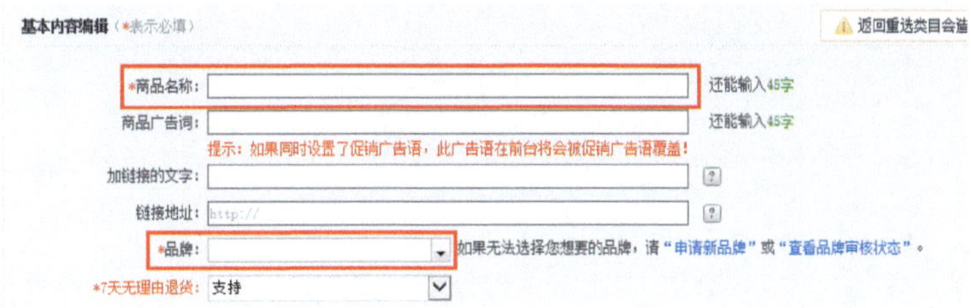

图 1-5-35

- 文本得分规则

京东文本计算分数遵循以下四项规则，如图 1-5-36 所示。

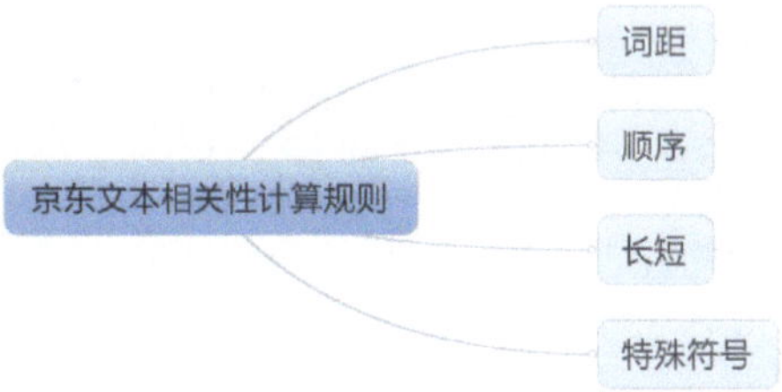

图 1-5-36

词距：关键字 / 词之间的距离，与访客搜索词精准匹配且字间距越小，文本得分越高。

顺序：关键字 / 词之间的顺序，与访客搜索的词顺序相同分数最高，逆序分数减少。

举例说明，当访客搜索的词是“连衣裙 显瘦”时，以下标题得分情况，如图 1-5-37 所示。

商品名称	文本得分
*** 长袖织针显瘦修身连衣裙 民族风 知性优雅衬衫裙子2015秋季新款女新品冬装	196
*** 2015韩版秋冬新款气质大码显瘦长袖包臀打底连衣裙	189
**大码女装2015秋装新款胖mm时尚简约纯色显瘦连衣裙951102904 蓝色	200
*** 女装韩版修身两件套装针织长袖气质连衣裙 显瘦女小外套打底背心裙	201

图 1-5-37

长短：京东在文本中使用的算法倾向短和精准。这个是源自京东是自营起家，所以，标题短会让本文得分提高，有利于商品排名。

文本标题长短例得分情况，如图 1-5-38 所示。

排序	标题	分类得分	文本得分
1	华尊圣诞装饰品 1.5米圣诞树套餐 圣诞节必备 加密圣诞树	210	110
2	[X'mas]圣诞树	42	204
3	落星星的圣诞树(1B级翌平经典美文分级悦读)	25	141
4	仕彩 圣诞节道具 30CM台式圣诞树 绿色圣诞树28分枝 不含配件	210	100
5	盛泉 圣诞场地挂件 圣诞树装饰 圣诞用品 大雪花片 立体 平板可选 款式分类 大号泡沫立体雪花	210	80
6	缤尚圣诞 圣诞装饰品 圣诞树挂饰 圣诞节用品 绒布红苹果 红色 小号3CM	210	100
7	怡美圣诞装饰品 圣诞树套餐 圣诞彩灯 LED彩灯 LED灯串 蓝色LED	210	100
8	圣诞树	17	210
9	酷玩部落圣诞挂饰礼物包圣诞树装饰圣诞精品圣诞装饰（颜色随机）	210	110
10	大贸商 圣诞树装饰 圣诞树围裙 直径84cm贴花树裙 圣诞礼物 XF01347	210	100

图 1-5-38

特殊符号：当括号处于整个标题的结尾，括号内的文本不计算字节长度。这个规则基于京东平台在商品处理时，将括号内的文本定义为商品解说词。譬如：做花洒的，我们会在标题中写品牌＋特性＋花洒（软管＋胶垫＋花洒）

这个标题中的括号内的词就是对花洒这个商品的解说。

特殊符号在文本的应用中建议按实际情况使用，不要过激使用。这个规则随时可能会撤销。

特殊符号举例，如图 1-5-39 所示，具有较好的文本得分。

排序	标题	分类得分	文本得分
1	华尊圣诞装饰品 1.5米圣诞树套餐 圣诞节必备 加密圣诞树	210	110
2	[X'mas]圣诞树	42	204
3	落星星的圣诞树(1B级翌平经典美文分级悦读)	25	141
4	仕彩 圣诞节道具 30CM台式圣诞树 绿色圣诞树28分枝 不含配件	210	100
5	盛泉 圣诞场地挂件 圣诞树装饰 圣诞用品 大雪花片 立体 平板可选 款式分类 大号泡沫立体雪花	210	80
6	缤尚圣诞 圣诞装饰品 圣诞树挂饰 圣诞节用品 绒布红苹果 红色 小号3CM	210	100
7	怡美圣诞装饰品 圣诞树套餐 圣诞彩灯 LED彩灯 LED灯串 蓝色LED	210	100
8	圣诞树	17	210
9	酷玩部落圣诞挂饰礼物包圣诞树装饰圣诞精品圣诞装饰（颜色随机）	210	110
10	大贸商 圣诞树装饰 圣诞树围裙 直径84cm贴花树裙 圣诞礼物 XF01347	210	100

图 1-5-39

按照以上组合的规则，我们把第二步筛选出的关键词进行组合，得到的商品标题为图 1-5-40 所示。

商品修改后标题
**男士卡通内裤 平角纯棉性感情趣情侣超人内裤

图 1-5-40

标题更改完，平台完成全量更新后，这个商品在不同的关键词下的落地页情况为：

关键词：卡通内裤 平角

落地页：第 1 页第 1 行第 2 位

如图 1-5-41 所示。

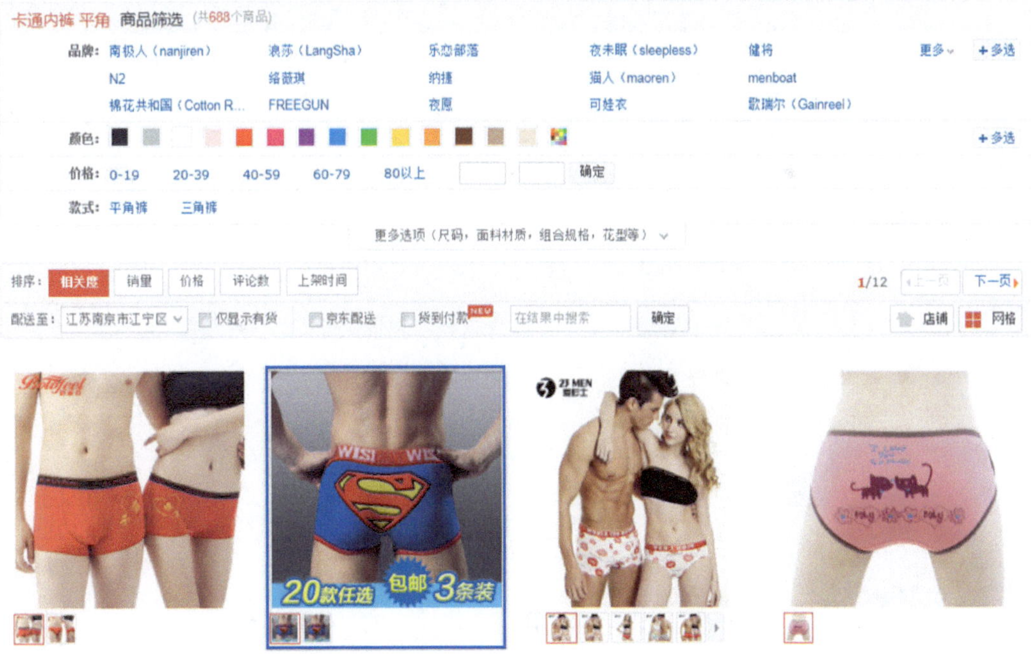

图 1-5-41

关键词：卡通内裤 纯棉

落地页：第 1 页第 2 行第 3 位

如图 1-5-42 所示。

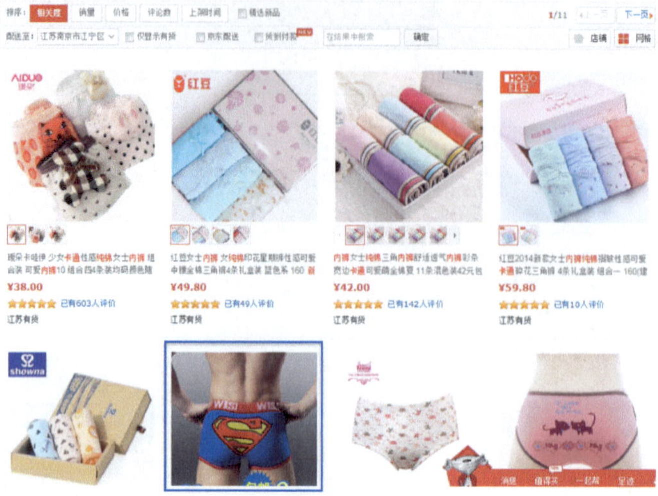

图 1-5-42

以上是在关键词的采集、筛选、组合时看到的效果。之后，我们需要对优化后的商品标题进行维护。

4. 关键词监控

在日常运营中，运营人员都会填写很多运营表格，以监控商品的各种数据，通过数据监控来进行商品走势的预测等。

在 SEOer 的工作中，商品的关键词排名监控和流量监控同样是日常工作。

我们可以通过“数据罗盘→流量分析→关键词分析”中的关键词到店和到商品的引入情况，来监控具体关键词对商品权重起到的作用。

- 到店关键词罗盘监控情况如图 1-5-43 所示。

关键词分析 上月 2015-09-01 至 2015-09-30 快速查看 昨天 前天 近7天 本周 上周 本月 上月

请输入关键字 下载

热门关键词	商品页	点击量	直接下单单量	直接下单金额	转化率
保暖内衣	商品页	6,032	600	73,207.00	11.10%
秋衣秋裤	商品页	1,704	260	23,815.00	18.28%
保暖内衣女	商品页	752	17	2,113.00	2.84%
秋衣	商品页	505	137	8,111.00	35.31%
保暖裤	商品页	241	82	6,124.00	44.09%
保暖内衣男	商品页	209	10	1,240.00	5.15%
男士内裤	商品页	194	2	118.00	1.16%
女士内裤	商品页	150	2	118.00	1.47%
保暖内衣女薄款	商品页	143	0	0.00	0.00%
秋衣秋裤女	商品页	135	1	54.00	0.86%
保暖衣	商品页	100	0	0.00	0.00%
女士内裤纯棉	商品页	99	0	0.00	0.00%

图 1-5-43

- 到具体商品页关键词罗盘监控情况如图 1-5-44 所示。

商品页	点击量	直接下单单量	直接下单金额	转化率
	3,875	428	53,482.00	12.10%
	1,174	170	19,249.00	15.62%
	175	0	0.00	0.00%
	115	0	0.00	0.00%
	79	0	0.00	0.00%

首页　< 上页　1　2　3　4　5　下页 >　尾页

图 1-5-44

商品的排名监控，我们可以通过京东官方或者服务市场的产品看到排名的变动。商品的排名变化不仅是我们在最近操作的文本优化中要使用的，同时也是在我们的商品其他权重中要使用的。

- 一般关键词商品排名监控情况示例，如图 1-5-45 所示。

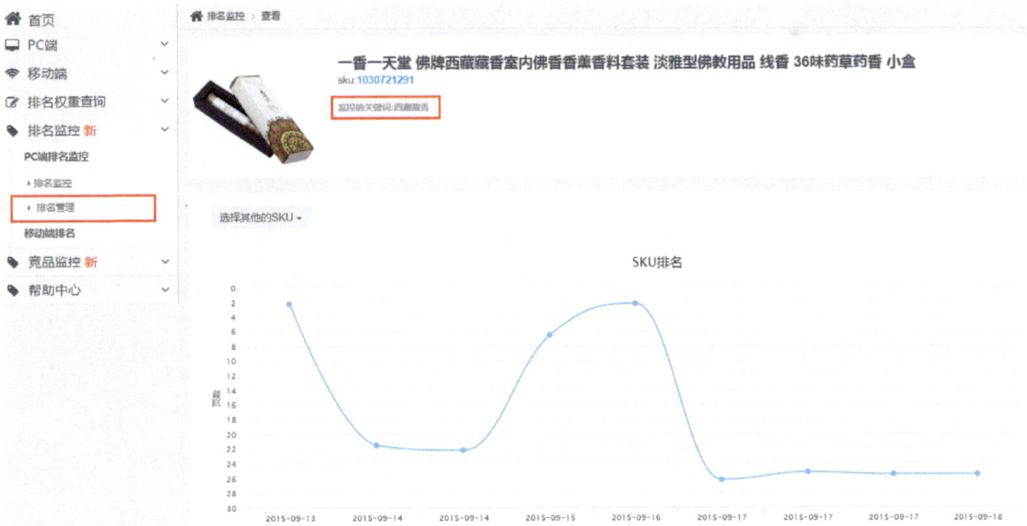

图 1-5-45

综上，我们需要监控的维度是：关键词、关键词位置、关键词下商品流量、关键词下商品点击数、关键词下商品成交量。

这几个维度的作用分别如下。

- 关键词位置：商品曝光量的基础。

- 关键词下商品流量及点击量：商品流量入口有效性的根据（主图、标题转化率关键词、评价数、客单价）。
- 关键词下商品成交量及成交金额：保持商品权重持续稳步攀升，获取更大曝光能力的基础。

5. 关键词的变换

为什么要做关键词的变换？

- 文本的算分规则中倾向了标题的短，但是多词会增加商品的曝光能力。这需要我们取舍。
- 京东搜索页有截断规则，原则为：25% 文本相关性得分 +75% 商品质量分的规则，截断 3 万之后的商品召回。对于新品，京东有基础的商品质量分，在录入新品时，我们希望商品不被截断，直接进入搜索词的前 100 页，就需要在作为新品的时候提升文本得分。这时候标题需要短，无法做到关键词的覆盖。这需要我们取舍。
- 标题多关键词为商品增加曝光，同时，不同的关键词的转化率情况不同，整体容易导致商品的转化率不稳定而造成商品排名不稳定。标题短，曝光能力差，但少词的转化率稳定，对商品排名有帮助。这需要我们取舍。
- 新商品没有太高的权重，基础评论数少，商品在一级词下的竞争和排名能力差，这个时候，我们需要选择长尾词进行第一阶段的排名和流量获取。长尾词代表了低流量但相对高转化率能力的词，长尾词的使用和变换，是需要我们取舍的。在什么时候应该舍掉长尾词，选取二级 / 一级词进行排名呢？这里为大家留一个问题思考吧。

综上所述，在不同的时期，商品不同权重的情况下，文本的长短，关键词的转换是需要我们取舍的。

本章着重讲解了通过优化关键词获取搜索流量的方式，在搜索流量优化方面，仍有很多方式方法，希望商家朋友多思考，多实践，多总结。同时，这里为大家分享一个非常好的消息，就是京东官方平台将推出官方的搜索优化工具——京东易搜，是可以帮助商家朋友们进行搜索优化的利器，预计于 2016 年 2 月份推出，敬请大家使用。

第 2 章

转化率篇——内功心法的巅峰对决

第 1 章对于流量进行了较多篇幅的介绍，那么流量到达店铺后，是否有形成转化率，是决定店铺销量的关键点，大家辛辛苦苦通过营销活动、促销降价、优化标题、广告引流等一系列工作把用户吸引入店，最终的目的还是转化率。如果引流后没转化率，则事倍功半。京东平台目前属于国内平均转化率较高的电商平台。很多京东的传统优势类目，类目平均转化率更高。

本章将围绕转化率这个核心指标，为商家逐步剖析用户在购物流程中影响转化率的关键要素，再为大家介绍转化率分析诊断的方法和步骤，最后为大家解密京东平台对于商家服务考核的两大体系。

2.1 店铺转化率概述

2.1.1 成交转化率的重要指标

提到转化率的概念，很多商家还停留在成交转化率单个指标的层面，已经远远不能够适应今天复杂化的业务场景分析，我们将成交转化率按照购物环节进行细化，可以进一步分解为四个方面：即静默转化率、咨询转化率、加购转化率、付款转化率，如图 2−1−1 所示，为店铺成交转化的六层漏斗。

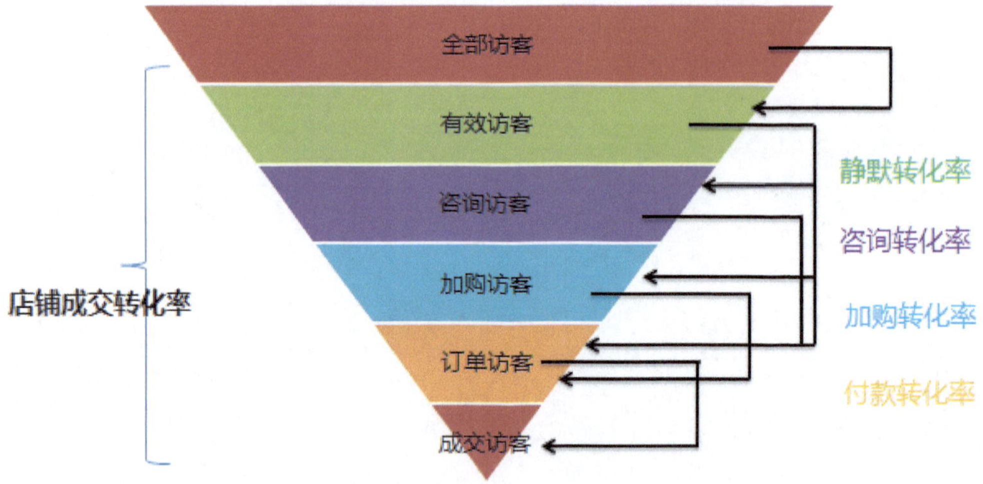

图 2-1-1

我们现在将相关的指标进行详解介绍。

入店访客数：在统计周期内（例如近 7 天），通过各种来源到达店铺的用户数量，也就是第 1 章 1.1 节提到的 UV。

有效访客数：有效访客也就是未跳失的访客，指访问店铺至少两个页面才离开的访客数，例如访客点击了“加入购物车”按钮，或者点击了“咚咚咨询”按钮等。

咨询访客数：在所有来访的用户中，点击了“咚咚咨询”按钮进行咨询的访客数量。

加购访客数:在所有来访的用户中,点击了“加入购物车”按钮将商品加入购物车的访客数量。

订单访客数：在所有来访的用户中，点击了“轻松购”或者“去购物车结算”按钮且成功提交订单的访客数量，若为先货订单（货到付款、各类自提等）则用户提交订单后即可下单成功，若为先款订单，用户提交订单后需付款完成方可记为下单成功。

成交访客数：指在所有来访的用户中，下单成功的用户数量，包括先款订单（在线支付、公司转账、邮件汇款等）完成付款的用户和先货订单（货到付款、各类自提等）下单成功的用户。同一用户在统计周期内发生多笔成交会进行去重计算。

成交转化率：成交用户数 / 全部访客数，例如店铺的成交转化率 = 全店的成交访客数 / 店铺的全部访客数，商品页的成交转化率 = 该商品的成交访客数 / 到达过该商品页的全部访客数。

静默转化率：静默成交的访客 / 全部静默的访客。

咨询转化率：咨询成交访客 / 全部咨询访客。

加购转化率：成交访客数 / 点击加入购物车按钮的访客数，这个指标主要用户衡量加购购物车后是否形成成交的情况。

Joy小援手

加购转化率这个概念容易和加购率相混淆，加购率是指点击加入购物车按钮的访客数 / 全部访客数，与加够转化率衡量的角度不同。

付款转化率：等于先款订单已付款的下单单量 / 先款订单总下单单量。

2.1.2 影响转化率的关键要素剖析

不同类目的转化率差异很大，同一类目中，商家的转化率同样各异，但是，影响转化率的因素是相似的，这一节我们将重点的介绍影响转化率的要素，只有清楚地知道在京东平台哪些因素会影响店铺的转化率，才能够逐项的针对这些因素去分析店铺的问题所在，进而去优化这些要素。我们可以先通过一张用户的购物流程图来解析用户在购物环节的关键步骤，如图 2-1-2 所示。

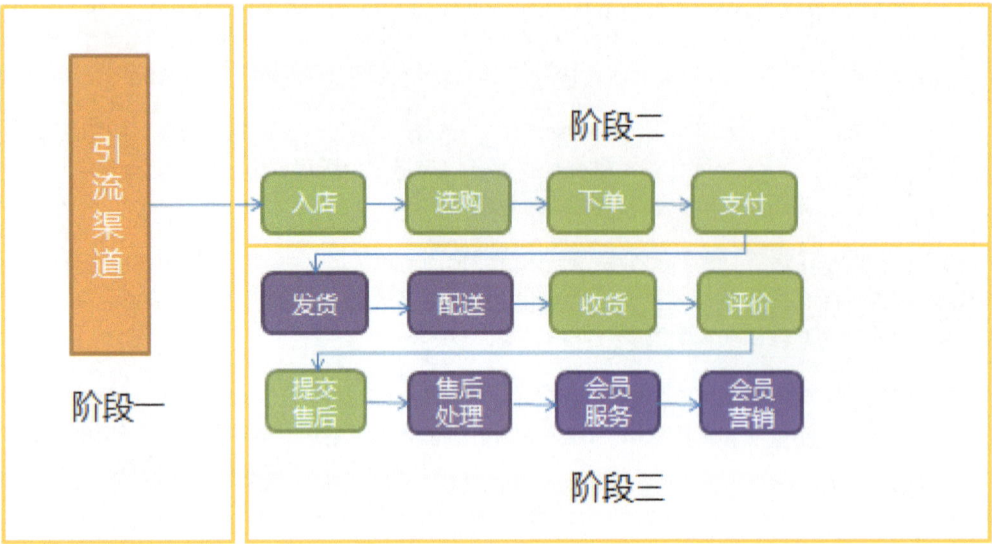

图 2-1-2

可以看到，我们将用户的购物环节分为三个阶段。

阶段一：引流阶段

也就是第 1 章所重点介绍的内容，这个阶段是流量到达店铺之前的环节，虽然这个时候用户还没有进入店铺，但是影响转化率的第一个重要因素就在这个环节，也就是流量的精准性在很大程度上决定着后续流量到达店铺之后的转化率，优质的流量入口，就已经成功了一半。因此，阶段一提升转化率的主要方法，就是提高流量的精准度和相关度。当然，店铺的不同阶段，对于引流的目的和目标也不尽相同，对于一些新店新品，前期处于流量开拓期时，会尝试多种引流渠道进行测试，去掉效果差的渠道，留下效果好的渠道，这种情况下，就不适宜一味追求每种渠道的转化情况，否则就会束手束脚，无从下手了。

阶段二：售前、售中阶段

此阶段从用户进入店铺开始，直到商家发货，这个阶段用户完成了选购、下单、付款等购物黄金环节，当然也是实现从浏览到转化的最关键环节，要想提高转化率，阶段二的功课要做足哦，也就是大家常说的内功，那么内功都包括哪些方面的要素呢？为了便于分析，我们将成交转化率拆分为静默转化率、咨询转化率、加购转化率、付款转化率，分别分析影响每种转化率的要素，如图 2-1-3 所示。

图 2-1-3

可以看到，在售前和售中阶段影响成交转化率的因素有几十种，用户在到达店铺后从浏览到支付的过程，影响因素是多维的，多元化的，甚至可以说，用户的购物心情都是我们需要去考虑的。这里需要说明的是，商家在数据罗盘中看到的商品转化率，就是截至售前阶段的数据，也就是当日下单访客数 / 当日全部访客数，没有减去后续商品退款的用户数量。

阶段三：售后阶段

此阶段从商家发货开始，则表示购物环节进入了售后阶段，经过物流配送后用户收货，这个环节为必然环节，如果上一阶段称为电商转化率的黄金环节，则截至用户确认收货，才算订单交易完成“妥投”，并且用户没有申请退货退款，才算订单真正完成了转化率的全生命周期。同样，我们将售后阶段影响本次转化率和本次购物满意度的因素进行解析，如图 2-1-4 所示。

图 2-1-4

很多商家投入非常多的精力在售前环节的优化，忽略了售后这个阶段。其实，中间有很多可优化操作的空间，可能对本次转化率影响不大，但是会严重影响二次转化率甚至多次转化率，大家可以阅读第 4 章，了解复购率对于店铺的作用。

以上引流阶段，售前、售中和售后阶段三个部分，影响转化率的要素环环相扣，相互影响，可以说，一个好的店铺，以上的要点都力求达标，甚至做到精益求精，本书中一直在强调的精细化运营，也就是这个意思。精细化运营作为必然的发展趋势，谁先做到平台的前列，谁就可以领先站在下一个窗口享受新的红利期。

但是商家在做转化率诊断的时候，如果要一个要素一个要素的诊断，难免觉得不易操作，商家可以记住关于转化率要素的六句要点，作为转化率诊断的一个口诀工具：

- 流量来源是关键
- 承接好坏看页面
- 用户选购拼商品
- 商品背后是服务
- 物流库存莫忽视
- 竞品动态要追踪

在接下来第 2.2 节转化率问题诊断的章节，我们会为大家介绍一些简便的进行转化率诊断的方法。

2.2 转化率诊断优化的四问法

我们知道，当一个用户到实体店购物，导购人员通常通过这个用户的穿着、神态等细节观察确定向他推荐什么类型的商品，通过与其沟通过程中的表情和语言，引导用户购物成交。那么作为一个网购平台，商家如何去掌握用户的特征、神态、语言呢。那么就需要对用户数据的掌握，每个商家都应该清楚地知道店铺转化率的各项数据指标，如果转化率不满意，分析用户为什么没有转化率产生订单，找到问题的所在并进行优化。每个店铺都是独一无二的，遇到的问题可能不一样，要采取的措施也不尽相同，本节为大家介绍转化率分析诊断的四部曲，希望可以帮助商家解决一些共性问题，如图 2-2-1 所示。

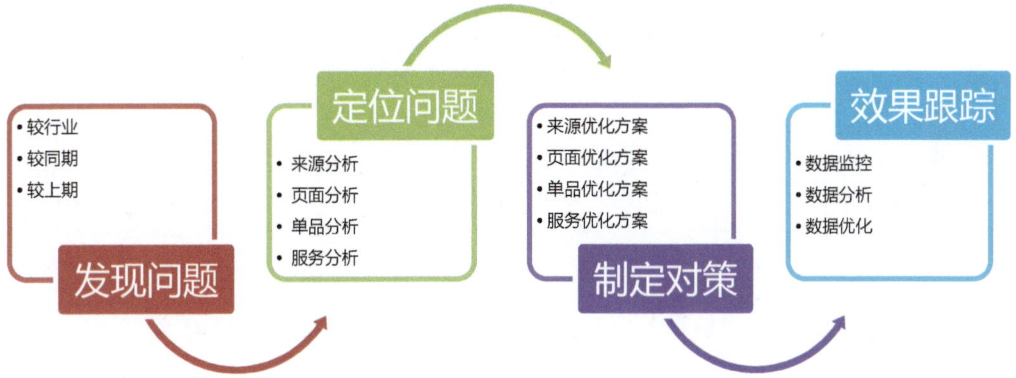

图 2-2-1

我们将转化率的诊断优化总结为四问法，方便商家进行记忆和操作，运营人员可以在每次进行店铺诊断的时候，这样来问问自己。

一问：我的店铺转化率健康吗？

二问：我的问题出在哪里呢？

三问：我的改善计划是什么？

四问：计划执行的效果怎么样？

2.2.1 我的店铺转化率健康吗

第一步就是发现问题，也就是如何判断店铺的转化率有问题呢？这里我们需要找到对比的对象，一般我们需要对比的是行业里的优秀店铺、行业中与自己相似店铺、自己店铺的同期，以及自己店铺的上期，以这四个维度来进行综合的对比后，就可以确定自己店铺的转化率是否需要优化，在行业中处于什么水平，如图 2-2-2 所示。

图 2-2-2

如图 2-2-3 所示，商家可以通过数据罗盘中的“行业分析→品牌分析→品牌热销排行”模块，查看行业中的热销品牌，找到行业中的优秀品牌，以及与自己相似的竞品，来作为自己对比的对象。

序号	品牌名称	热卖指数	人气指数	详情
1	乐高（LEGO）	3,572,286	18,918,699	详情
2	科博（KEBO）	2,871,631	11,767,206	详情
3	爱玩	2,750,892	9,139,926	详情
4	MAGSPACE	2,566,631	9,238,170	详情
5	勾勾手（GOUGOUSHOU）	2,564,395	11,462,767	详情
6	乐木	2,528,006	10,690,835	详情
7	COGO	2,515,712	13,130,948	详情
8	特宝儿	2,222,879	10,734,969	详情
9	jingjing	2,207,484	6,014,218	详情
10	米宝兔（mibokids）	2,029,368	9,671,670	详情

图 2-2-3

如图 2-2-4 所示，商家可以通过数据罗盘中的“行业分析→品牌分析→品牌详情”模块，查看行业中的热销品牌的转化率数据，如果商家发现自己店铺的转化率明显低于行业中与自己相似的店铺及行业里的优秀店铺，那么店铺的转化率就处于不健康的状态，需要进行优化。

同时，商家需要时刻关注自己店铺转化率的一个变化趋势，尤其要对本期和上期的数据进行一个对比，了解店铺的转化率是上升了还是下降了。

商家可以通过数据罗盘中的“店铺分析→经营报告→经营概况”模块，查看店铺成交转化率的数据，以及数据的变化趋势，如图 2-2-5 所示。

如果店铺的转化率一直处于平稳上升的态势，则店铺处于比较健康的状态，如果店铺的转化率一直是下降的态势或者突然出现断崖式的跌幅，则商家需要警惕，要进行如下第二步的诊断。

图 2-2-4

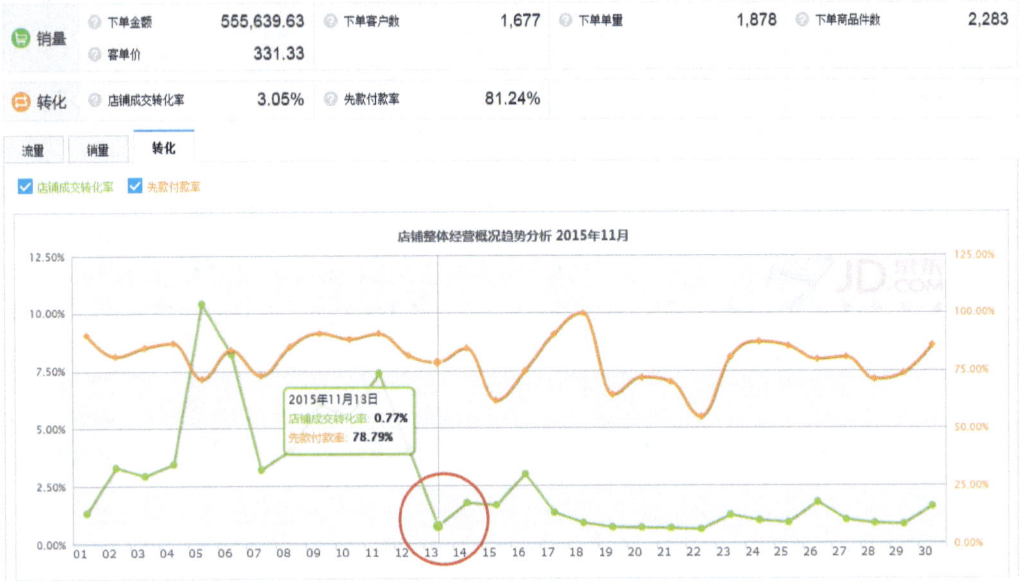

图 2-2-5

2.2.2 问题到底出在哪里呢

如 2.1.2 节所讲到的，影响转化率的要素有几十个，当商家认识到自己店铺的转化率有问题的时候，可以每个指标逐一排查跟踪，但是操作起来可能有些难度，一时可能感觉无从下手去找到问题的所在，那么，进行店铺转化率诊断的时候，大家可以应用 6 句口诀工具：

- 流量来源是关键
- 承接好坏看页面

- 用户选购拼商品
- 商品背后是服务
- 物流库存莫忽视
- 竞品动态要追踪

因此，大家可以从流量来源的终端类型、来源渠道、流量的承接页面、高流量商品及店铺服务这五个方面着手（图 2–2–6），去找问题到底出在哪里？当然，如果从以上五个方面都没有找到问题，那商家可以去看一下店铺热销商品的物流、库存是否有问题，如果还没有问题，那么就有可能是竞品有了一些新的变化，例如店庆、促销活动等动态，进而影响了我们商品的销售转化率。

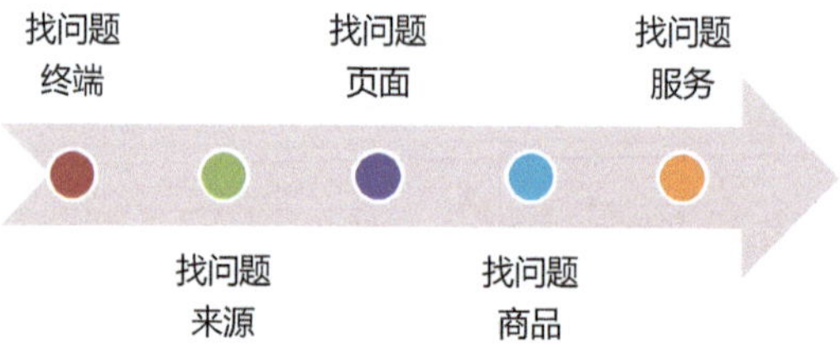

图 2-2-6

1. 找问题终端

我们来看笔者进行诊断过的一个案例（案例一），该家店铺为手表类目中处于 TOP100 以内的一家店铺，从 2015 年第二季度开始，销量遇到瓶颈，商家一筹莫展，找不到提升的办法，我们来看这个店铺的转化率数据，如图 2–2–7 所示，可以看到，店铺整体的成交转化率在 1.93%，远低于行业相同级别的店铺，那么问题出在哪里呢？

图 2-2-7

我们再来仔细分析店铺的数据，如图 2–2–8 所示，发现这家店铺的 PC 端成交转化率尚可，但是 APP 端的成交转化率特别低，只有 0.62%，明显低于行业平均水平，于是，商家将第三季度的重点放在 APP 端的流量运营上，经过一段时间的积累后，果然销量有了很大的提升。

这里需要重点强调一点，就是店铺整体、PC 端、移动端（京东 APP 端、M 端、微信端、手机 QQ 端）要分别进行诊断，因为目前京东流量来源较为丰富，所以商家进行诊断的时候，更为复杂，也更要细心，才能找到问题所在。

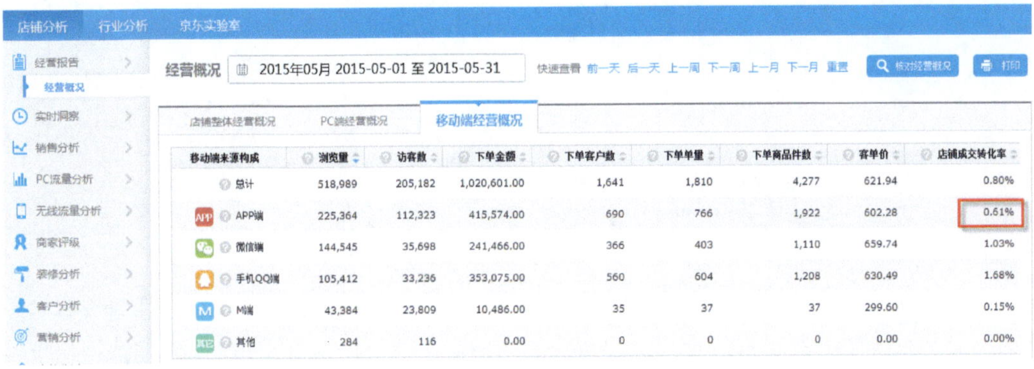

移动端来源构成	浏览量	访客数	下单金额	下单客户数	下单单量	下单商品件数	客单价	店铺成交转化率
总计	518,989	205,182	1,020,601.00	1,641	1,810	4,277	621.94	0.80%
APP端	225,364	112,323	415,574.00	690	766	1,922	602.28	0.61%
微信端	144,545	35,698	241,466.00	366	403	1,110	659.74	1.03%
手机QQ端	105,412	33,236	353,075.00	560	604	1,208	630.49	1.68%
M端	43,384	23,809	10,486.00	35	37	37	299.60	0.15%
其他	284	116	0.00	0	0	0	0.00	0.00%

图 2-2-8

通过上面的案例一我们可以知道，找问题的第一个步骤，就是先找到问题终端到底是哪个？是 PC 端还是 APP 端？是微信端还是手机 QQ 端？

2. 找问题来源

下面我们再来看一个案例（案例二）。如图 2-2-9 所示，该店铺的 PC 端之前的水平一直处于行业转化率较高的水平，但是近期出现较大跌幅，问题出在哪里呢？

图 2-2-9

这种大范围的跌幅，最有可能的情况，就是最近新增的引流渠道有问题，拉低了 PC 端整体的转化率。

商家可以通过数据罗盘中的“店铺分析→流量分析→流量来源分析”模块，查看 2015 年 9 月 11 日该店铺的流量来源，如图 2-2-10 所示，可以看到商家参加了一个京东活动，为店铺带来了大量的流量。

流量来源	访客数	访问次数	平均访问深度	跳失率
京东免费流量	8,476	12,167	1.24	85.97%
京东首页	200	238	1.21	85.29%
京东搜索	1,639	3,057	1.29	82.24%
三级类目	702	1,296	1.25	85.96%
频道页	34	38	1.26	76.32%
商家自建活动	1	1	1.00	100.00%
京东官方活动	5,473	6,188	1.20	88.24%
京东团购	70	106	1.24	80.19%
店铺页面	548	661	1.25	84.87%
品牌页	71	148	1.58	79.73%

图 2-2-10

如图 2-2-10 所示，这个活动的跳失率很高，一般来讲，跳失率是衡量转化率效果非常关键的一个指标，如果问题渠道的跳失率高，转化率的效果不一定好，那么，我们就可以定位转化率出现下降的问题在于这个引流渠道，以此制定下一步的改善计划。

3. 找问题页面

店铺中作为流量承接的页面，主要是首页、活动页和商品详情页，活动页一般作为一些官方活动的店铺承接页面，对于一些 SKU 比较单一的商家，有些也会用首页来直接作为活动页的功能。商品详情页主要承接从搜索或者类目页浏览到达的流量，个别活动页面，也会直接引流到商品详情页。怎样判断页面是否有问题呢？如果页面实现了流量的承接功能，就是成功的，否则就是失败的。

页面中影响转化率的因素包括装修、布局、图片设计、文字描述等，如上案例二中，下一步的分析思路就是要看流量渠道的承接页面有什么问题？问题渠道到达流量的承接页面后却了跳失，说明我们的承接页面，与上一级京东活动页面的定位或者信息存在不相符的情况，使得用户到达页面后，感觉页面上的商品或者活动没有吸引力而跳失。那么，我们就需要去判断，具体是页面哪里出现了问题，找到它，才能够优化它。

商家可以通过数据罗盘中的“店铺分析→装修分析→热力图分析”模块，查看承接页面的数据表现情况。热力图分析工具最大的优势在于直观，可以直观地显示用户的点击位置和点击次数，颜色越深，代表点击越多，也就知道哪款商品点击率更高，哪个活动用户更喜欢，找到最能吸引用户的位置，放置更有吸引力的商品、淘汰不被喜欢的商品来减少跳失率，去不断优化页面。同时，商家可以通过框选部分区域的方式来查看该区域的点击数及点击所占比例，非常方便。

Joy小援手

因为流量的属性不同，所以分析和诊断的方法也不完全相同。目前首页、活动页、商品详情页、数据罗盘都是支持热力图分析的。其中活动页的热力图一旦建立都是默认添加的，而首页和商品详情页，如果商家需要添加热力图分析功能，商家需要手动添加。

下面我们来分析一个活动页的案例（案例三）。

第一屏，有非常多的用户点击了宣传主图上的风衣（图 2-2-11），表示喜欢并且以为具有购买的链接，结果只是一个宣传图，没有任何购物链接，损失了部分意向用户。

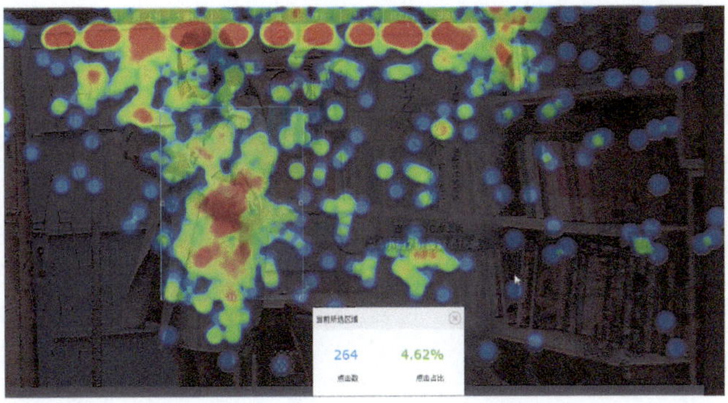

图 2-2-11

第二屏左侧第一件商品在这样黄金的位置，但是点击量却不是特别理想，可以考虑进行优化，如图 2-2-12 所示。

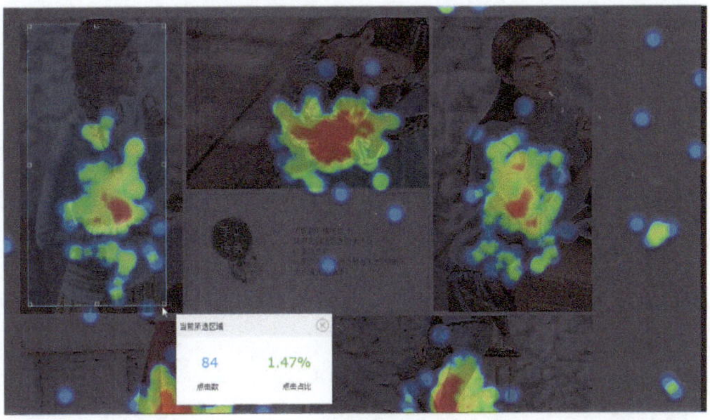

图 2-2-12

配饰的点击情况普通偏低，尤其是第一款和第二款配饰，应该考虑优化，如图 2-2-13 所示。

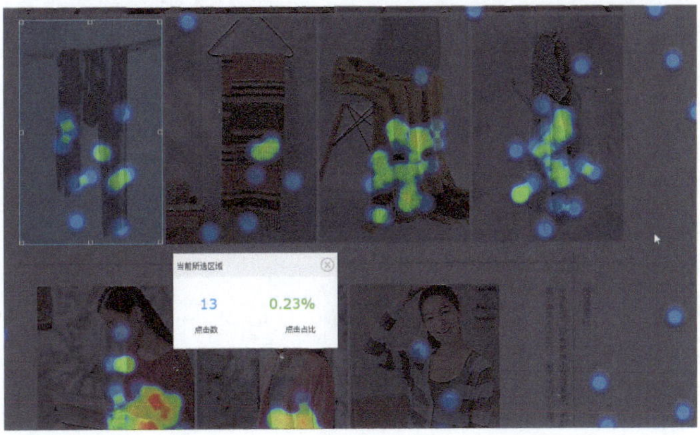

图 2-2-13

进行过优化后，我们可以通过“数据罗盘→营销分析→活动页分析”查看活动页的转化率情况（图 2-2-14），跟踪活动页的效果，来查看活动的转化率是更好了还是更差了。

图 2-2-14

4. 找问题商品

如果通过流量和页面的诊断，都没有发现问题所在，那么商家可以通过以下的方法，先去找到问题商品，再去看这个问题商品的流量来源，进行逆向追踪。因为转化率最终是在商品详情页完成的，如果可以定位到问题商品并进行改善，那么一定可以有效提升店铺的成交转化率。

找问题商品的方法有三种，都非常简单易用，如图 2-2-15 所示。

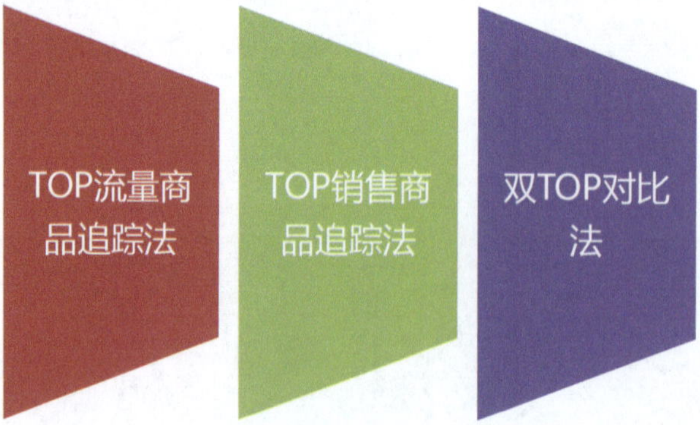

图 2-2-15

- TOP 流量商品追踪法

我们继续来分析案例一，我们已经知道了问题出在移动 APP 端的转化率低，那么，到底是哪些商品的问题呢？商家可以通过数据罗盘中的“店铺分析→销售分析→商品销售明细”模块，来查看 2015 年 5 月该店铺 APP 端的浏览量 TOP15 的商品都有哪些，再来针对每个商品，进行逐项的分析。

如图 2-2-16 所示，我们可以看到，APP 端浏览量 TOP3 的商品，这几款商品的成交转化率都很低，均未达到 1%，都属于问题商品，应列入问题商品清单中。商家初步设定的目标，就是在流量不变的情况下，将这三款商品的转化率提高到 1%，尤其是 TOP1 的商品，成交转化率只有 0.45%，甚至低于 APP 端的平均转化率 0.59%，可以作为第一优化的对象，我们将其称为问题商品 A。

图 2-2-16

以上的方法，就称之为 TOP 流量商品追踪法，流量高转化率低的商品，一定是商家需要重点关注的问题商品。

- TOP 销量商品追踪法

销量高的商品，我们称之为爆款，如果爆款的转化率都低，那么店铺的转化率必然不会高，所以，TOP 销量商品追踪法就是指对于销量排名靠前的商品，进行转化率的诊断。

我们再来看案例一店铺 APP 端的爆款，如图 2-2-17 所示，月销量过 200 件的商品只有两款，分别是流量 TOP2 的商品销售了 256 件，流量 TOP3 的商品销售了 234 件，而流量 TOP1 的商品 A，只销售了 74 件。同样坚定了我们需要重点优化商品 A 的决心。

同时，大家可以通过商品去逆向思考你店铺背后的人群，我们可以看到，爆款 1 为情侣款，爆品 2 为女表款，但是这是一家主营男表的店铺，整个店铺的装修全部是主打男表。商家是不是应该去思考，是自己店铺的定位出了问题？应该调整货源，还是引流的渠道和方式有问题？

图 2-2-17

- 双 TOP 对比法（图 2-2-18）

图 2-2-18

商家可以通过数据罗盘中的“店铺分析→销售分析→商品销售明细”模块，将 TOP15 流量的商品（根据商家的精力来决定每期进行优化的商品数）进行导出下载，再将 TOP15 销售的商品进行导出下载，两个列表进行对比后，找到流量高但销售低的商品有哪些，那么这些就是我们找的问题商品，计入到问题商品清单中。商家可以再按照转化率进行排序，转化率越低的，越是我们急需去优化的问题商品。

找到问题商品后，如何进行分析呢？也就是如何确定问题商品的问题出在哪里呢？我们需要按照商品转化率的要素去逐项分析，逐项排查，找到问题商品到底是什么原因引发的转化率偏低。同样，进行商品转化率诊断的时候，也可以利用六句口诀工具进行分析。

- 流量来源是关键

如图 2-2-19 所示，商家可以通过数据罗盘中的“店铺分析→流量分析→商品页流量分析”模块，查看问题商品的主要流量来源，我们来看下面这个案例（案例四）。

可以看到，问题商品（我们将其成为问题商品 B）的主要流量来源是京东站内搜索，那么，我们接下来就要去看，搜索的关键字是什么，每个关键字的转化率怎么样，这里就涉及关键字优化的部分，大家参见第 1 章 1.5 节。

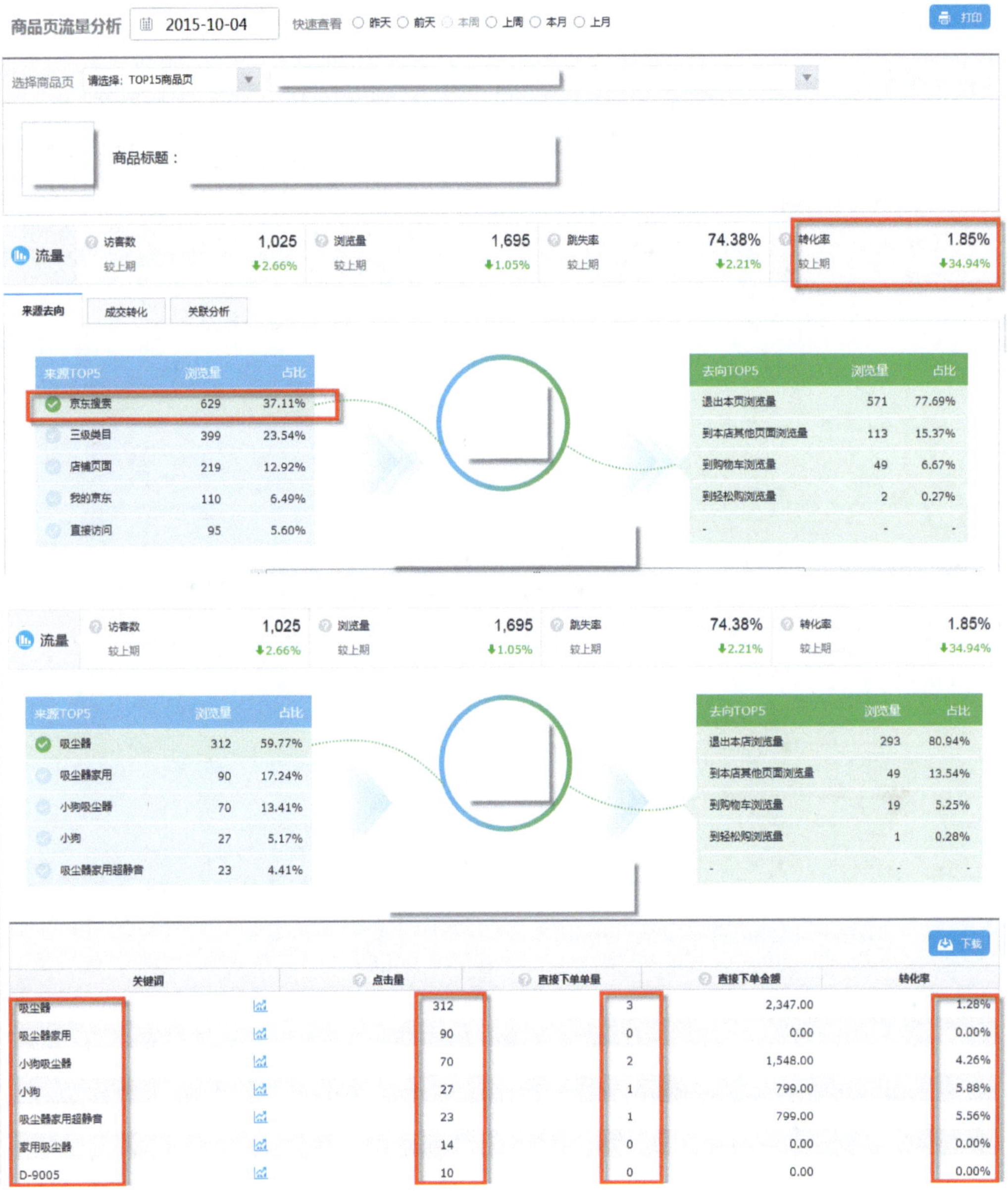

来源TOP5	浏览量	占比
京东搜索	629	37.11%
三级类目	399	23.54%
店铺页面	219	12.92%
我的京东	110	6.49%
直接访问	95	5.60%

去向TOP5	浏览量	占比
退出本页浏览量	571	77.69%
到本店其他页面浏览量	113	15.37%
到购物车浏览量	49	6.67%
到轻松购浏览量	2	0.27%
-	-	-

来源TOP5	浏览量	占比
吸尘器	312	59.77%
吸尘器家用	90	17.24%
小狗吸尘器	70	13.41%
小狗	27	5.17%
吸尘器家用超静音	23	4.41%

去向TOP5	浏览量	占比
退出本店浏览量	293	80.94%
到本店其他页面浏览量	49	13.54%
到购物车浏览量	19	5.25%
到轻松购浏览量	1	0.28%
-	-	-

关键词	点击量	直接下单单量	直接下单金额	转化率
吸尘器	312	3	2,347.00	1.28%
吸尘器家用	90	0	0.00	0.00%
小狗吸尘器	70	2	1,548.00	4.26%
小狗	27	1	799.00	5.88%
吸尘器家用超静音	23	1	799.00	5.56%
家用吸尘器	14	0	0.00	0.00%
D-9005	10	0	0.00	0.00%

图 2-2-19

- 承接好坏看页面

问题商品的承接页面也就是商品详情页，商品详情页中关于页面的元素，主要是商品标题、商品图片（尤其是主图）、商品详情页的布局和描述。我们来看下面这个案例（案例五）。这个商品的浏览量并不少（图 2-2-20），但是平均浏览时间长期都是小于一分钟的（图 2-2-21），那么我们可以初步判断，这个商品的详情页面需要进行调整优化。

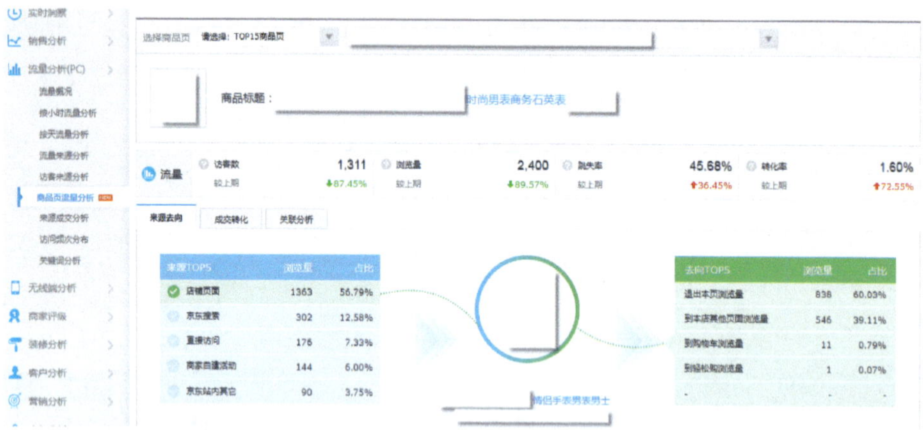

图 2-2-20

最近访问来源	流量		渠道质量		最近访问去向		
渠道	浏览量	浏览量占比	平均停留时间	跳失率	到购物车PV	到轻松购PV	到关注页PV
总计	2,400	100%	0分25秒	31.71%	17	1	0
自主访问	302	12.58%	1分55秒	84.11%	3	0	0
三级类目	1	0.04%	0分1秒	0.00%	0	0	0
京东免费流量	1,997	83.21%	0分10秒	33.86%	13	1	0
京东首页	28	1.17%	0分33秒	82.14%	0	0	0
京东搜索	302	12.58%	0分26秒	69.21%	1	0	0
三级类目	46	1.92%	1分33秒	73.91%	0	0	0
商家自建活动	144	6.00%	1分10秒	5.15%	1	0	0
店铺页面	1,363	56.79%	0分11秒	10.19%	11	1	0
品牌页	13	0.54%	0分5秒	61.54%	0	0	0
京东社区	3	0.12%	0分7秒	66.67%	0	0	0
在线客服	2	0.08%	0分54秒	50.00%	0	0	0
京东内部页面	6	0.25%	0分34秒	100.00%	0	0	0
京东站内其它	90	3.75%	0分17秒	77.78%	0	0	0
京东付费流量	77	3.21%	0分4秒	73.08%	1	0	0
京东站外	24	1.00%	4分6秒	83.33%	0	0	0

图 2-2-21

商家同样可以通过数据罗盘的热力图工具对商品详情页进行诊断，通过用户的点击数据，来找到页面的问题所在。

- 用户选购拼商品

我们来看下面这个案例（案例六），初步诊断这个商品的流量来源、页面都没有问题，通过 2.1.1 节我们知道，商品相关影响转化率的要素如下。

商品相关：

商品标题和图片

商品详情页布局和描述

商品价格 / 促销活动

商品评价 / 差评率

商品功能 / 属性

商品质量 / 品质

商品品牌 / 定位

购物保障

关联推荐

付款方式

是否免运费

商家可以对商品相关的要素进行逐一排查，如图 2-2-22 所示，大家可以看到，这个商品的收藏 / 加购率成增长态势，而且平均浏览时间大于 2 分钟，我们可以初步判断，这个商品（我们称其为问题商品 C）的问题可能出在商品定价上，也就是商品的价格，还没有到达最佳转化价格区间，这个价格对于用户来说，虽然对商品很感兴趣，但是促进下单的吸引力是不够的，那么，如果为了提高转化率，我们可以考虑适当降低商品的价格。

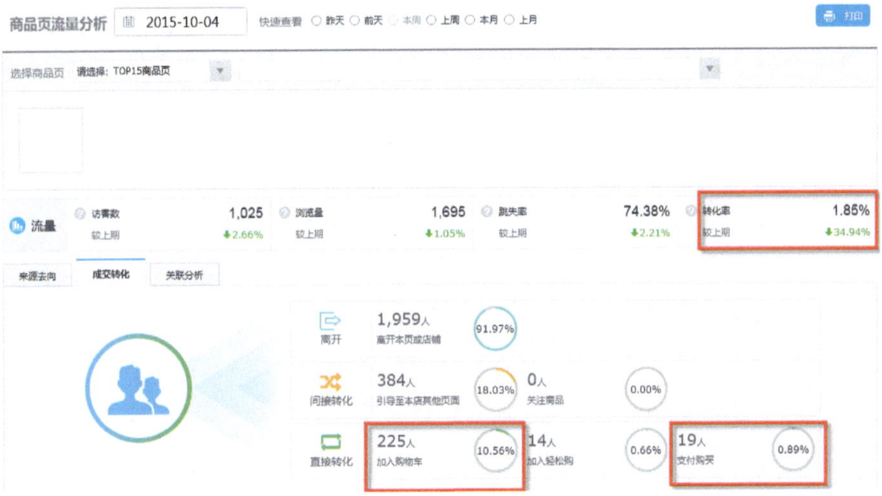

图 2-2-22

- 竞品动态要跟踪

还有一种情况，就是商家一时还没有思路，找不到自己店铺商品的问题所在，那么我们通过竞品分析来进行对比分析。用户在平台内进行多个相似品的比价，是非常普遍的行为，商家也应该随时关注竞品近期的动态变化。例如：是否有促销活动、是否有价格变动、是否有广告语变化、是否有新增尺码和型号、是否有新增好评及好评率等。

甚至，商家还可以通过“数据罗盘→行业分析→流失用户分析”模块，进行流失用户的分析，找到用户访问了哪些竞品，购买了哪些竞品，通过分析竞品的卖点，来剖析自己商品的问题所在，如图 2-2-23 和图 2-2-24 所示。

图 2-2-23

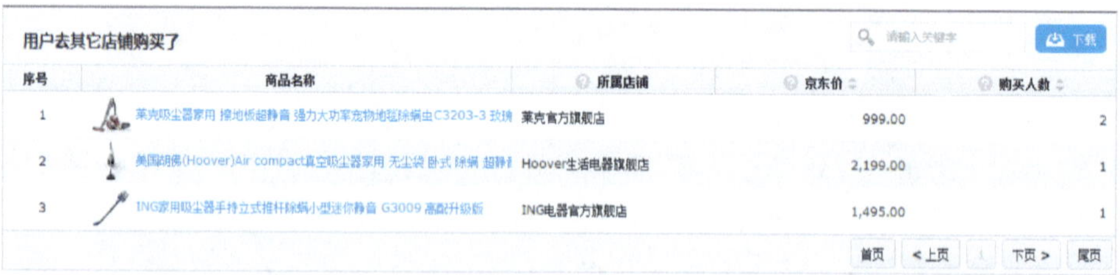

用户去其它店铺购买了

序号	商品名称	所属店铺	京东价	购买人数
1	莱克吸尘器家用 擦地板超静音 强力大功率宠物地毯除螨虫C3203-3 玫瑰	莱克官方旗舰店	999.00	2
2	美国胡佛(Hoover)Air compact真空吸尘器家用 无尘袋 卧式 除螨 超静	Hoover生活电器旗舰店	2,199.00	1
3	ING家用吸尘器手持立式推杆除螨小型迷你静音 G3009 高配升级版	ING电器官方旗舰店	1,495.00	1

首页 < 上页 下页 > 尾页

图 2-2-24

5. 找问题服务

如图 2-2-25 所示，介绍了几种检查店铺服务问题的方法，希望商家可以重视用户服务环节，因为京东平台越来越重视服务，将逐步对服务进行更多维度的考核，以此规范商家的行为，提升平台的整体服务水平，本章 2.4 节将对平台目前的两种服务考核体系进行介绍。

图 2-2-25

商家可以通过“数据罗盘→商家评级→店铺动态评分”模块，来查看店铺的动态评分及评分的变化情况，如果店铺的某项评分低于行业平均水平，商家需要给予重视并进行相应的改善，如图 2-2-26 所示。

图 2-2-26

另外的几种方法中，笔者想重点强调一下评价。京东较之其他电商平台非常大的一个特点就是静默转化率很高，那么用户在购物决策时重点参考的除了商品详情页的介绍，就是用户的评价，亚马逊平台曾经的统计数据表示，具有差评的商品平均转化率甚至还高于没有评价的商品，也就说明了评价的重要性。评价，作为商家服务的一个表象体现，既承载了用户对于商品和服务的意见和态度，更承载了用户对商品和服务的一个诉求，其实商家可以从评价中挖掘的东西很多，有些商家每天都在想删差评，是否可以转换一个思路呢？差评承载了用户对商品的不满意，如果商家真正改善了差评反应的问题，那么，差评率就随之降低了。

2.2.3 我的改善计划是什么

一旦定位了转化率问题出在哪里，我们需要做的就是定制相应的改善计划，并按照改善计划逐步执行。基于以上案例的分析，我们发现了店铺转化率偏低的几个原因，都应分步进行记录，然后分别制定改善计划，如表 2-2-1 所示为改善计划表的示例，商家可以根据自身的情况进行调整。

表 2-2-1

序号	问题定位	详细分析	改善计划	执行要点	执行开始时间	计划目标
1	问题来源	APP 的转化率过低，商品详情页的设计没有考虑移动端用户的浏览习惯	重新装修 APP 商品详情页	图片更小 避免在同一行内展示多个不同层次的信息，保证信息浏览的逻辑性	××× 年 ×× 月 ×× 日	在流量不变的情况下，提升 APP 端转化率到 1%

续表

序号	问题定位	详细分析	改善计划	执行要点	执行开始时间	计划目标
2	问题商品B	商品B的转化率偏低，流量来源主要为搜索，关键字不精准	目前流量尚可，但是转化率偏低，针对低转化率词进行分析，词1与商品不相符应去掉，词2与商品相符，但转化率低主要是商品详情页没有相应的信息对应，用户有被欺骗的感觉，在商品详情页设计时增加相应的要素	去掉低转化率的关键字：××，针对××关键词进行重新详情页设计	××××年××月××日	提升搜索来源的转化率到2.5%
3	问题商品C	商品C的价格偏高，使得用户的转化率偏低	设计一个适合该商品的促销活动	根据该高端商品的调性，不适宜直接降价，可报名京东品牌折扣活动，在一定时段开展满减或满赠活动，可以提升商品C的转化率，做好关联营销和组合套装，同时提升客单价	××××年××月××日	提升商品页的转化率到2.5%
4	问题页面	活动页的商品布局需要调整		宣传主图应具有点击链接或者在推荐商品中推荐这件商品；配件类商品的点击率过低，在页面中位置可以调到靠后的位置	××××年××月××日	提升商品页的点击率提升到1%

2.2.4 计划执行的效果怎么样

一般来讲，以一周也就是7日为一个单位，进行效果的衡量分析。商家应针对已经确定的问题，比如问题来源、页面，或者商品，建立自己维护的问题列表，进行效果的跟踪记录。本书给出一个问题商品的执行效果跟踪记录表，示例如表2-2-2所示，商家可以根据自身的情况进行调整。

表 2-2-2

序号	SKU ID	商品标题	修改时间	修改内容	数据指标变化情况					
					PV较上期	UV较上期	销售额较上期	销售量较上期	转化率较上期	跳失率较上期

商家可以通过数据罗盘中的“店铺分析→流量分析→商品页流量分析”模块，重点监测问题商品各项数据指标的变化情况，非常简单实用，具体的数据从数据罗盘查看或者下载即可，商家只需要对于变化情况，有个变化维度的记录即可。

2.3 转化率的优化

关于转化率的优化，本节无法穷尽，本节将最重要的一些影响转化率的因素进行相关的分析并提供优化的建议，希望对商家朋友有所帮助。

2.3.1 首页的优化

如果商家可以最大化实现店铺各个页面应有的功能，则对于转化率的提升一定大有裨益，好的店铺构架，可以使首页、活动页、列表页和商品详情页流量形成闭环，并最终完成成交转化率，甚至多次转化率。

首先我们来看店铺首页的功能定位。

1. 店铺品牌形象的展示页面

每个店铺在成立之初，就应该清楚明白自己的品牌和店铺定位，更要清晰店铺面对的目标人群，那么首页的装修风格和调性设计，正是展示品牌形象最直观的页面，使用户对店铺和品牌形成一个基本的认知，这种认知如果匹配用户本次购物的需求，就会增加转化率的可能。有的时候，用户被商品详情页吸引之后，会到首页来看店铺的首页有什么信息，以此来判断这个品牌的品质与风格，成功的首页设计可以打消用户不信任的疑虑。

如图 2-3-1 所示，以小狗电器的首页为例，其重点强调的是品牌的高端和商品的品质，以及远高于行业水准的店铺评分。

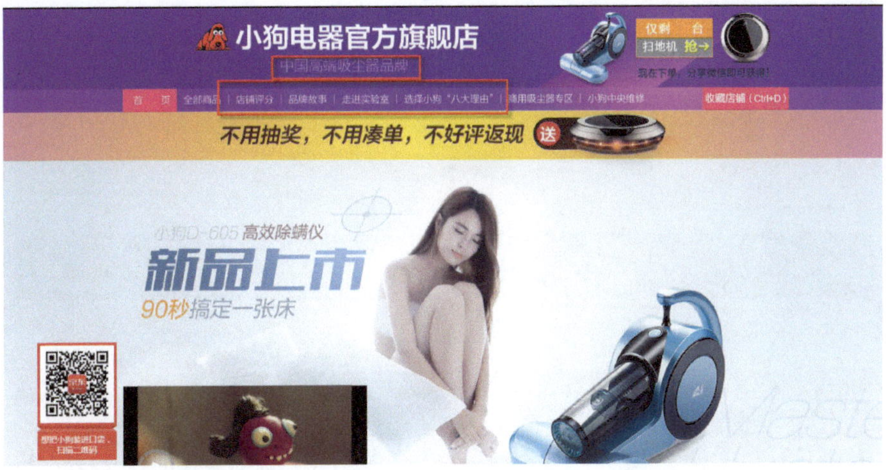

图 2-3-1

2. 店铺流量的中转页面

一般用户到达店铺首页时，页面上的导航清晰、推荐的活动或者商品具有吸引力，则有利于用户进行再次点击，形成进一步的浏览，提高转化率的概率。如图 2-3-2 所示为韩都衣舍的店铺首页示例，就比较好的实现了中转的功能。

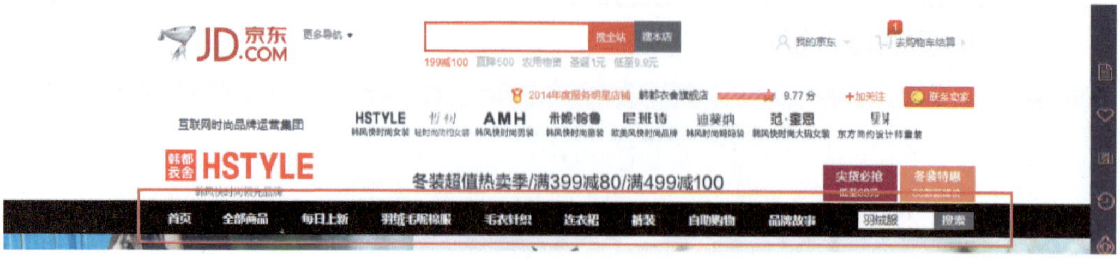

图 2-3-2

3. 店铺营销的宣传页面

随着平台的发展和互联网的发展，越来越多的营销玩法为商家带来不同属性的用户。首页，更可以作为各种营销活动的宣传要地。例如店铺满减活动、店铺推新活动，甚至是粉丝吸纳、抽奖促销等，这些活动可以形成一种店铺的氛围，对提升转化率具有积极的作用。如图 2−3−3 和图 2−3−4 所示，小狗电器和茵曼的店铺首页在打造店铺氛围上比较成功。

图 2-3-3

图 2-3-4

2.3.2 PC 端商品详情页的优化

商品详情页的定位：

商品详情页即为展示商品详情的页面，商品详情页在电商购物流程中的重要性不言而喻，既是商品信息最全面、详尽的展示环节，也是为用户导购的最后一步，因此一个结构简洁清晰、信息全面立体、内容精准诱惑的详情页面也显得尤为重要。商家要试图让用户在这个页面上看到商品最全的信息，目的是用这些信息引起用户的购买欲望，帮助用户坚定信心，引导用户产生购买。同时，商品详情页还兼顾着流量分发的艰巨任务，对关联活动和关联商品进行导流。

我们可以通过 PC 端的商品详情页，来解析一下商品页的架构，这些信息点对于商家转化率的影响及可以优化的方案，如图 2-3-5 所示。

图 2-3-5

根据用户长久以来形成的使用习惯和对用户行为的分析，我们将页面分为几个部分，以新版服装商品详情页为例。

1. 头部

头部也分两个部分，一个是网站统一的头部，我们称为京东头（图 2-3-6），一个是店铺自有的头部，我们称为店铺头（图 2-3-7）。

图 2-3-6

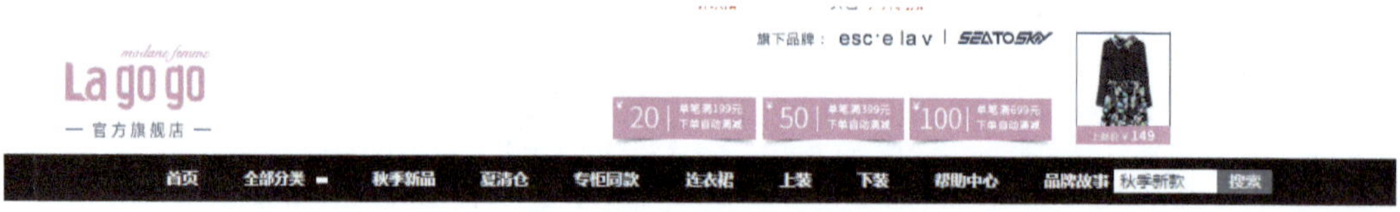

图 2-3-7

京东头里面会有店铺的相关信息，包括店铺名称、店铺评分、咚咚客服、客服电话等，这些信息为京东商城的固定模板，商家不可调节，但是涉及上面谈到的店铺相关及下面讲到的咨询服务相关的信息，会对用户的成交商品有一定的影响。

店铺头是在一定的模板下可以完全自定义内容的，分为店招区和导航区两个区域，在店招区商家可以有很多想象的空间，既可以放个大大的 LOGO 加深用户对品牌的记忆，又可以添加优惠券在上面吸引销售，甚至可以把爆品直接放上进行单品推广，玩法多种多样，需要商家根据店铺的发展阶段进行不断的调整，来达到最佳的效果。

2. 商品图和销售相关信息区

接下来我们要展示的就是用户最为关注的信息，商品图和销售相关信息（图 2–3–8），下面我们对每个因素进行逐项的分析 .

图 2-3-8

（1）商品标题：标题在搜索排名和商品详情页都起到决定性作用，因此，标题与商品相符是非常重要的。

（2）主图：商品图是用户对商品的第一印象，尤其是第一张图，我们称为商品主图，而其他的图称为细节图，主图做得一定要吸引人，一定要吸引人，一定要吸引人，重要的事情说三遍。主图不但是作为打开商品详情页默认展示的第一张图，更是用户打开商品详情页的钥匙，无论是搜索还是类目索引商品时都会展现这张主图。对于主图的设计建议如下：

- 突显商品主体，不要用背景或者模特等喧宾夺主抢了商品的关注度；
- 突显特色，突出商品与众不同的地方，也就是主打卖点；
- 色彩的设计要具有一定的对比性，造成视觉冲击力，以此来提高在搜索页或者类目页的点击率；
- 带有品牌的 LOGO 标识；
- 促销信息尽量简洁易懂、清晰有力。

（3）商品价格：价格是否在用户接受的范围区间，对于商品价格，我们将在第 3 章 1.1 节介绍商品定价策略，这里想要强调的是，任何一件商品，都会有一个最佳转化率定价区间，可以实现销售量和销售额的最大化。最佳价格不一定是越低越好，要根据品牌定位、商品调性和用户群综合分析，有的商品价格很低，反而转化率更差。

例如：某种类型的图书，要符合品味（图 2-3-9）。

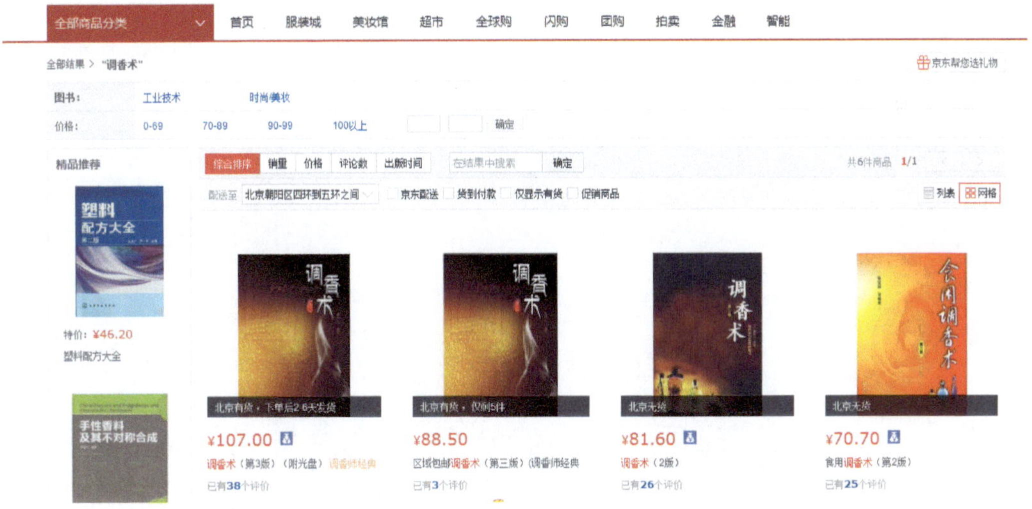

图 2-3-9

某种类型的商品，价格过低反而会怀疑品质（图 2-3-10）。

（4）促销活动：商品参加的促销活动，对于价格敏感型的用户会产生积极的促进作用。

（5）颜色、尺码、型号：增加购物选择的丰富程度，可促进转化率。尤其对于服装、鞋帽等类目，可能白色、黑色等颜色的商品就是转化率高，受众广。

（6）购物保障：是否支持七天无理由退换货，这个基本属于标配，最好每个商家都要设置上。

图 2-3-10

（7）付款方式：货到付款支付方式在京东是一个特色服务，属于国内最早采用这种付款方式的电商之一，当时属于电商业突破性的里程碑，对于京东平台的销售额崛起起到了非常大的推进作用。对于中小商家品牌还没在用户群中产生知名度的时候，非常建议大家将更多的商品设置为支持货到付款。

（8）发货地址：决定了商品到货时间，对于要求时效性的用户，会关注这一点。

（9）是否免运费：当然这也是属于商品价格的一部分，免运费的商品会增加成本。

3．商品详描区

在详描区的最上方可以添加活动或商品推荐信息（图 2-3-11），我们称为关联推荐，可以提高店铺整体转化率和客单价，将在第 3 章 3.3 节进行详细介绍，这里提到的注意事项是不要将关联版式设置过长或者过多，会影响用户对真正所需商品的阅读，进而影响体验。

图 2-3-11

商品详描区主要用于解决用户的两个问题：为什么要买这个商品？为什么要在你的店里买这个商品？因此商家对于商品介绍大体可以总结为提炼卖点和表现出差异化。整体来讲，京东平台商品详情页的页面设计要求干净，不要过于花哨复杂，否则与平台整体的调性和页面风格不符。对于商品详情页描述，建议包括以下几个方面的信息，不用全部涉及，根据商品的属性来决定取舍。

- 商品的基本信息表；
- 整体展示：场景展示、摆拍展示等；
- 细节展示：各部分材质、图案、做工、功能；
- 商品规格尺码；
- 品牌介绍：打造品牌故事、品牌历史和品牌调性；
- 质量 / 品质的证明资质：增加品牌和商品质量和品质的可信度；
- 与竞品对比细节图；
- 搭配推荐：尤其适用于服饰、鞋帽、箱包等品类，可提升客单价；
- 活动促销信息：营造活动氛围，可使得用户感受到优惠的力度很大，加大下单的决心；
- 包装展示：一个好的包装还能体现店铺的实力，给用户放心的购物延续体验；
- 购物需知（邮费、发货、退换货、衣服洗涤保养、售后问题等），可做成自问自答的形式。

这么多信息的排序，就要有一个优先顺序的原则，就是把用户最关心的问题放在商品详描区的最上面。再次强调，商家需深刻地去分析和洞察商品定位，以及目标人群，这是基本功课，也是决定了商品描述成功的关键。

4. 推荐区

这个位置也属于关联推荐区域，在第 3 章第 3.3 节将做重点介绍，这里不做过多赘述（图 2-3-12）。

图 2-3-12

2.3.3 京东 APP 端商品详情页的优化

PC 端巨大的屏幕展示空间无疑给信息展示提供了巨大的便利和优势，但是对于移动端来说，空间的限制、场景的碎片化、功能更新需要发版等一系列特征都对详情页是个巨大的挑战。因此了解京东 APP 端商品详情页的结构布局及设计思路是十分必要的。接下来笔者就来带领大家从内到外认识京东 APP 端的商品详情页。

1. 设计思路：更高效 + 更灵活 + 更丰富

目前京东 APP 端的商品详情页，我们主要遵循以下 5 条设计原则。

（1）核心信息的快速展示：保证用户能够第一时间看到商品图片、商品价格、促销信息、配送时效、商品评价等影响购买决策的信息，快速建立用户购买信心，增加用户停留时长。

（2）核心功能的快速操作：在用户决定下一步操作时，能够快速触达对应的功能按钮。

（3）按照用户对商品的认知逻辑和浏览习惯进行信息排布，内容布局循序渐进：从基本信息到详细信息、从商家描述到其他用户评价描述、从此商品到其他相关商品。

（4）对不同业务内容的快速、灵活承接：抢购、预约、预售、O2O、全球购、虚拟商品等，所有业务都能够适用的一套灵活的页面结构，在保证不用发新版本的情况下对新业务形态进行支持。

（5）针对不同的商品提供垂直化的页面设计：不同的品类，由于需要突出的信息不同，例如服装品类用户更关注其他用户的评价、3C 品类用户更关注商品参数，据此对信息展示顺序进行灵活配置，保证信息的高效触达，提高商品转化率。

2. 整体结构：三横三纵（图 2-3-13）

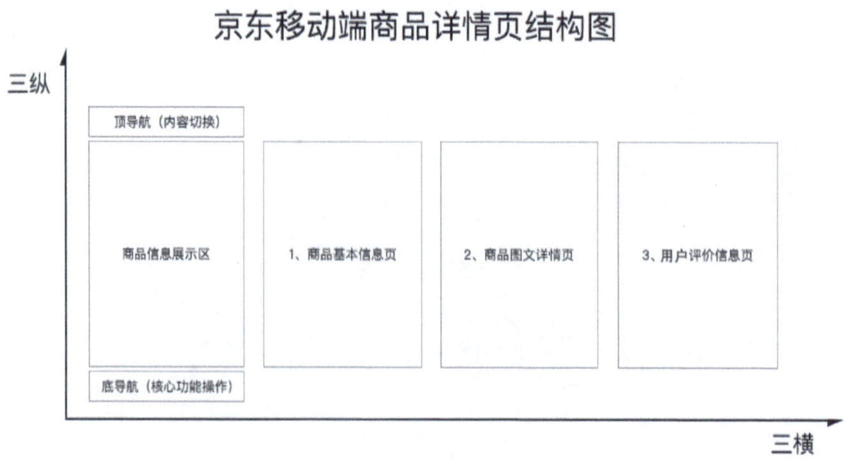

图 2-3-13

（1）三横：基本信息 + 图文详情 + 用户评价

由于京东 APP 端单屏空间有限，为了避免信息堆叠造成的页面长度过长，底部信息难以曝光，我们采用横向结构设计，增加内容展示空间的同时，提高信息展示效率；并且可以通过页面顶部的功能入口进行快速切换。横向的结构从左到右依次为“商品基本信息页”、“商品图文详情页”、“用户评价信息页”三个区域；这样的页面顺序也代表了用户购买过程中的三个阶段，即“通过基本信息认识商品、通过详细信息了解商品、通过他人评价爱上商品”，最终引导用户完成购买决策。

- 商品基本信息页

商品基本信息页主要分为“基本信息区、促销信息区、物流 / 服务信息区、评价信息区、店铺信息区、推荐商品区”6 个楼层（图 2-3-14）。

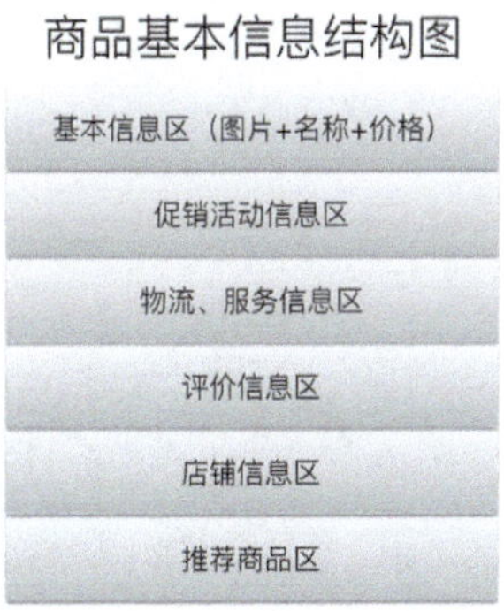

图 2-3-14

（2）三纵：顶部导航栏 + 信息展示区域 + 底部导航栏

在纵向上，APP 端商品详情页设计了顶部、底部两个固定导航栏，同时中间的内容展示区域可以“纵向 + 横向”滑动；这样的设计不仅可以保证核心功能的操作效率，同时也保证了内容展示的灵活性和空间感。

- 顶部的导航栏：主要是提供信息区域的快速切换功能，同时提供分享、浏览历史、消息中心等非核心购物流程的功能聚合。
- 底部导航栏：主要提供对用户决策购买起关键作用的功能按钮，例如客服、关注、店铺、购物车等，即用户从商品详情页到下一步购物流程的操作区域。

3. 如何建立一个优秀的京东 APP 端商品详情页

了解了京东 APP 端商品详情页的页面结构和特点之后，如何才能利用这套框架做出一个高效转化率的商品详情页呢？简单来说，就是要让用户和这个商品恋爱。我们用一个商品作为例子来进行说明。

（1）建立深刻的第一印象

京东 APP 端的单屏空间很小，用户进入页面之后，视线首先会被占到屏幕空间一半左右的商品图片所吸引，甚至说占据；一套内容清晰、细节完备、角度恰当、突出商品特点的商品图片，尤其是首图，一定是吸引用户继续停留在页面的基础；因此首图一定要下足够的功夫来留住用户继续浏览。

紧邻着主图下方的“商品名称 + 广告语”，则要在用户对图片感兴趣之后，简洁、清晰、全面的介绍商品的品牌、型号及重要属性；广告语一定要突出商品的诱人之处及特殊性质，当然了，随着新广告法的颁布，广告语就成了更加体现运营人员能力的地方了，总之要能够吸引眼球。

当用户被商品的图片、名称成功吸引之后，首屏剩下的就是字体最为突出的价格 + 促销信息；价格毋庸置疑是决定商品购买最核心也是最关键的信息（当然土豪除外），这个信息也是建立用户购买信心的第一步。除了价格之外，通过数据观察，一个有着促销信息的商品比没有促销信息的商品有着更高的转化率，因此商家可以适当调整价格，增加更多的促销活动，使用户有享受优惠的感觉，建立更强的购买信心。

总之，较之 PC 端，京东 APP 端首屏的信息都需要商品运营人员深入研究，认真准备，因为这些第一印象往往决定了用户最终的购买决策（图 2-3-15）。

图 2-3-15

（2）建立购买信心和共鸣

在用户第一印象留下之后，往往会选择更加深入了解商品，这个时候，最多的浏览路径就来到了横向的第二个页面，即图文详情页（图 2-3-16）。

图 2-3-16

首先对于页面内容，一定不能将 PC 端的图文详情直接进行压缩使用，这样页面原有的文字、图片细节由于过分缩小导致难以看清楚，从而影响浏览体验；其次一个好的京东 APP 端图文详情页面，要保证与设备的屏幕宽度相适应，图片上附着的文字、广告、LOGO 等元素能够清楚的展示给用户；最后，由于没有分页展示，页面总体长度要控制在 6 屏以内，保证用户浏览时不会有疲劳感。

（3）增加商品安全感

当然以上浏览路径中，信息都是由商家来提供，用户如果建立了购买的信心，在决策前往往会继续从其他购买者那里寻找最终决策的安全感。因此商品运营人员要及时处理用户反馈的问题，保证用户评价的真实性（图 2–3–17）。

对于没有用户评价的商品，那就更要在商品基本信息和店铺评分等处多动脑筋了，毕竟谁也不太愿意做第一个吃螃蟹的人。

（4）合理进行分流

商品详情页除了提供当前商品的信息展示功能，还在基本信息页面底部设计了“商品推荐区域”（图 2–3–18）。底部的设计即保证用户对当前商品信息的充分了解，又在用户决策不购买当前商品时，不至于流量流失，毕竟能够走到页面底部的用户，也是对当前商品有相当兴趣的。因此这个区域目前京东是通过算法来提供和当前商品相关性较高的商品进行展示，后续平台将会增加商家后台配置功能，可以对同类商品进行曝光，增加转化率。

图 2-3-17

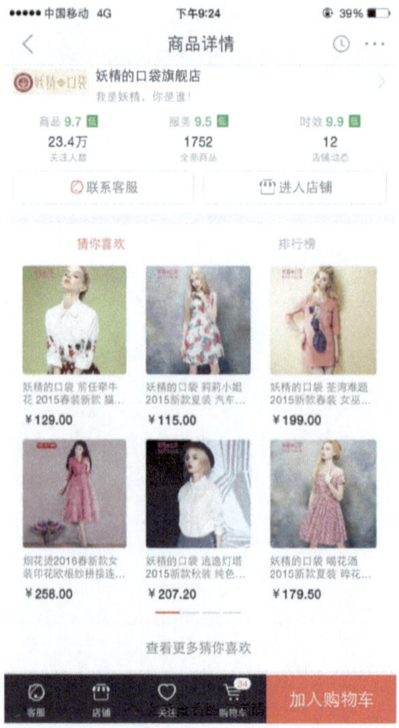

图 2-3-18

通过以上四个关键步骤的内容设计，保证商品信息在用户面前的最大化展示，从而带来最大的商品转化率和销售额。

（5）关于几个注意事项

- 基本信息区（图片 + 名称 + 价格）的内容承接性

商品详情页作为导购流程的最后环节，用户一般的进入路径是：

A. 活动页面

B. 商品列表页

C. 分享、关注、浏览历史等功能页面

在这些页面中，或多或少会展示着商品的图片、基本名称、价格等信息，因此商品的基础信息（包括商品图片、名称、价格等）要和上一级页面有一定的承接性，保证和上一级页面的信息对应和确认，用户不至于感觉被虚假信息引入商品详情页。

- 信息简洁性

目前各个京东 APP 端都在追求完美极致的用户体验，为了使用户有好的心情停留在这个京东 APP 内信息最全面的模块内，每个信息区域尽量都做到信息的最简化，保证浏览量的最小化，提高决策效率。

- 内容排布的顺序

京东 APP 端的屏幕较窄，有别于 PC 端，因此用户浏览信息时，一定是按一定的顺序（如由上至下）依次浏览，避免在同一行内展示多个不同层次的信息，保证信息浏览的逻辑性。

2.3.4 询单转化率优化

虽然京东平台整体的静默转化率很高，但是有些类目由于属性的特质，用户需要咨询的问题不可避免，针对这些类目，商家需要重点研究如何提升询单转化率。询单转化率是衡量客服销售服务能力的一个重要指标，询单转化率的高低直接影响店铺对高质量流量的转化率能力。

根据 2.1.2 节的分析，我们知道，影响询单转化率的因素如下：

客服相关

- 客服专业知识
- 用户销售技巧
- 客服服务态度
- 客服响应时长

物流相关

- 合作的物流公司
- 发货地址
- 到货时间 / 配送时长

1．提升与客服相关的转化率

（1）客服专业知识优化方案

A．汇总出用户经常问的问题，或者是主推（热卖）商品的特性（卖点），形成知识库或常见问题列表，并定期进行集体培训、测试和考核等。

B．请客服人员到实体店或者工厂，进行实地考察、体验，加快对商品知识的了解和记忆。

C．可以建立数据和商品资料库，方便客服在接待访客时进行快速检索和查找。

（2）客服销售技巧优化方案

A．定期抽取每位客服的咚咚聊天记录，作为案例进行分享，共同分析每位客服的可借鉴点及需要改进的问题。

B．定期汇总用户咨询时的侧重点，设置统一话术并进行培训。

C．定期组织客服学习销售技巧类的线上课程或请专业培训机构进行定期培训提升。

（3）客服服务态度优化方案

A．首先在公司战略层面要重视和强调服务的重要性，服务态度的提升，一定要依托于强大的驱动，这种驱动一定是自上而下、自始至终的，如果公司根本不重视，客服自动自觉的就保持好的态度，这种可能性极低。

B．通过绩效考核的方式来驱动，例如设置和咚咚回复速度、回复率等因素有关的绩效考核，使得客服的奖金与之相挂钩。

当然，以上的这三点与客服工作相关的优化，均建议采取设置绩效的方式，可以使客服人员更自觉地优化自己的工作。同时，好的工作表现，也可以得到更高的奖励。

2．提升物流相关的转化率

这里还是要自卖自夸一下京东平台的物流能力，可以不夸张的说，是目前国内最强大的的电商物流平台，没有之一！经过很多的用户访谈，笔者了解到，用户选择京东在京东购物的原因，很大一部分取决于京东配送的快速和服务态度的友好。而且，这种配送体验所带来的好感会带动很多其他效应，比如减少退换货的几率。如图 2-3-19 所示，京东可以提供商物合一的仓配一体化物流解决方案。

图 2-3-19

Joy小援手

想了解更多京东物流的优惠政策，可以电话咨询：010-5807309。

2.3.5 加购转化率优化

如果大量用户都将店铺的商品加入到购物车，那么恭喜你，你的商品有大量的潜在用户，他们既然将其加入到购物车说明这个用户对商品是感兴趣的，甚至是有购买冲动的。但是，如果只加购不转化，那又是多么可悲！

我们可以想象一个例子，在逛超市时，大部分人看到同类型商品 A 和 B，均可满足用户的某种需求，价格相仿，但是商品 A 会买一送一，暂且不论某些人只对特定品牌存在购买欲望，大部分人都会被所购买商品的额外所得所吸引，这也是由用户的一种购物心理导致的。

同样，在电商平台，我们又可以通过什么手段，找到一个兴奋点刺激用户下单呢？也许这个商品正在限时抢购，或者这个商品正在进行一个折扣活动，或者用户手里有一张即将到期的优惠券，这样都会让购买者感觉到一种紧迫感，并有不买会亏的感觉。这样一来，受到一些外在因素的刺激，会提高用户在购物车环节的转化率。

京东目前的购物车界面如图 2-3-20 所示，可以看到，展示的信息除了商品信息就是促销活动和优惠券。根据目前的统计数据显示，商家所创建的促销 92% 为普通的单品促销（包括直降和折扣），但是在购物车这一环节单品促销并不能起到很好的刺激作用，反而是被大多数商家忽略的其他类型促销，可以在购物车这一环节起到重要作用（图 2-3-21）。

提升转化率的促销，目前有以下几种形式：

- 赠品
- 满减
- 满赠、换购

- 跨店铺满减（这种促销方式由京东运营统一创建并添加商品）
- 优惠券（优惠券与促销信息分别展示在不同位置）

下面笔者给出创建这些促销时的几点建议：

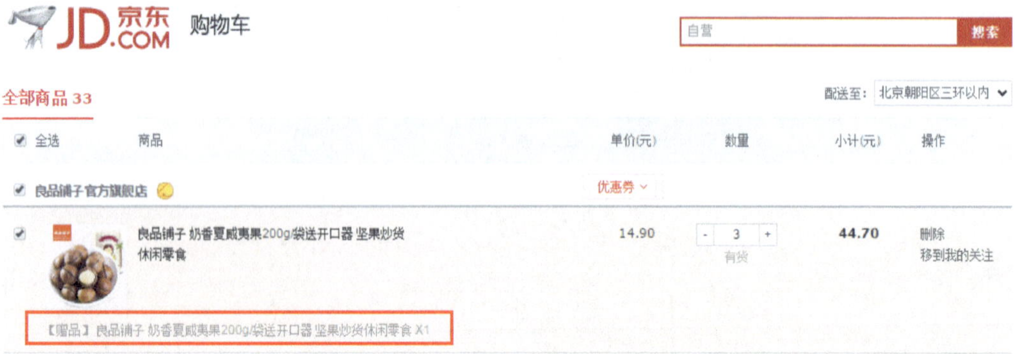

图 2-3-20

图 2-3-21

1. 赠品促销

这种促销活动是传统线下消费最常见的促销形式，因为促销形式很简单，赠品能直接打动用户，也就是买什么送什么，或者买了 A 赠送 B。创建此类活动成功与否的关键在于赠品的决策，什么样的商品搭配什么样的赠品，买多少价值的商品送多少价值的赠品，这些都需要商家花心思去进行选择和策划。

Joy小援手

赠品促销创建途径为“营销中心→促销系统→赠品促销”。

设置赠品促销的流程在此不做赘述，主要讲以下几点商家经常会出现错误的地方：

（1）用户购买每个主商品（活动购买的商品）时会赠送所设置的所有赠品，例如：设置甲乙丙丁为主商品，ABC 为赠品，用户购买甲乙丙丁四种商品中任意一种均会获得 ABC 三种赠品。

（2）设置赠品时建议不要设置过多，目前一个商品 SKU 最多可以送 5 种赠品，数量限制在 1 ~ 3 个，避免出现设置错误导致经济损失的情况。

当一个赠品活动进行了一段时间并且比较成功的时候，竞争对手也就会模仿并跟进，并且对于用户来讲，获得了许多一样的赠品会产生心理的厌倦，这时候就要考虑更换新的赠品了。

2．满减促销

满减促销，购物达到相应金额即可减去一定金额。满减目前分为满减、每满减、阶梯满减三种类型。对于满减这种满金额的促销形式来说，很多商家认为提升客单价的功能会更大一些，其实，同时也会让用户多浏览一些店铺的商品，鼓励用户凑单来购买商品，从而提升店铺的转化率。

在创建满减促销时应注意：满金额需遵守递增原则，例：满 100 元减 10 元、满 200 元减 20 元、满 300 元减 30 元；同时，减金额不能超过满金额的 80%，例如可以创建满 100 元减 80 元，但是满 100 元减 90 元的促销就会被驳回。

Joy小援手

满减促销创建途径为“营销中心→促销系统→满减促销”。

3．满赠促销

满赠促销，满相应金额即可送赠品，满赠促销也是可以同时促进转化率和增加客单价的一种促销类型。

Joy小援手

满赠促销创建途径为“营销中心→促销系统→满赠促销”。

4．换购（加价购）

换购即营销中心促销系统的加价购促销，是用户可以通过累计消费金额达到商家要求的标准，来换取物品的促销形式，往往被换购的商品原价格很高，而用户只需用非常低的价格就可以得到商品，如买满 100 元可以加一元购买原价 20 元的商品，在各大线下超市可以经常见到加一元换购、花积分换购等活动。因为用户可以通过换购得到直接的优惠，所以这种促销形式的效果也是很直接的。这种促销形式也是可以同时增加转化率和客单价的促销类型。

换购（加）价购创建途径为“营销中心→促销系统→满赠促销→加价购促销”。

Joy小援手

5. 优惠券

优惠券是一种非常灵活的促销形式，目前商家可以创建的优惠券有两种形式，分别为商品券和店铺券，店铺券为购买全店所有商品均可使用的优惠券，商品券为购买指定商品才可使用的优惠券。同时，京东的优惠券分为京券和东券两种，京券为无条件使用的优惠券，单张订单可以使用多张京券，按面值总额减免支付，无使用限额，不能与东券叠加使用。东券为满减类优惠券，有使用限额限制，当订单中所购商品总额满足东券使用限额时才能使用，按东券面值减免支付，例如：“2000-100”的东券，该订单需支付商品金额在 2000 元以上才可以使用，使用后实际支付减免 100 元。单张订单只能使用一张东券，不能与东券，或京券叠加使用（图 2-3-22）。

优惠券创建途径为“营销中心→卡券系统→店铺优惠券（商品优惠券）”。

Joy小援手

总体来说，目前商家可以灵活创建四种优惠券，店铺东券、店铺京券、商品东券、商品京券。优惠券设置成功后会在购物车进行展示，用户可以在购物车先领取一张优惠券，领了这张优惠券后用户会有一种不使用如同损失的感觉，这样你的用户就很难不心动啦！

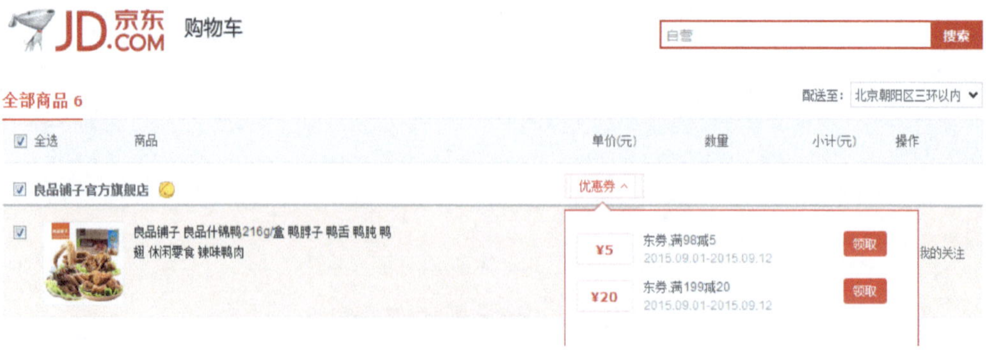

图 2-3-22

Tips

设置优惠券要牢记以下几点。

（1）优惠券数量：单个商家每月最多可以创建 50 张店铺券，50 张商品券。

（2）店铺券面额：满减类店铺券（例如：满 100 元减 10 元）可以自由设置（大于零且店铺券面额不可大于店铺券使用条件的 80%），无条件使用的店铺券（即店铺京券）目前在最大限额范围内可以自由设置。

（3）商品券面额：满减类店铺券（例如：满 100 元减 10 元）可以自由设置（大于零且商品券券面额不可大于店铺券使用条件的 80%），无条件使用的商品券(即商品京券）目前在最大限额范围内可以自由设置。

（注意：每种优惠券设置时请计算好使用优惠券后的价格，可以避免商品亏本出售）

（4）设置指定商品：商家需要指定商品优惠券的使用商品范围，最少 1 种，最多不超过 100 种商品。

（5）已生成的各类优惠券目前均不可以修改，只能关闭，关闭后不可恢复，但用户在关闭前已经领取的依然有效。

如图 2-3-23 所示，为某女装商家在店铺首页制作的店铺优惠券宣传图，笔者认为是一个较好的范例，既帮助用户了解店铺券也让用户容易找到领取优惠券的入口。

图 2-3-23

张姿势

商家在同时创建了多种促销形式时，促销形式会有优先级的排序，具体排序如下：

满减促销的优先级最高，其他促销方式按照创建时间的顺序，优先展示最新创建的促销，所以商家可以根据这样的优先级关系，结合店铺的实际情况来创建这些提升购物车转化率的促销。

2.3.6 付款转化率优化

通过 2.1.2 节的分析我们知道，影响付款转化率的因素如下。

卖家原因

- 无库存

买家原因

- 支付遇到问题
- 冲动消费
- 货比多家
- 运费超预期
- 到货时间 / 配送时长

付款转化率的优化，不同于其他几种优化方式，商家可以自行解决，这部分需要接触到用户方可达到目标，因此，需要一些与用户接触的技巧，否则容易造成用户反感，反而适得其反。

1. 通过什么渠道接触用户

（1）咚咚：普遍适用，效率中等，但是如果用户未登录咚咚，则为无效触达

（2）用户电话：谨慎使用，效率较高，同时用户反感度也较高

（3）手机短信：普遍适用，效率较高

2. 具体沟通技巧

（1）巧设优惠、送小礼物催付

大多数用户都有贪小便宜的心理，商家不妨利用这一点，给予“小恩小惠”，和用户建立起更好的关系，使之成为我们的老用户。

（2）巧用库存不足，提醒用户及时成交

巧用库存不足要婉转，使用户产生一定的危机感。在这样的情况下，如果用户非常想要这个商品，就会想办法实现成交，另一方面，也加深了用户对商品，对店铺的印象。但是要根据不同用户的性格，语言上要灵活变动。

（3）巧用促销活动结束时间，尽快完成交易

如果是店铺促销活动、特价中的商品，这方面问题与库存不足的方式大同小异，使用户产生危机感就好。无论活动价与正常价格相差多少，哪怕是 1 元钱，用户也是倾向于以活动价成交的。告知用户特价活动即将结束，之后会以原价进行销售，在用户的心里就会对商品形成一个意识，我要在什么时间内完成交易。在极大可能的情况下，用户就会完成支付。

（4）巧用快递发货时间，促进立即付款

快递发货时间，基本是每天下午的时候。如果用户仍在犹豫，不妨告诉用户，过了这个时间

点的订单就要到第二天才能发货了，就要晚一天才能见到商品了，希望不会耽误你的事情。用户如果有急事需要用到商品或者是希望尽快收到货，那商家就达到目的了。

2.4 商家服务考核体系介绍

2.4.1 至关重要的用户服务

> 好的用户服务能带来什么？
>
> 93% 的 CEO 认为用户管理及用户服务是企业成功和更富竞争力的最重要因素。
>
> ——Aberdeen Group
>
> 用户满意度、忠诚度提高 5%，利润的上升幅度将达到 25% ~ 85%。
>
> ——Harvard Business Review
>
> 一个非常满意的用户的购买意愿将 6 倍于一个满意的用户。
>
> ——Xerox Research

根据统计数据显示，当一个用户受到好的服务时，平均而言他还会告诉另外 5 个人，逐渐形成口碑信誉圈。让用户满意，一方面会增加购买次数及频率，成为商家的忠实用户，从而提升销售，增加效益；另一方面会成为商品有效的传播渠道，产生新的用户群体，提高认可度，成就品牌的形成。纵观京东平台上的成功商家，无一例外地在服务建设上形成良性发展循环（如图 2-4-1 所示，为 2015 年 2 月至 5 月的京东平台商家咚咚应答率和促成下单商品金额趋势图）。

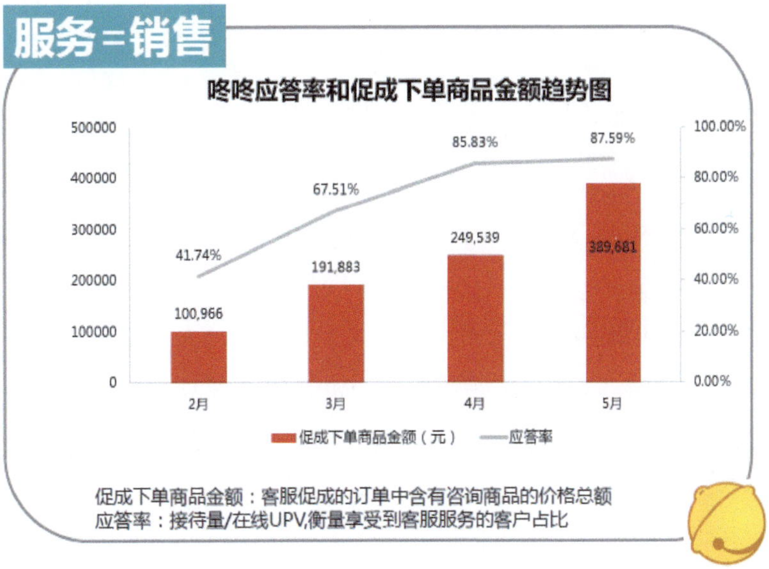

图 2-4-1

反之，根据统计数据显示，当一个用户受到不好的服务时，平均而言他会告诉另外 12 个人，用户不满意，必然会导致不再购买，当传播留言、舆论渐渐扩大的同时，潜在用户源已在流失中，会出现销售减少、效益降低、信誉下降的连续反应，如此的恶性发展循环，店铺和品牌的受挫也是必然的（图 2-4-2）。

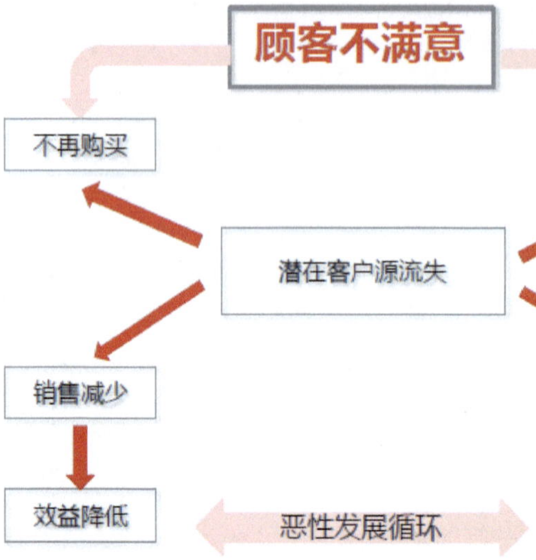

图 2-4-2

用户服务贯穿了店铺交易的全过程。从活动咨询、商品咨询等售前服务，再到下单、订单修改、催发货等售中服务，直至商品使用后的咨询、退换货、投诉等售后服务。平台中映射用户服务满意度的着力点体现在商品、服务、时效及店铺合规经营等方面。

2.4.2 店铺动态评分解析

众所周知，平台就是将若干商家汇源在一个巨大的“超级市场”里面，增加了用户的购物选择。那么，该选择哪一家店铺，成了用户最头疼的问题。平台有必要也有义务，提供区别商家优劣的判别方式。对于商家而言，商家可以通过这样的方式知晓用户的关注点，能够通过店铺评分醒目的知晓该店铺在该行业中的位置，知晓具体的问题所在，促使商家提升店铺运营。

店铺动态评分一方面是来自用户的评分，另一方面是通过平台数据监测得来。店铺评分的指标会随着用户的需求不断去适应、判定和调整。

如图 2-4-3 ~ 图 2-4-5 所示，为京东平台通过周期性的多维度的调研，获取的用户需求变化。

- 在指标内容的来源偏好调研中，有 94% 用户期待指标内容至少一半以上来源于用户的评分；
- 指标得分的时间跨度偏好上，有 71% 用户期待店铺动态评分指标体系的分数至少是过去半年的得分。在女性和年长的用户群中更新周期的时间要求更长；

- 用户认为最能代表商品质量的内容是用户评价、商品资质、商品详细描述；
- 用户认为最能代表物流信息的内容是物流速度、发货速度、配送人员服务满意度；
- 用户认为最能代表服务质量的内容是服务态度、用户评价、回复及时性及售后服务。

随着需求的变化来考虑相应的因素，京东平台正在考虑重新调整指标体系。因为指标只是工具，是准确帮助用户选择优质商家的工具。

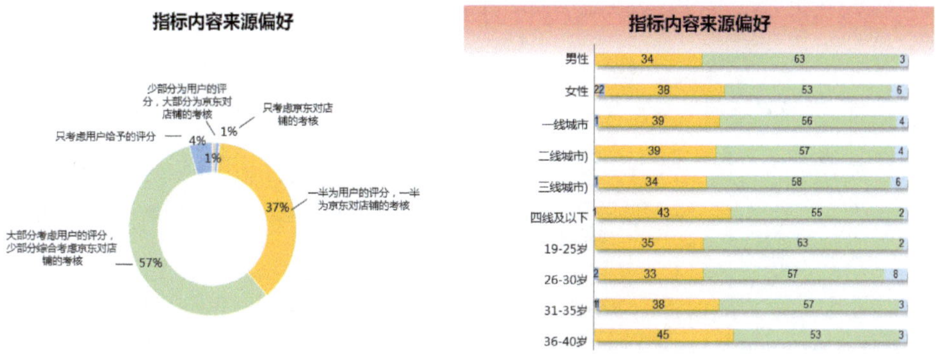

图 2-4-3（右图的数据转化率成百分比）

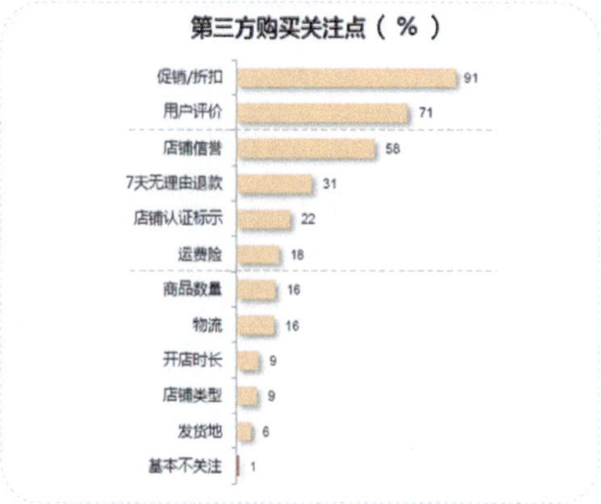

图 2-4-4

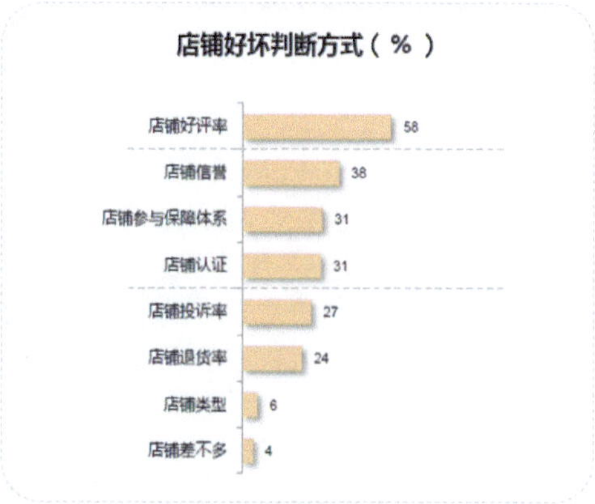

图 2-4-5

京东平台在调研结果获取用户的需求后，会将需求归属为基本需求、期望需求和无差异需求，下面着重介绍一下基本需求和期望需求。

1. 基本需求

基本需求也是必备需求，当必备需求没有满足或表现不佳，满意度会急剧下降，反之，得到满足后，并不能带来满意度的提升，所以基础需求是最重要的，也是商家一定要做好的。基本需求中，卖家服务态度和商品评价满意度，是用户最关注的。

由于网购的特点，用户在整个购物过程中，没有面对面的直接接触过商家，一般通过咚咚或电话联系。电话在实际中一般会用于业务需要或核实事情的时候紧急使用。所以用户对商家服务态度的感知更多是来自咚咚。咚咚响应时长在反馈声音中也比较大，所以将客服响应时长和卖家服务态度做好，服务满意度肯定是没有什么问题。

2. 期望需求

期望需求做得好，满意度会明显增加。反之表现得不好会明显下降。这类需求属竞争能力的需求，要注重提高质量。其中比较重要的是店铺发货及时性、商品包装是否完好、在线客服接待满意度、退换货处理满意度、商品描述相符性、交易纠纷比率，等等。在期望需求中，会计算出高期望项。比如退换货处理满意度、商品描述相符度、商品退换率 / 返修率、商品质量退货的比率、商品质量投诉的比率，这些指标是能够改善用户体验的主要点。

除了让用户评判商家的优劣性，平台也会对用户关注度很高的方面，利用系统监控获取结果并展示，由于是京东平台出具，因此用户普遍会认为可信度比较高、接受度更好。比如通过工商投诉系统获取的合规经营方面的数据或交易纠纷率等。

店铺评分的重要性不言而喻，通过店铺评分，商家可知道在现阶段用户最关注的是什么、在现阶段自己在行业中处于什么排名，并着力于做得不好的点进行改进和提升。同时，店铺评分也会更广泛地应用在平台部分规则、资源活动中。比如卖家服务认证的钻石标会考量店铺评分中服务和时效指标的行业排名；续签业务中会考量店铺评分的分值；在活动提报、推广、搜索排名等业务中，均会作为一个因子加入到相应规则中。

店铺评分不仅是商家提升自身运营及服务，也是推广和曝光的前提条件。建议商家要不断通过现状，找到问题和原因，及时调整措施并实施，观察并验证结果，形成标准化模式，形成持续性的循环改进。

2.4.3 服务认证商家解析

经过数据调研，在用户购物的商品海选（初选）阶段，大部分用户不太关注店铺标签，而当下单决策前的商品对比阶段，大部分用户会选择自己认为更有保障的店铺。店铺评分是通过评分来区别商家的优劣，那么服务认证是最后选择一个偏向，它不是把商家分层，而是把最好的商家展示出来。

2015 年 7 月，京东结合平台属性和市场需求，开始对商家服务进行考核认证。在对商家服务进行认证的同时会输出一份包含各类详细指标的体检报告，认证达标的商家会获得“钻石服务”的标识，所有的商家每月都可以对店铺运行的健康度进行体检。平台希望通过每月的体检报告，让商家能够及时看到运行过程中的问题所在，及时对产生的问题进行解决，并且能够在改善后，及时通过数据证明得知改善情况如何。旨在让所有商家定期体检店铺的健康度，着力提升自身的服务水平，提升整个平台的服务健康度。

Joy小援手

针对有的商家有动力提升自身的服务水平，但是没有具体策略的现状，后续系统对于所有商家，都会针对服务出具各具体指标的服务报告，同时现在已经有专门的客服对一些我们希望提升服务的重大商家进行指导帮助，包括后续即将上线的 JDSC 认证、精品课程、专属客服、诊断师等一系列增值服务，为提升商家服务能力做帮扶。

在认证服务中，包含考核机制和认证机制两种：

- 考核机制

在每月初对所有商家进行考核，考核维度为入驻满 3 个月的行业 GMV 排名和咚咚接待量排名。

- 认证机制

考核通过后进行钻石服务认证，认证维度为近 90 天内的咚咚满意度参评率排名、没有工商投诉中商家责任的记录、没有严重违规的记录、店铺评分中服务得分排名及店铺评分中时效得分的排名。

考核及认证结果会在每个月 10 日进行展示，同期会为商家输入体检报告，收集并归类了前一个月的数据，体检报告中包含三个部分。

（1）考核认证的具体指标结果及健康度；

（2）店铺整体体检结果；

（3）体检项目的详细数据展示。

对不健康的指标，加入了查看提升建议的入口。将对不同的整体认证结果及商家规模的大小，进行分类给予帮扶计划。当然，考核认证的指标与店铺评分的指标一样，均会根据用户调研的需求逐步完善、逐步调整，以求更好地为商家、为用户、为平台进行服务。

第3章

客单价篇——TOP运营的终极大招

3

前面两章重点介绍了流量和转化率，那么在获得了高价值流量和打造高转化率商品之后，TOP 运营们还在做些什么呢？本章将为商家揭晓，TOP 运营是如何运用定价策略、爆款和关联营销，步步为营的提升店铺客单价，进而提升店铺销量的。

Joy小援手

客单价：下单金额 / 下单用户数，衡量平均每个用户到达店铺或商品页后消费多少金额的指标。

客单件：下单件数 / 下单用户数，衡量平均每个用户到达店铺或商品页后消费多少件商品的指标。

3.1 定价策略

价格是商品价值的体现，是一切营销的基础。价格是影响交易成败的重要因素，同时也是营销过程中最难把控的一环，或多或少都会不同程度的影响销量。作为影响利润的最直接因素，商家需要通过对自身商品的全面了解及行业把握来制定合理价格，从而最大程度上获利。

3.1.1 店铺商品分类

定价的策略一定要因商品而异，店铺中每一件商品都有它各自的存在意义，有的是为了赚取最大利润的；有的是为了给店铺引流的；也有的是作为基础商品用来获取稳定收入的。对于不同的商品，我们营销的目的是不一样的，根据不同的目的，我们在定价的策略上也不尽相同。

首先我们应该将店铺中的商品按照销售目的来进行分类。

（1）常用款：常用款商品顾名思义就是店铺中占大多数的部分商品，这些商品主要是以成本为导向的定价方法进行定价销售的，这部分商品在价格方面要比流量款高一些，但毛利率没有利润款高。这部分商品是店铺内的大众款，可以带来稳定的成交。

（2）引流款：引流款的特点是商品款式可接受度高、浏览量大，目的是为店铺拉流量，所以重要的是价格要相对低一些，并且性价比要有优势，引流款商品在同类同质的商品中要能在价格引导上做出很好的示范。引流款需要注意的：一是要重视引流款的主图质量及商品的特点表现；二是要注重关联营销，可以将引流款关联一些利润款商品，或者通过套装促销等方式，提高客单价。

（3）利润款：利润款是店铺利润的主要来源，这类商品本身有核心优势，或者在同类同质市场中竞争商品少，这类商品的定价可以适当高一些。

（4）活动款：往往是在一段时期做促销使用的，所以定价要有一定的空间，刺激用户购买。也就是说，定价可以稍微高一些，然后在折扣和优惠上加大力度去降价，在实际成交上，只要不亏本就可以。活动款主要是为了招徕用户的，让用户体验商品进而提高店铺的知名度，这部分商品不可以是尾货或以次充好。活动款是能经得起考验的商品，是用价格来推动销量和品牌口碑的推广商品。

（5）爆款：爆款的定价是分时期的，预热期的爆款定价要偏低，追求性价比；发展期的爆款要持续保持价格，冲高销量；成熟期的爆款可以将价格上涨一些，增加利润；衰退期的爆款，由于之前销售记录及评论带来的隐形价值，可以将价格降低，为其他款引流或转为利润款。

（6）旗舰款：旗舰款商品定位的目标人群主要是高端人群，目的在于塑造品牌价值，所以上新价格定得较高，可以在短期内获取最大的利润。这类商品的库存比普通款商品库存小，定价较高。而且这类商品不能轻易降价，就如同各个名牌店中橱窗里的样板商品，是店铺的招牌。

（7）边缘款：店铺中会有一些销售形势比较低迷，没有成为爆款的潜质，也不具备其他定价策略的核心特点的商品，往往被商家和用户忽视。这一类商品的销量变化小，商家可以适当的进行品牌包装或者取舍。

3.1.2 影响商品定价的因素

俗话说知己知彼，百战不殆，定价也是一样的。知己，要清楚自己的商品质量特征，店铺的价值；知彼，要了解整个市场行情及同品类的其他商家其他商品是如何在价格上做的文章，知彼同样要知道自己商品的受众是哪类人，定价要迎合店铺的用户群。

1. 影响定价决策的内因

（1）营销目的：不同的店铺按照其目标市场和市场上品牌定位的不同来制定价格。店铺商品是通过不同的营销目的来进行定价的。

（2）营销组合策略：某件商品在定价的时候，要参考店铺内其他商品的价格来定价。比如有时为了做关联营销，关联商品和套装商品的定价要有阶梯性。所以价格的设定要和店铺的营销策略相搭配。同样的，一个店铺应尽量把价格分散开，而类目主推价格区间的商品占比可以高一些。

（3）成本：成本是制定价格的重要因素，它规定了商品定价的下限，所以在定价时要估算成本。成本包括很多，有采购的成本、营销推广的成本、仓储物流的成本、运营费用的成本、人力及其他的费用。不同的店铺成本是不同的，商家需要根据自己店铺的特点来合理地估算商品的成本，以此来估计定价。

（4）商品质量：和成本相似，商品质量属于影响价格的硬性指标。但对于坐在电脑前的用户来说，商品质量就取决于商品详情页的文字介绍、图片精美程度、好评率和用户反馈等信息。商家需要对商品的质量特性有完整的描述，展示商品的价值。

2. 影响定价策略的外因

（1）京东市场状况：不同类目下的商品在不同的时期，价钱是不一样的，京东主站的大环境会影响价格变化。在一些特殊的活动中，比如京东家电节、男装节，相关商品就要通过优惠进行促销。同时，类目下的不同价格区间的商品在搜索排名上占有不同的权重，也就是定价会影响搜索排名，所以定价要结合京东市场慎重定价。

（2）竞争商家价格：通常情况下，某一件商品会有多个店铺在同时销售，或者其他店铺存在和本店销售款式相似的商品。在这种情况下，商品的定价就要参考其他店铺的定价了，不同商家店铺的资源，以及对自己店铺的商品规划不同，在参考过程中也要结合自身的情况来定价，要避免盲目跟价。

（3）用户对价格和价值的看法：在制定价格的过程中，要考虑用户对于价值的评估，比如当你的用户主要是高中初中群体时，就要考虑这些用户可接受的价格范围，也要考虑你的用户对于你的商品价值的认知，以此来设定合理的价格区间。

（4）商品的需求弹性：有些商品的价格调整会影响需求，有些则需求变化小。例如大米这种刚需商品，价格在合理范围内调整销量都不会改变。商家在定价时要充分考虑商品特性，分析其需求弹性。

3.1.3 商品上新定价

在添加新商品时，京东会指导商家填写京东价和市场价，而折扣和成本价是选填的项目。京东价就是商品在京东平台上的售价，而市场价就是通常意义上的吊牌价，往往要比京东价高一些。京东价又往往比正常销售的成交价格高一些，给折扣促销留出余地。

（1）商品成本与特性

当添加一件新的商品时，首先我们要明确这件商品的成本，成本包括很多方面：商品成本、运营成本、推广成本、运费成本、包装成本、售后成本、税务成本、人力成本等。

而商品特性包括品牌的知名度、商品的接受度（比如是否是人们熟知的品牌或有没有用明星代言）、商品的材质、质量、商品的款式、商品的产量。店铺运营能力、商品详情的设计表现能力等店铺实力及商品自身的款式、成本、材料、生产周期作为商品定价的重要参考因素。商品的定价是面向用户的，要将商品的价值展示出来，让用户觉得这个商品的确值这个价格。

如图 3-1-1 所示，商家上新之前可以根据上新商品的类别和品牌，通过查看数据罗盘中的“行业分析→品牌分析”模块，对品牌做详细的数据分析，了解上新的品牌在市场中处于什么样的位置，以及客单价的变化趋势。同时也可以查看竞争品牌的排名情况来做定价参考。

图 3-1-1

（2）用户分析：商品的定价还要充分考虑用户的可接受价格区间，商家可以通过数据罗盘中的“行业分析→买家购买分析”模块中查看。

如图 3-1-2 所示，假设我们要上新的是一件女装中的连衣裙，在定价之前，我们可以在“行业分析→买家购买分析”模块中查看商品成交单价和客单价的占比区间。从图中可以了解到价格区间在 157 元 ~ 181 元之间的连衣裙成交占比最大。客单价在 153 元 ~ 197 元之间的比重最高，所以在上新商品时可以参考一下这些价格区间，价格设定在这些范围内。

图 3-1-2

对于要上新的商品，明确了商品品牌，就可以在数据罗盘中的“行业分析→品牌分析”模块中查看这个品牌的用户购买价格成交区间。在“品牌分析→品牌详情”中，可以查看某类目下某品牌商品的成交单价占比和客单价占比。如图 3-1-3 所示，某女士连衣裙品牌商品的成交单价在 138 元 ~ 158 元之间占比较大，和行业中 157 元 ~ 181 元的区间有部分吻合，可以参考把新品定价在这个范围内。

图 3-1-3

（3）竞争对手分析：在定价过程中还要充分考虑竞争对手的定价，通过查看款式相似销量又高的商品定价，来分析自己的这件商品与竞品的相似点和差异点，为自己的商品确定一个有竞争力的价格。在分析的过程中，还要注意竞争对手商品的质量及促销手段等，不同店铺的商品质量和运营资源是不同的，不能盲目跟风压价。

如图 3-1-4 所示，在数据罗盘中的“行业分析→热销商品排行”模块中，可以查看某行业下某类目商品的热卖榜单，可以在这里看到热卖男式衬衫的价格分布在百元以内居多。商家可以进一步分析各个热销商品，分析这件商品的价格、款式、好评率和促销信息等，作为自己商品定价的一个参考。

图 3-1-4

（4）行业分析：不同类目下不同属性的市场占有率都是不一样的，对自己的店铺来说，这就意味着你的商品将处于什么样的竞争环境。同时也可以通过行业分析来判断商品上新的时机和预测未来的发展趋势。不同地区的商品需求量不同，也会影响销售及运费的设置。行业趋势直接影响了商品定价后续的调整计划，新品定价的成功只是阶段性的胜利，商品在销售周期的不同阶段，价格都要适应商品的销售情况和行业趋势。

3.1.4 商品生命周期定价策略

1966 年，美国经济学家雷蒙德·弗农首次提出商品生命周期理论（Product Life Cycle），认为商品和人一样，会经历形成、成长、成熟、衰退这样的周期，并将商品生命周期相应地分为四个阶段：出生期、成长期、成熟期、衰退期。

在商品的整个生命周期中，价格仍然是决定其销量的重要因素之一。不同的类目商品生命周期是不同的，有时甚至会直接跳过某阶段，但通常情况下，商品一般都会经历这四个阶段。从一个商品上新，随着用户的开始接受而成长，到完全接受而成熟，最后也会因为被其他商品取代或需求减轻而走向衰退。所以商家要规划商品的整个生命周期的价格走向，争取在每个阶段实现盈利最大化。

（1）出生阶段分析

商品刚刚上架，流量和销量都很低，并处于缓慢增长的阶段。这段时期由于商品刚上市，还没有形成规模，因此销量和评价均处于零的阶段。

出生期定价策略：每件商品零的突破都是一个振奋人心的时刻，不同等级的店铺为了这个目标付出的努力不同。大的品牌商及一些硬件商品通常会使用市场高脂定价法（即指开始时将商品的价格是得很高，然后在市场上一层一层地获取收入），这些商家的商品质量和形象是可以支撑高价位的，并且有用户愿意出高价位购买，就像苹果公司和小米公司的定价策略，新品的价格会随着时间推移和新版本更替而慢慢下降。这些店铺都已经积累了大量流量和销量，往往在商品还没有真正发布前就开始造势，积累潜在购买用户，在商品上架时，定高价以快速获得利润。

而对于流量、销量相对小的店铺来说，更多的是用市场渗透定价法来为商品定价，新品一出现就降低价格来扩大市场，来渗透市场和积累销量数据。这里就需要一些商品破 0 单的方法了，本节为大家介绍几种经商家经验总结，比较好用的方法有如下几种。

- 老用户营销：新商品没有销售或评价数少会使新用户不敢购买，所以可以先将新商品推荐给老用户们或收藏店铺的用户，可以在定价的基础上，通过好评返现等方式刺激购买，实现 0 的突破。
- 关联营销：将新商品和流量大的商品进行关联，可以做套装在价格上给出折扣，利用其他商品的流量带动新商品的成交。
- 活动营销：新品发布时可以参加活动，通过主题活动、优惠活动的推广来引流提高销量。
- 广告推广：新品也可以利用广告位来快速提高流量，一定程度上可以提高销量。

（2）成长阶段分析

商品度过了出生期，积累了一定的销量和好评之后，就要把握时机快速拉动销量和流量。

可以使用精准的付费推广、活动推广和关联营销等联合作战。在店铺的页面上为这款商品提供合适的流量入口，同样也需要做好数据分析，不同的入口会在流量和转化率上有差异，还需要做好平衡，尽量在不浪费流量的情况下做到销量最大化。在着眼于自己店铺内流量分布的情况下，更要紧盯市场趋势和竞争对手的价格变化，这段时期的定价可以根据竞争对手商品定价而有适当优惠。成长期也适合采取分级定价的方式，根据不同用户等级、季节变化、地域差异制定不同价格，在最大程度上提升销量。这段时期就要通过流量、销量的快速增长来积累评论资源，为之后的成熟期做铺垫。

（3）成熟阶段分析

当商品的销量增长逐渐放缓并维持平稳的时候就是迎来了成熟期，这段时期的主要目的是做好战略防御和价值挖掘。

当商品有了稳定的销量时，就可以保持这个价格，这段时间可以利用这个商品的稳定的流量来为店铺内其他商品进行引流，汲取商品的流量资源。在成熟期过程中，免不了会有其他商品出现竞争，在竞争过程中，一方面要通过前期销售积累的购买用户的属性、购买习惯、需求分析及评价反馈来做分析，优化商品来抵御竞争；另一方面要参考竞争商品的定价和卖点，对自己的商品做调整，充分延长成熟期。

成熟阶段也可以在成长期的降价活动的基础上稍微上调价格，可以利用稳定的销量获得更大的利润。

（4）衰退阶段分析

当销量逐渐走向下滑，连降价都无法起作用的时候，意味着商品的衰退期到了。每一件商品都是有生命周期的，所以走入衰退期并不可怕。

衰退期就要考虑清空库存和压缩开支获取最后价值了。凭借商品积累的数据，衰退期的商品也是有较高流量的，这些流量资源可以利用起来为其他商品引流，商品也可以在保证不亏本的情况下降价。

总的来说，价格的确定要根据整个店铺的营销战略规划，所以定价要充分考虑内外因素，商品的定价是互相影响的，建议各位商家要及时查看商品销售情况，多做总结，在实践中摸索行业价格变化，为店铺制定长期有效的定价策略。

3.1.5 案例：茵曼女装新品定价策略

服装企业无论采用成本导向定价法还是采用需求导向定价法，在实际运用中还是会根据市场环境、商品款式特点、交易条件和用户心理等因素，采取适当的策略，对某种定价法做出灵活调整，使商品的价格更容易被用户所接受。新品上市时，价格定位十分重要，一方面，它影响用户对新品的接受度，另一方面也影响新品的盈利能力。感谢茵曼女装分享了茵曼的几种新品定价策略。

（1）茵曼女装新品定价策略

A. 形象款定价策略（高价）

定位为高价形象款，商品风格独特，代表品牌形象，价值感很强，这部分款式下单量少，占比在 10%，上新价格定得较高，尽可能在短期内获取更多利润，尽快收回成本。 高价款是追求在短期内实现利润最大化的策略，这种策略有两个弊端，一是因为定价过高，很快必然招来竞争对手的模仿，加剧竞争；二是因为价格过高，不利于迅速开拓市场。

如图 3-1-5 所示，是一款店铺旗舰款商品，风格鲜明，价格较高。

图 3-1-5

B. 引流款、爆款定价策略（低价）

定位为流量款，商品款式接受度高，性价比高，下单量较大，后期计划做主推引流跑量的款，占比在 20%。这种定价策略是将新品的价格定得尽量低一些，目的在于使新品迅速地被用户接受，打开和扩大市场的占有率，抢先取得市场上的领先地位，并能有效的排斥竞争对手的加入，使自己能长期的占领市场；弊端是需要大量销售才能盈利，利润率低，生产量大，一旦商品有问题，就会造成大量库存。

如图 3-1-6 所示，是一款店铺引流款，价格偏低，而销量很高。

图 3-1-6

C. 常规款定价策略（适中价）

定位为常规款，这部分商品占比 70%，定价适中，也是迎合市场需求和经营成本定出的合理的售价。

如图 3-1-7 所示，是一款店铺内常用款，款式接受人群广，定价中等，销量适中。

图 3-1-7

（2）引流款、爆款定价策略案例

如图 3-1-8 所示，为茵曼品牌经营的一款爆款。品牌：茵曼，款号：8510210396，类目：长袖 T 恤，售价：89 元，累计销量：8465 件，好评度：95%。

图 3-1-8

从数据罗盘中的商品销量数据来看，茵曼爆款 T 恤在 8 月、9 月已经成为店铺引流能力最强的商品，无论是类目点击次数、搜索点击次数、访客数、下单件数都处于店铺 TOP 的位置。如图 3-1-9 和图 3-1-10 所示，从行业数据来看，茵曼引流款由于超高性价比已经占据类目 TOP，从而大量获取类目流量，抢占市场份额。可以拥有如此优越的商品数据表现，有赖于茵曼对用户心理的深度了解和商品定价策略的有效规划。

图 3-1-9

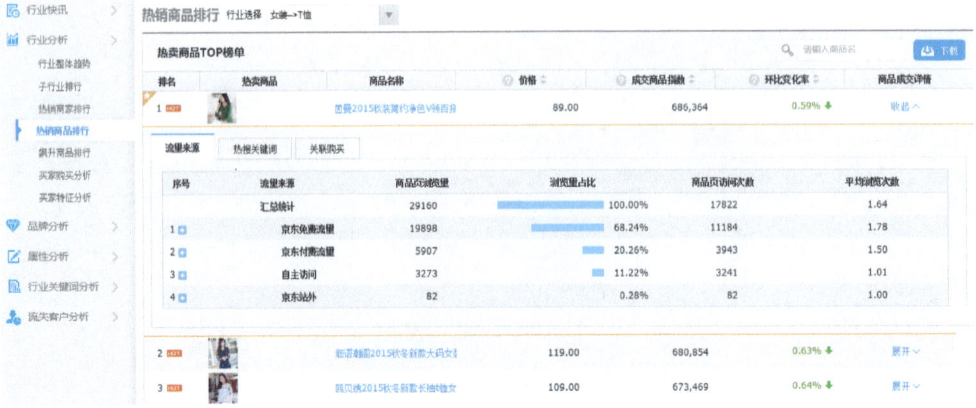

图 3-1-10

A. 案例剖析：定价外因——行业数据

对于爆款，需要符合大多数用户的口味，受众广。所以在款式、风格上，茵曼选择了一款基本款、普通款的长袖 T 恤作为引流款主推。而在商品定价初期，尤其是针对引流款、爆款的定价，不能单纯地根据商品成本进行定价。这里，我们结合用户的购买心理进行分析。在购物中，用户不会知道商品的成本价，但用户知道比价，他们会对相似款式、相似价位的商品进行对比。所以，现在用户已经不会盲目追求低价，而是追求性价比，更多的时候成交的并非是最低价或者最高价的商品，而是性价比高的商品。

通过分析数据罗盘中 8 月、9 月女装 –T 恤行业商品成交单价和客单价数据（图 3–1–11 所示），可以看到女装长袖 T 恤商品成交单价占比最高是在 77 元 ~ 88 元和 88 元 ~ 101 元这两个价位段，客单价占比最高是 72 元 ~ 95 元之间。历史（去年）的行业成交价位，对爆款定价起到至关重要的作用，对爆款的定价提供可靠的价格范围的参考，但是单纯的参考行业占比高的价位，没办法精准地确定爆款定价。接下来我们需要结合行业竞争对手（历史行业爆款）来进行分析。

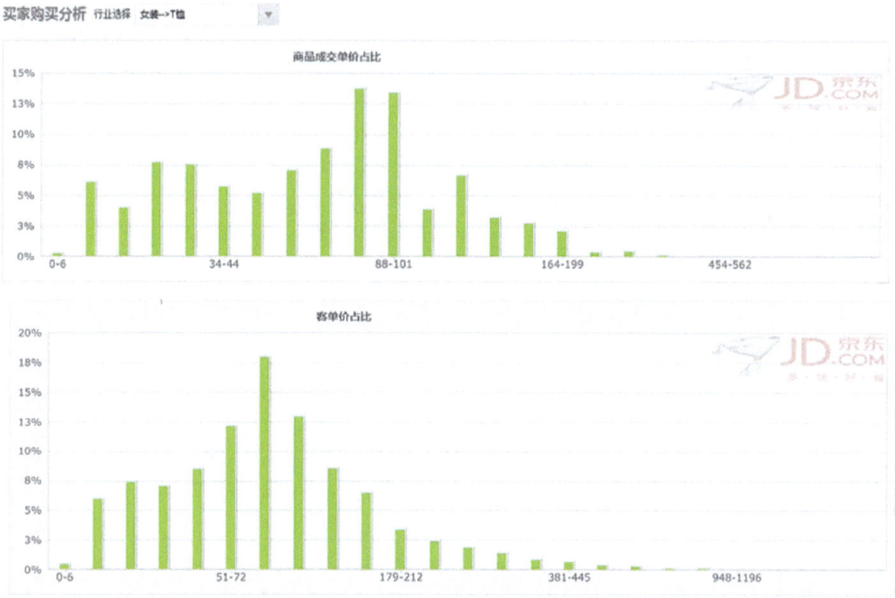

图 3-1-11

B. 案例剖析：定价外因——行业爆款

分析行业竞争对手（历史行业爆款）可以比较清晰地看到，款式类似的爆款定价一般是 79 元或 89 元的（图 3–1–12），已经是比较有特色和风格的款式了 。到这一步，可能大多数人都会觉得定价已经出来了，其实不然，因为如果仅仅参考行业的价位段和行业爆款的定价就确定店铺爆款，看似以数据为基础的定价，其实非常武断。爆款，虽然承载的是在行业里面抢占市场，但是在店铺里面，它也是作为店铺流量入口，也承担着店铺业绩（爆款销售）、店铺分流（爆款关联销售）等重要角色。所以在最后，我们更需要结合店铺实力、品牌定位，以及商品自身，做出对爆款最终的定价。

图 3-1-12

C. 案例剖析：定价内因——品牌定位

反观茵曼品牌的用户数据，长袖 T 恤的商品成交单价占比集中在 60 元 ~ 79 元和 79 元 ~ 101 元，如图 3-1-13 所示，客单价占比集中在 67 元 ~ 82 元和 82 元 ~ 101 元 。这样看来，茵曼品牌跟行业大盘相差不会很大，而且在商品布局上，茵曼品牌价位高低兼顾，分布广泛，可见其商品定价分布有着非常全面完善的策略。

图 3-1-13

D. 案例剖析：定价内因——品牌知名度

如图 3-1-14 所示，在品牌竞争力及店铺用户基数上，茵曼也有着 TOP 的行业优势。

品牌热销排行 行业选择 女装—>T恤

品牌热销排行报表　　请输入关键字　下载

序号	品牌名称	热卖指数	人气指数	详情
1	茵曼（INMAN）	1,902,425	13,745,899	详情
2	韩都衣舍	1,870,277	13,514,721	详情
3	mineeor	1,838,057	12,276,460	详情
4	韩贝伊都	1,817,769	12,279,359	详情
5	美茵儿	1,769,604	12,222,323	详情
6	思曼莉	1,763,349	4,781,176	详情
7	细语潮韶（XIYU FASHION SHOP）	1,758,415	11,783,163	详情
8	悦思安	1,733,872	3,990,178	详情
9	初语	1,722,541	13,078,272	详情
10	鸥贝绣（OUBEIXIU）	1,606,237	11,479,058	详情

图 3-1-14

E. 案例剖析：定价内因——店铺实力及商品本身

如图 3-1-15 所示，为茵曼店铺内的商品关联页面，可以看到，店铺的运营能力、商品详情关联、详情描述设计表现能力等店铺实力方面和商品自身的款式、材质、成本、生产周期作为爆款定价的重要参考因素。

图 3-1-15

F. 案例剖析：定价内因——店铺实力及商品本身

如图 3-1-16 所示，茵曼服装的款式和版型都是经过设计的，并且在材料上也是用了舒适的纯棉，质量和品质是看得见的，这也是茵曼的一个很重要的竞争点。

图 3-1-16

茵曼通过对行业数据、行业爆款的参考分析，综合品牌定位、店铺实力、商品自身，最后决定用这款长袖 T 恤作为店铺引流款、爆款定价为 89 元，因为商品初期利用店铺老用户基数，累积基础销量和优质评价，并在发展期以品牌优势和店铺实力，凭借商品自身超高性价比迅速占领市场。

3.2 爆款打造流程

1897 年，意大利经济学者帕累托在研究 19 世纪英国人的财富和收益时，发现财富在人口中的分配呈现出一种稳定的不平衡关系：社会中 20% 的人占有 80% 的社会财富。其实，一个店铺的商品与流量的关系，通常也符合“二八定律”。大部分店铺约 80% 的自然流量、50% 的综合流量往往来源于为数不多的热销商品，它们则被简称为“爆款”。

“爆款”二字，最初专指服装行业中，人气极佳、卖到脱销的衣物款式。“爆”指人气爆棚，“款”指款式。而现在，这个词已经被广泛地应用于各个电商行业，形容人气出众的商品，无论是服装鞋包、个护美妆、家用电器、手机数码、食品饮料或图书音像等（图 3-2-1）。

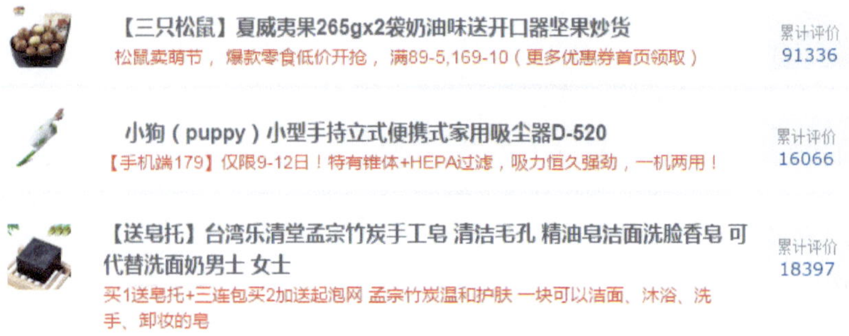

图 3-2-1 京东 POP 商家爆款商品示例

简单的说，爆款商品具备两个必要特征：第一，自身流量较高。如图 3-2-1 所示的三件商品，2014 年的年销量均达数万件，相应的评价数也十分可观；第二，占店铺总流量比例较大，贡献显著。如图 3-2-2 所示是京东某人气女装店铺的商品流量分布情况，TOP1 商品的访问量占店铺总访问量的 18.36%，TOP5 商品的总访问量占比则高达 50.2%。基于合理的店铺商品架构和健康的日常运营，流量入店后会转化率成一定的销量，比如这 5 件商品同样贡献了全店 50.5% 的销售额。

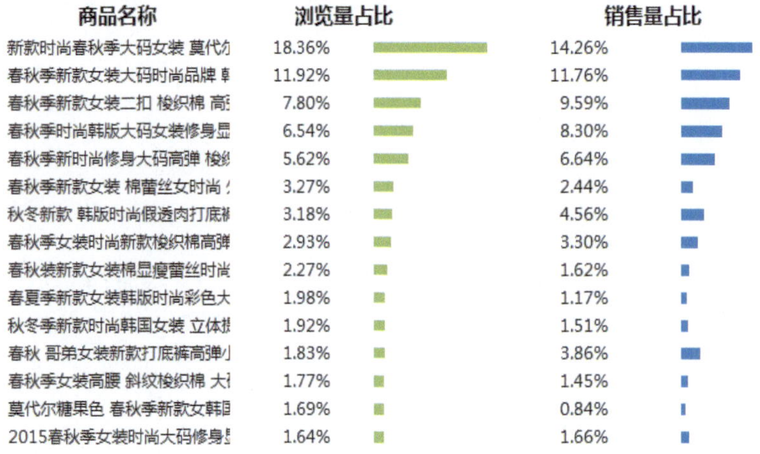

图 3-2-2 某人气女装店铺的商品流量分布

事实上，爆款的好处绝不仅仅是在短期内大幅提升店铺人气和利润，它还有助于商家实现长期的战略目标。例如，在利用爆款吸引用户入店之后，商家通过提供性价比较高的商品，实现高效的关联销售，保证客服和物流质量等，能相对快速地塑造店铺风格、建立品牌形象，实现从小店到旺铺的蜕变。

基于以上介绍，想必各位商家都迫不及待，希望自己店铺能拥有几件自带光环的爆款商品了吧！本节就让我们一起来探索和学习爆款打造的方法和诀窍。

首先，结合商品的生命周期理论，说明爆款打造不同阶段的意义和侧重点；第二，结合运营专家的经验和数据工具的使用，进行市场分析、选款和测款；之后，对选定的商品做一定的优化和改进，并对其倾注大量的店铺资源，进行营销和推广；同时，通过监控爆款打造的活动效果，对爆款进行维护；最后，对整个打造效果进行总结和分析，将其中经验和教训用于接下来的另一个爆款打造。

3.2.1 爆款的生命周期

根据 3.1.4 节的介绍我们知道，商品的生命周期分为出生期、成长期、成熟期、衰退期。爆款商品同样也符合此生命周期，我们根据每个阶段的不同特征，科学地设计了如图 3-2-3 所示的打造步骤，后文将按照先后顺序对每一个步骤展开讲解。

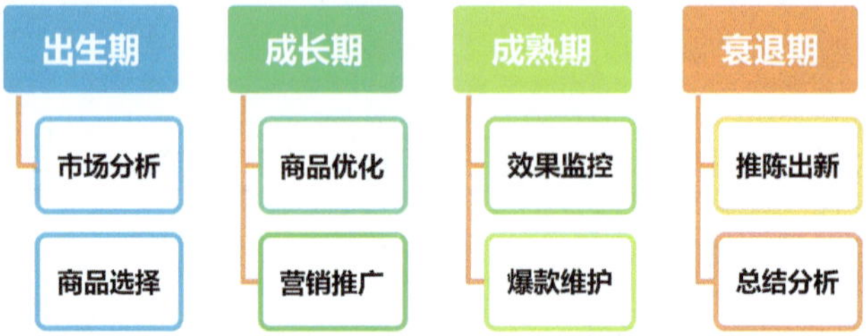

图 3-2-3

为了保证爆款打造的效果，建议商家对每一个阶段都给予足够的重视，因为它们缺一不可、环环相扣。例如，出生期决定了选取哪款商品用于营销推广，如果这一步选的商品不恰当，那只会成为“扶不起的阿斗”，造成后期大量的人力、物力、财力的白白浪费；又如，成长期要求商家投入大量资源，如果这时候投入不到位，或者钱没有花在刀刃上，也会导致营销推广的效果受损。

3.2.2 市场分析

作为整个爆款生命周期的第一个环节，市场分析的目的是认识行业和竞争对手，所以市场分析也可以分为两个部分：行业分析和竞争对手分析。行业分析的重点是了解店铺所处行业的本质特征和发展动向，从而找到经营切入点。由于行业分析涉及了很多不同角度，例如买家来访成交时段、买家地域分布、类目成交走势、类目关注走势等，所以放在本书最后一章做详细介绍。

分析竞争对手的目的是了解同一市场竞争者的全面经营状况，包括它的店铺装修、商品选择、定价策略和用户评价等，学习其优点，并对比发现自己的优劣势，做到“知己知彼，百战百胜”。事实上，设立一个合适的假想敌，不仅能帮助商家跟上行业前进的步伐，更能让运营人员在一定的竞争压力下，不断提升和进步。由于不同规模店铺的运作方式和运营能力差异较大，建议各位中小型商家通过京东主站的关键词搜索排名和系统关联推荐等，选择实力相等或相近的店铺作为竞争对手，而不是直接将数据罗盘行业分析中的 TOP50 热销商家用作对标，否则容易造成目标选择不当，策略制定出现偏差。

3.2.3 商品选择

商品选择，作为整个爆款打造过程的基础，重要性不言而喻。完整的商品选择流程可分为三步：选款、测款和定款。首先，通过常规化选款和数据化选款两种方法的结合使用，初步筛选出多件具备一定爆款特征的商品；接着，对它们进行适当的优化改进，投入市场并进行试推广。过一段时间之后，通过收集和对比真实市场的反馈数据，根据本次爆款打造的根本目的，确定用于最终打造的商品。

因为具有丰富的功能、风格和款式等分类，女装常被认为是最难运营的电商类目之一，所以在这部分，我们举例会以女装行业为主，希望商家能够举一反三、触类旁通。

1. 常规化选款

同普通活动策划相似，常规化商品的选择也分为必不可少的两个阶段：求稳、求升。“求稳”指首先需要保证商品是一款优质商品，具备款式主流、属性全面、价格适中、库存充足、应季等基本特征；“求升”是指只有当这款商品具备独特卖点，与其他商品形成差异，才能从市场竞争中脱颖而出。

如图 3-2-4 所示为常规化选款的核心要素，下面分别讲解。

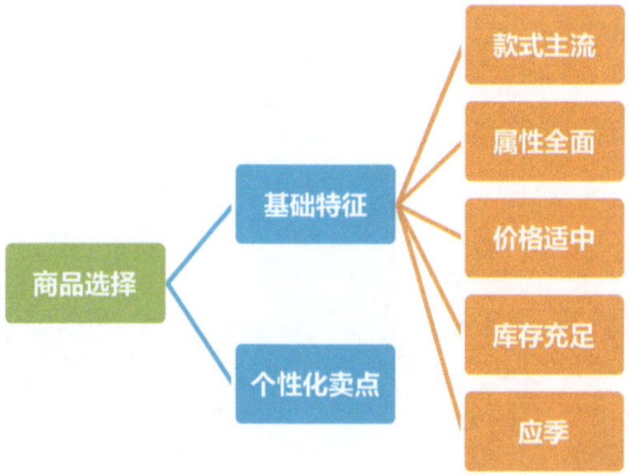

图 3-2-4

（1）基础特征

A. 款式主流：跟随当下流行趋势、符合店铺整体风格，避免出位。

B. 属性全面：例如颜色、尺码齐全。

C. 价格适中：综合店铺和品牌定位，制造商品较高性价比，同时也要保证商家利润空间。定价过高，不仅会造成一部分用户望而却步，进而流失，而且会难以满足已下单用户的预期，容易造成中差评。定价过低，会对店铺整体长期产生负面影响：第一，俗话说“便宜无好货”，这会使用户怀疑商品质量，进而对店铺整体留下不好的印象；第二，难以激发用户的关联购买行为；第三，限制未来的促销活动力度。活动不仅可以延长爆款商品的衰退期，还能为店铺带来大量流量和关注，所以不妨提高初始定价，之后再打折促销，而不是在最开始就采取“跳楼价”。

D. 库存充足：商家在推爆款之前，需要确认上游厂商可以按照需求及时发货，避免库存跟不上销售的惨剧发生。这不仅会造成大量订单和用户流失，而且会让店铺本来的良好形象受损，简直是“赔了夫人又折兵”！但“充足”并不等于“过量”，过分囤货也是不可取的。

E. 季节因素：对于服装鞋靴、食品生鲜等季节性的商品，尽量选择当季商品。与市场偏好保持一致，不仅帮助节省推广成本，也有更多机会参与京东官方活动，可以说事半功倍。但是，如果店铺仅有一类主营商品，例如冬季雪地靴，那就不需要在夏季强行生硬地打造应季的非主营商品了。

（2）个性化卖点

如果上述基础特征全部具备，那么恭喜恭喜，这已经是一款非常不错的商品了。对于店铺规模较大的商家，凭借已有品牌知名度、忠实用户群和一定的付费推广，就可以形成一定的销量；但对于中小商家，这些都还不够！只有当商品具有突出的卖点，或者具有其他商品并不具备的优势时，才能对用户形成足够的诱惑力，让他们痛快下单、购买。

如图 3-2-5 所示的打底裤，不同于市面上的常见款式，加入了蕾丝、勾花、烫钻等元素，显得更加精致和女人味十足。在风格统一的基础上，商家同时推出 3 个款式：蕾丝带钻、侧脚蕾丝和镂空大花，4 个颜色：黑色、深灰色、灰色和白色。通过组合不同的款式和颜色，并支持在线支付和货到付款，这个商家满足了用户多种需求和偏好，创造了十分可观的单品销量。

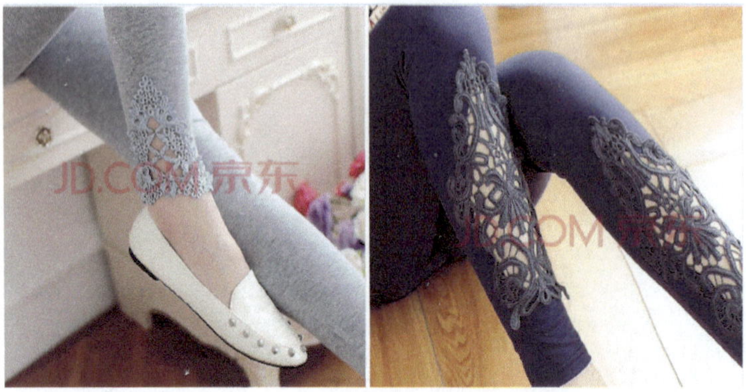

图 3-2-5

2. 数据化选款

事实上，尽管上述常规方法能够保证商品性价比较高、受众群体较广，但我们不得不承认，它过度依赖运营人员对市场和用户的主观判断，容易导致选款跟着感觉走、无法与市场同款或同类商品区分开来的风险。在这种情况下，不妨让数据说话，通过逻辑严密的数据分析，寻找最适合于爆款打造的商品。

在前期市场分析的基础上，数据化选款的核心是确定商品的具体类目和属性。

（1）类目

尽管对于一些大商家而言，每一季度推出数百个新商品丝毫不足为奇，但具体对于每个商家而言，爆款数量是有限的。在认识到这一点之后，我们便很好理解为何需要首先确定类目的原因了，即大大缩小商品选择范围，从细分市场入手，更容易找到理想商品。

这里为大家介绍一种类目细分的方法，商家可以通过数据罗盘中的“行业分析→子行业排行和行业整体趋势”两个模块进行分析。前者横向比较了同行业中不同类目的受欢迎程度，如图3-2-6所示，连衣裙、针织衫、卫衣、毛呢大衣分别是最畅销的女装三级类目，尤其是连衣裙，成交占比远远领先，高达27.5%；后者则是侧重对某个三级类目进行深入分析，通过商品成交指数、商品关注人气、商品关注指数和搜索点击指数等指标综合展现三级类目的历史走势。如图3-2-7所示，秋冬季节是女装三级类目针织衫的热销旺季，尤其是9、10、11月。

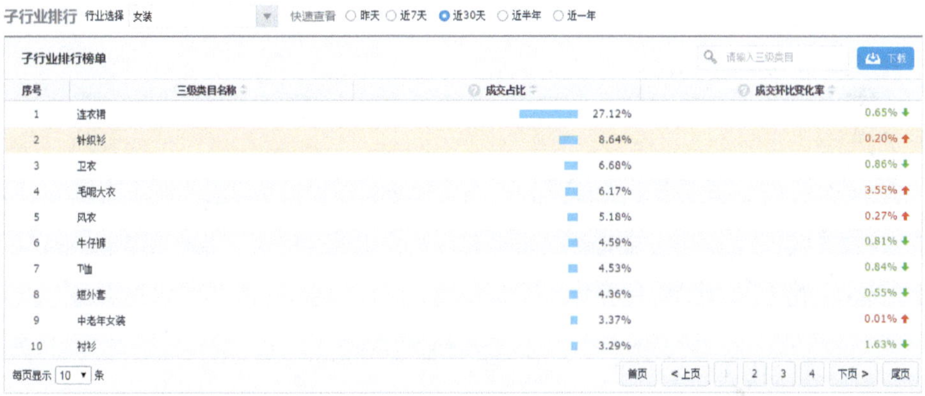
子行业排行　行业选择　女装　快速查看　昨天　近7天　近30天　近半年　近一年

子行业排行榜单　请输入三级类目　下载

序号	三级类目名称	成交占比	成交环比变化率
1	连衣裙	27.12%	0.65% ↓
2	针织衫	8.64%	0.20% ↑
3	卫衣	6.68%	0.86% ↓
4	毛呢大衣	6.17%	3.55% ↑
5	风衣	5.18%	0.27% ↑
6	牛仔裤	4.59%	0.81% ↓
7	T恤	4.53%	0.84% ↓
8	短外套	4.36%	0.55% ↓
9	中老年女装	3.37%	0.01% ↑
10	衬衫	3.29%	1.63% ↓

每页显示 10 条　首页　< 上页　1　2　3　4　下页 >　尾页

图 3-2-6

图 3-2-7

在比较了不同类目的历史数据之后，估计各位对店铺行业的各个类目都已经有了一定的了解。下面，就让我们通过商品属性，来进一步确定商品范围。

（2）属性

商家在添加新商品时，添加商品属性是必不可少的一步。属性是对商品的客观描述，不同类目拥有不同商品属性，例如连衣裙有腰型、裙型、质地、图案、裙长和颜色等，鱼嘴鞋有鞋头、鞋跟形状、跟高和制作工艺等。

通过数据罗盘中的“行业分析→属性分析”模块，商家可以了解类目不同属性的热销属性值。如图 3-2-8 和 3-2-9 所示，日韩、OL 通勤、淑女、欧美和休闲是 5 种最受欢迎的连衣裙风格，圆领、V 领和翻领则是成交指数最高的三种领型。

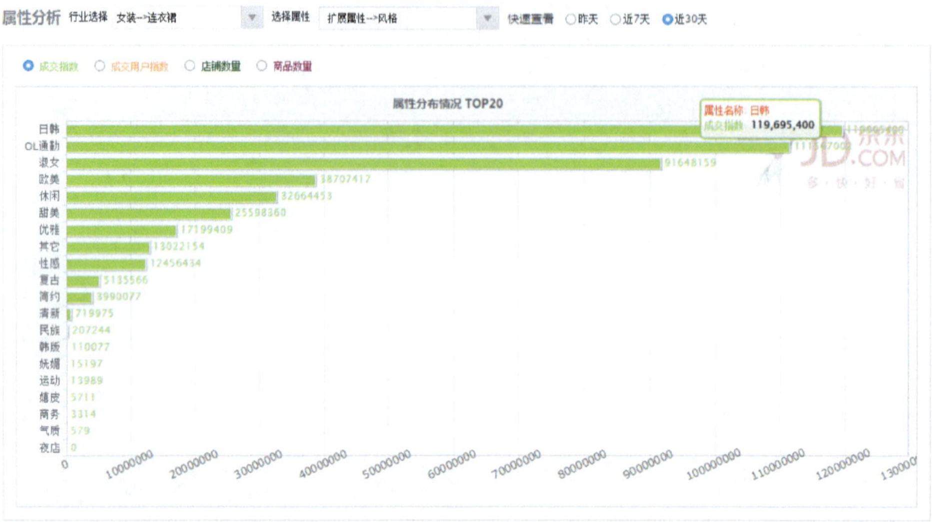

图 3-2-8

图 3-2-9

与类目分析相似，在横向比较了各属性值之后，商家也可以通过属性详情分析，深入了解每个属性值的历史走势，并且从相关热销店铺与热销商品中，深度挖掘市场和用户的兴趣和偏好。值得注意的是，因为京东将价格作为一种拓展属性，所以在这里也能方便获取类目商品的商品价格分布。如图 3-2-10 所示，199 元及以下是最主要的价格段，而因为爆款商品的定位是让绝大部分的用户能够接受的爆品，所以建议定价也是在行业的主流价格区间内稍微低一点的价位。

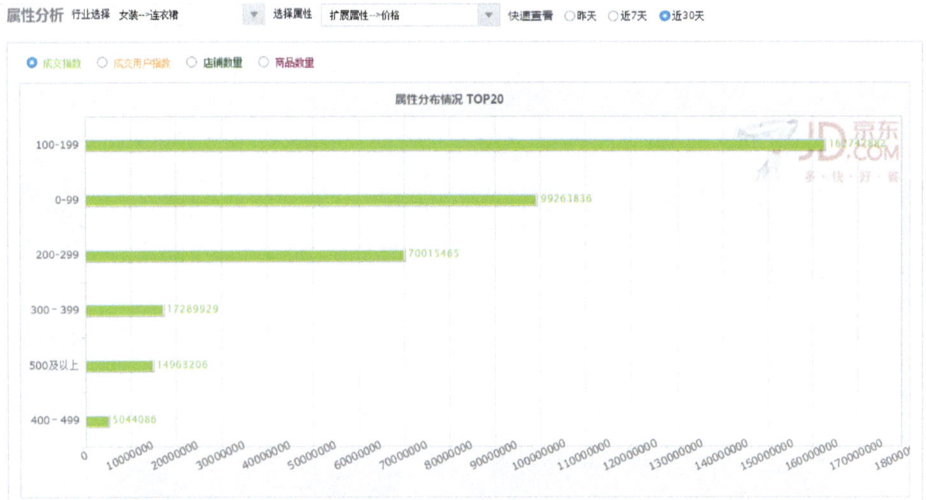

图 3-2-10

通过自由搭配、组合多个类目热销属性值，商家便得到了多个爆款商品的雏形。为了降低主观判断的风险，商家需将这些商品投入做预推广和测款。

3. 测款

尽管使用以上方法对海量商品进行了层层筛选，商家往往发现得到的理想商品仍然数量可观，所以需要加强比较，最终确定一两件主推商品。

为了选出店铺最具竞争性，或者说，有更大可能性成为爆款的商品，我们可以把它们都放在同样的市场环境中，通过 2 到 4 周的试推广，收集和对比不同商品的市场反馈数据。为了保证不同的商品具备可比较性，请避免将付费推广和免费推广的商品，或者将推广力度不等的商品进行不公平的比较。

对于规模较大的商家，在定期店铺推广、忠实用户和已有品牌知名度的基础上，只需将商品放在店铺首页或与其他商品关联营销，便能获取一定的自然流量；然而，对于中小型商家，建议不妨选择京东快车，通过一定的付费推广，更快速高效地获取市场反馈数据。因为如果流量太小，数据会具有较大的偶然性和不确定因素，而只有当数据达到一定规模后，才有参考和比较的意义。

对于所有商品，可以参考访问量 PV、访客数 UV、跳失率和平均停留时间等指标；而对于使用付费流量推广的商品，以下指标也十分具有参考意义。

- 点击率：指点击量和展现量的比例，体现了用户对商品的感兴趣程度。
- 成交转化率：这体现了用户对这件商品的接受度，成交率越高，说明商品更符合用户购买需求。
- 好评率：这反映了用户对这款商品的认可程度，通常图文相符、性价比高有利于商家获得较高的评价。

- 关注量：反映了商品的潜在用户群和成长潜力，通过页面优化和推广，可能会转化率为购买。
- 基础销量 & 评价：这不仅是用户的真实购买情况，更能作为爆款推广时的有力工具。出于从众心理，用户往往不会购买历史购买记录为零的商品，而一定的基础销售会给予他们安全感，放心购买。

基于以上数据，商家可以根据自己店铺的实际情况，给予各个指标不同的重要性，并比较最终加权得分来选择更加适合推广的商品。

除了准确的指标数据，数据罗盘中还有一个非常有用的测款工具——“热力图分析”模块（图 3-2-11），之前第 2 章已经对该模块进行过介绍，可以通过点击数据的表现来进行测款。

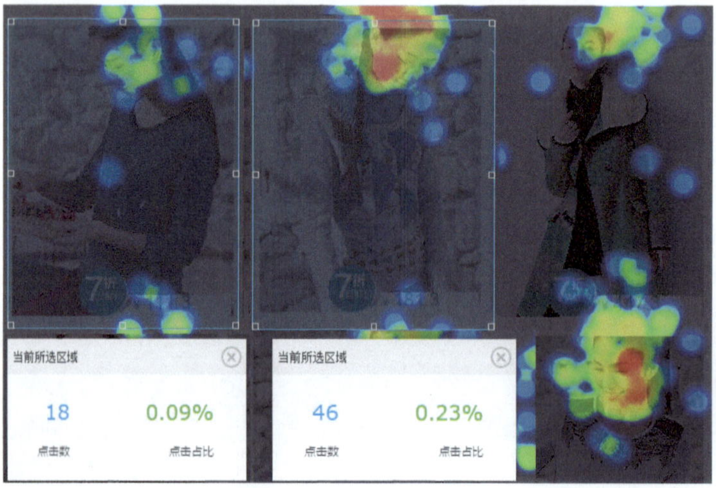

图 3-2-11

其实，付费流量分析和热力图只是测款方法中的冰山一角，还有很多方法可以帮助我们熟悉商品特征，比如通过查看数据罗盘的“商品销售明细”和“商品页流量分析”模块，查看商品的具体数据表现和趋势。所以，只要商家理解认同数据分析的重要性，根据自己的实际需求和处境，对客观数据和主观判断进行整合，就一定能够保证有理有据地完成选款和测款，做出最理智的决定。

3.2.4 商品优化

通过上述步骤确定了最终用于打造的商品之后，出生期也就此结束，迎面而来的是成长期的推广宣传阶段。但在推广之前，还需对爆款商品作必要的优化，以保证爆款在成熟期能为商家创造最大的价值。在第 2 章中，我们阐述了商品页面的优化策略，而对于爆款打造，在此基础上，还需要特别注意关联营销和用户服务。

1. 做好关联营销

现在，让我们回到爆款打造的最初目的。爆款商品主要分为两类：一类价格往往偏低，用来为店铺引流和促进其他商品的销售；另一类价格由店铺的整体战略决定，用来创造收入和利润，并提升店铺的影响力。但无论是哪一类，都绝不可能仅仅只为了销售那一款商品，因为打造爆款的花费巨大，单一商品的销售很难平衡成本。换句话说，商家都希望用户被爆款吸引进入店铺之后，能够买得更多，而关联营销则是非常有效的途径！通过爆款与关联营销的巧妙组合，可以提高入店的每位用户的客单价，进而提高店铺整体的销售额。

因为关联营销的内容十分丰富，本章 3.3 节将会对关联营销作全面介绍和深入分析，期待大家与我们一起探索和学习。

2. 保证用户服务

因为整个爆款打造的过程消耗了大量资源，所以爆款为店铺带来的每一个访问、每一次点击的背后，都是运营人员的心血和商家费用的投入。因此，为了提升转化率、减少用户流失，商家还需要保证在整个购买过程中用户接受的服务质量。这里强调如下几点。

（1）支付方式的多样性

开通货到付款尤其重要。数据证明，相比不支持货到付款的商家，提供货到付款会使店铺更具有竞争力。原因有二：第一，支持验货付款，能打消用户对图货不符的疑虑，让他们更有安全感。这一点对于网购经验欠缺的用户十分重要，因为他们很可能明明已经对商品动了心，但因为担心商品的质量，最终却放弃购买。第二，扩大用户群，让不会使用网络支付手段的用户也能轻松下单购买。

（2）物流配送

因为不同物流公司的服务态度和送货时长都不一样，建议商家在商品详情页面提前详细说明，让用户在购买之前就心里有数，避免以后出现不必要的纠纷。

当商品由物流送到了用户手中之后，就到了售后阶段。良好的售后服务不仅能保证用户满意度，让用户成为忠实用户并在未来进行重复购买，更能有效减少中差评，形成良好的口碑，受到新用户的信任。而售后服务中最有力的工具，则是 7 天无理由退换货。

事实上，货到付款、极速物流和 7 天无理由退换货正是京东能够保证用户享有极致体验的秘诀。

3.2.5 营销推广

1. 广告推广

京东营销推广平台共推出了四种付费推广商品：京选展位、京东快车、京东直投和京挑客。京选展位汇聚最黄金的营销推广位，海量品牌曝光，能够快速获取用户注意；京东快车能在全网最佳页面展现商品和品牌，实现精准营销；京东直投是一款通过精准定向进行付费引流的商品。商家通过在京东直投即可获得百亿级腾讯系海量流量，包含 QQ 空间、腾讯朋友网、QQ 用户端（QQ 秀）、每日精选页卡及腾讯网等海量优质资源位；京挑客提供一种按照实际成交额给推广者支付服务费的广告投放模式，即 CPS 销售分成（Cost Per Sales）。CPS 属于效果类广告，按成交效果付费，点击展示均不计费，风险相对较低。

四种商品相比较，京选展位的推广难度最低，侧重于对品牌和活动的宣传，对商家背景和资金能力要求较高；京东快车具有较高性价比，随着竞争的日益激烈，要求商家花更多心思和精力优化；京东直投拥有十分巨大的用户群体，而京挑客佣金设置灵活，针对性强，满足商家个性化推广需求，具有无限潜力。

为了让更多潜在用户看到广告，商家可以查看数据罗盘中的“店铺分析→流量分析”模块，了解用户的浏览时间分布。如图 3-2-12 所示，此店铺一天之间有 3 个访问高峰期：10:00 ~ 12:00、15:00 ~ 17:00 和 20:00 ~ 22:00。当商家在对的时间做了对的事，推广成功的可能性便会大大增加。

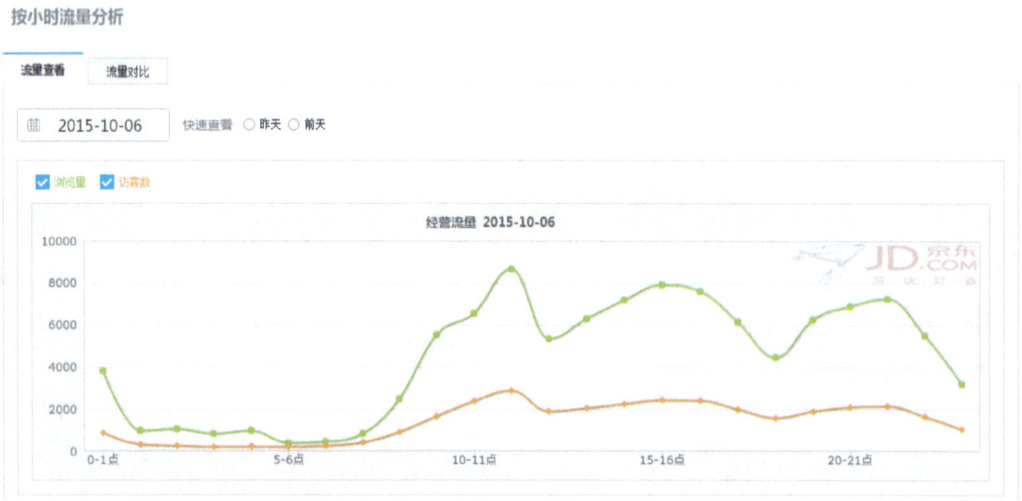

图 3-2-12

2. 活动推广

作为最常用的店铺引流工具，促销活动同样也可以用于爆款打造，为爆款商品赚取基础销量和人气。

如第 1.3 节所述，京东活动主要分为三种：频道常规活动、类目日常活动和全店大促活动。频道常规活动包括二、三级类目和品牌街、好东西、预售、团购、闪购、值得买等频道，资源较固定，商家可以定期维护提报；类目日常活动包括日常活动和大型品牌活动，活动数量最多，可参与机会最高，例如 9 月家装节；全店大促活动指京东全站各类目，以及站外各平台共同参与的大型活动，例如 3 月蝴蝶节、6.18、9 月金秋风暴及双十一等，无论是品牌效应或者流量引入，效果都十分显著。

值得注意的是，当商家确定要做某个活动之后，应该提前进行信息告知和活动预热，保证目标用户群体都能够知道活动主题和时间，到了活动当天准时参加和购买。如图 3-2-13 所示的促销活动预势示例，是韩都衣舍首页海报，它在首页黄金位置设置了活动倒计时，预告将于 10 月 9 日零点开始秋冬线 5 折热卖活动。除了店铺海报，商品 Banner 也是一个有效的信息告知途径。

图 3-2-13

3.2.6 监控和维护

在前期测款阶段，数据分析的作用开始初步体现，而到了爆款正式推广期间，数据分析已经成为不可或缺的监控工具，用于跟进活动效果，分析背后原因。通过监控个体商品和店铺整体的市场反馈数据走势，能够及时发现爆款打造过程中出现的问题，并随之进行修复和改进。

对于爆款商品，可以通过数据罗盘中的“销售分析→商品趋势分析”模块，比较每日流量和销量情况。如图 3-2-14 所示，某商品近 15 天的流量趋势分析，自 10 月 5 日起，商品浏览量和访客数开始出现较大增长，推测推广活动效果较佳；而对于店铺整体，则可以使用数据罗盘中的“店铺分析→经营概况”模块，获得同类型的走势数据。在此基础上，通过计算商品流量、销量占全店总量的比例，可以直观地感受到爆款对店铺的贡献度变化，十分具有参考意义。如果商家需要了解商品的更多细节数据，则可以使用商品页流量分析功能，查看每个商品的流量来源去向、成交转化率和关联商品等。

图 3-2-14

为了更好地理解数据的含义和价值，建议大家先了解和熟悉本书附带的指标说明，例如流量指标（访客数、浏览量、访问次数）、质量指标（平均访问深度、平均停留时长、跳出率）、销量指标（下单金额、下单单量）等。

3.2.7 本节小结

尽管活动效果监控和维护，能在一定程度上延长爆款商品的成熟期，为店铺创造更多的利润，但仍然无法从根本上避免衰退期的逐渐到来。然而，在商品的生命走到尽头之前，商家可以做两件事：

第一、总结本次爆款打造的方法和经验。本章内容涉及了许多电商运营指标和京东数据罗盘的使用，因为打造过程中需要熟悉电商运营指标和使用数据分析工具，对于习惯了传统运营模式的商家而言，可能稍显陌生。然而，“不积跬步，无以至千里；不积小流，无以成江海”，祝愿各位商家能早日实现数据化爆款打造，为店铺注入新鲜的血液。

第二、不断推陈出新。建议商家在打造爆款时做到“连续”和“专注”，即店铺中一直有爆款商品承担引流大任，并在打造每一个爆款商品时都倾尽全力，尽量做到最好。

3.3 关联营销

上一节讲到通过打造爆款来提升流量，本节将介绍如何利用关联营销来提高转化率和客单价，爆款的打造搭配着关联营销，可以使店铺达到百花齐放的效果。

3.3.1 什么是关联营销

（1）关联营销的定义

关联营销也叫作关联销售，是指在双方互利的前提下，在事物、商品、品牌等所要营销的东西上寻求相关性，通过某种形式的暗示和推荐，例如在一个商品详情页中添加其他商品的图片及链接，来实现深层次的多面引导，从而使用户在一次购买活动中，同时购买两种或两种以上的商品。

（2）关联营销的目的

关联营销就是把引流效果放到最大，提升客单价。就好像用户想买蚊帐，你向他推荐挂钩，用户想买乒乓球拍，你为他搭配乒乓球，做爆款营销的商家往往有一个误区，就是打造爆款，只要爆款的销量增长了，活动就算是成功了，其实不然，真正成功的打造爆款活动，很重要的一点就是通过爆款引流将店铺中其他的商品销量带动起来，形成一超带多强的阵势。

同时，由于关联营销为用户提供了更多的商品选择，引导用户进店逛逛，在提升客单价的同时，还可以提升店铺的访问深度，对店铺的转化率也会有积极的作用。对于用户来说，提供正确的关联商品也会提升店铺的用户体验，让用户觉得，这个店铺的好多东西，都符合自己的喜好，进而培养一批忠实用户。

3.3.2 关联营销的形式区分

（1）关联营销的类目区分

不同类目的商品，关联的效果也是不同的，如母婴用品、食品、小配件、家居用品等，用户在买此类商品的同时，会对同种类的其他商品有需求，因为用户在购买家居类商品时会同时购买很多相关商品，比如说，一个购买挂钩的用户，他很可能还需要置物架、晾衣杆等，这类商品搭配上满减或免邮活动，可以引导用户在同一家店铺进行消费来提高客单价。

男女装、童装、饰品、化妆品等类目，用户购物意图很明确，而用户点击进入此商品，其原因一般是喜欢此商品的风格款式或品牌，所以在这种情况下就比较适合推荐一些和主推商品相似款式的商品，对于一些服装或化妆品等类目，也可以推荐一些和主推商品风格或品牌相似，但类目不同的商品，比如卖 T 恤可以推荐同风格的短裤，卖乳液推荐可搭配的洗面奶等，这类商品适合做套装优惠出售。

而对于家电、数码产品、家具等属于单价高且耐用的商品，用户在购买此类商品时往往非常慎重，此时可以推荐一些搭配商品或同功能商品，为想购买此商品的用户提供方便或者是更多选择，比如单反相机推荐一些同等档次的镜头及三脚架，或者手机的关联商品推荐同价位的其他手机。相似功能商品推荐时要注意价格和主推商品可以是阶梯式的，辅助类的商品推荐可以适当做套装优惠。

（2）关联营销的方法区分

关联营销的方式要根据关联营销的目的来确立，关联营销的目的有很多种，在做关联营销之前，要明确销售目的。如果主要的目的是清仓处理、打造爆款、促销活动，那么这一类的关联营销需要注意的是：要把优惠信息放置到最醒目的位置。如果目的是减少主商品跳失率，则建议关联一些跳失率低的商品或爆款；如果要增加主商品转化率，则可以关联一些转化率高的商品或爆款；想增加商品的流量，则可以将此商品关联到流量高的爆款商品下。

3.3.3 京东平台上关联营销的位置设置

（1）免邮：邮费对于购物车的转化率有着一定的影响，设定合理的免邮标准可以刺激用户消费，起到提高客单价的效果，用户往往为了凑够免邮的费用而在你的店铺中买一些非必须品，这时候就需要你来提供一些价格适当的凑单商品了。

Joy小援手

商家可以在“商家后台→我的配送→运费模板”中，设置免邮或者满一定数额免邮。

（2）满减、满赠、多买优惠、满减送：这几种促销都是用户购买达到一定标准后可以得到优惠的方式，效果和免邮是一样的，都是为了刺激用户消费。在设定这个价格标准的过程中，商家可以通过数据罗盘查看店铺以往的客单价，再结合行业的平均水平，以及邮费成本制定一个合理的满减价格。由于第 2 章已经介绍过营销中心的几种促销方式，这里不再赘述。

Joy小援手

商家可以在“商家后台→营销中心”中设置相关的促销活动。

（3）套装：京东商家后台的营销中心中可以设置套装。套装是最能体现关联营销的方法，现在各种搭配网站层出不穷。套装的选择不宜过多，仅仅三四个有竞争力的套装就可以达到效果，一些优惠，可以引导用户在单品的基础上购买套装。

（4）商品详情页的关联营销：目前在京东平台上，已经提供商家做关联营销的位置。商家可以在商家后台中设置关联版式，进入商家后台，在“商品管理”模块中，选择“关联版式设置”子模块，关联版式的设置是多种多样的，主要是分布在详情页的开头和结尾。

在Jshop中，可以在所有的商品详情页中设置推荐，这部分推荐是不和特定的商品详情页有关的，包括店内同类推荐、店长推荐，比较适合放置店铺内销量高、点击率高、转化率高的榜单商品，或者是当前店铺的主推商品。

（5）其他关联营销设置：客服咨询是用户与商家最直接的互动方式，同时这也考察一个客服的专业程度。在客服推荐时，首先要了解用户需求，并向用户推荐符合用户需求的商品。在用户下单之后，将商品快递到用户手中后，也可以通过在包裹中夹带传单来进行品牌推广和关联商品销售。

3.3.4 关联营销的商品选择

关联营销的商品选择，主要有以下几种。

（1）同类替代：同类替代商品主要是产生于商品的品牌相同或者相同档次，价格相差不多，风格相似的情况下的关联方式。从用户的角度来思考，当他进入到一个商品页面，可以断定这个商品有吸引他的一些特质，但在查看这个商品的详情时，可能会对某些细节感到不满意，这时如果可以看到一些款式相似，价格相近，并且细节满足需求的商品，用户点击进去的概率就会非常大。服饰和鞋包，以及一些风格多样的商品，适合同类替代的关联营销，在价格上要选择阶梯式的价格，通过同类的推荐来为用户提供更多的购买选择。同类替代也可以推荐一些热销商品，热销商品推荐要重点表现的是商品的销量，利用羊群效应来引导用户进行购买。

如图3-3-1所示，就是一款黑色手提包，关联的商品有同样颜色的手提包、相似款式的手提包，并且在价格上也是呈阶梯式的。这样的设置，比较符合同类替代型的关联营销。

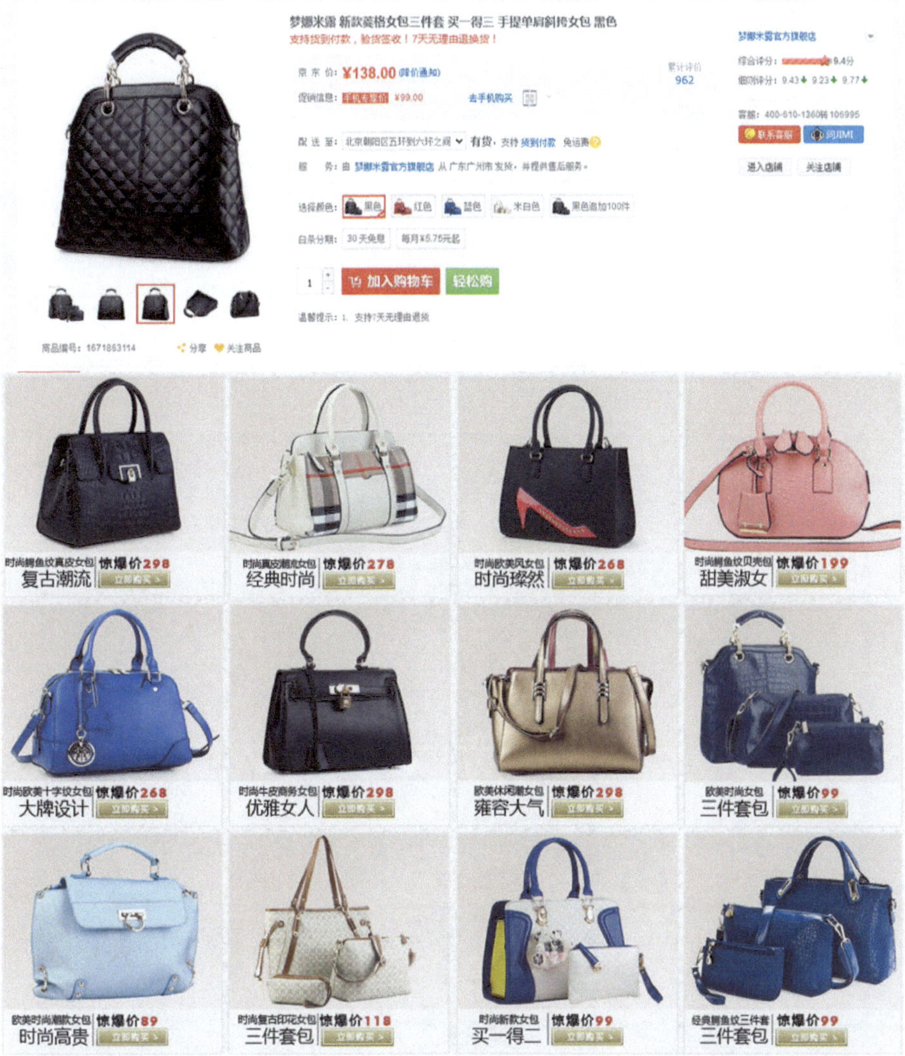

图 3-3-1

（2）异类相关：像化妆品这类商品，很适合做异类相关的关联推荐，比如购买一款洁面乳，可推荐一些同品牌的其他商品，比如保湿霜、面膜等。异类相关的商品搭配减价、折扣来做关联销售，采用阶梯式的价格分布，通过对之前商品的销售情况，参考用户评论和订单数据，抓住用户的需求点，来为用户推荐合适的商品进行购买。

如图 3-3-2 所示，这是一款儿童餐椅餐桌，在关联营销的部分商家则关联了本品牌的其他用途的儿童用品，如手推车、学步车等，刺激用户购买多件。

（3）商品功能型互补：功能互补的商品推荐就是主推品和搭配品需要配齐后可以一起使用，比如乒乓球和乒乓球拍、蚊帐和挂钩，都是属于商品功能型互补的关联推荐。功能型商品的关联商品设置需要商家对自己店铺中的商品十分了解，推荐主商品在使用时必不可少的工具，也可以设置为套餐，引导用户购买。

图 3-3-2

如图 3-3-3 所示，是一款乒乓球拍，与之搭配的关联商品，是一些相同品牌的乒乓球拍、乒乓球、乒乓球网套装等，都是一些需要和乒乓球拍组合使用的商品。

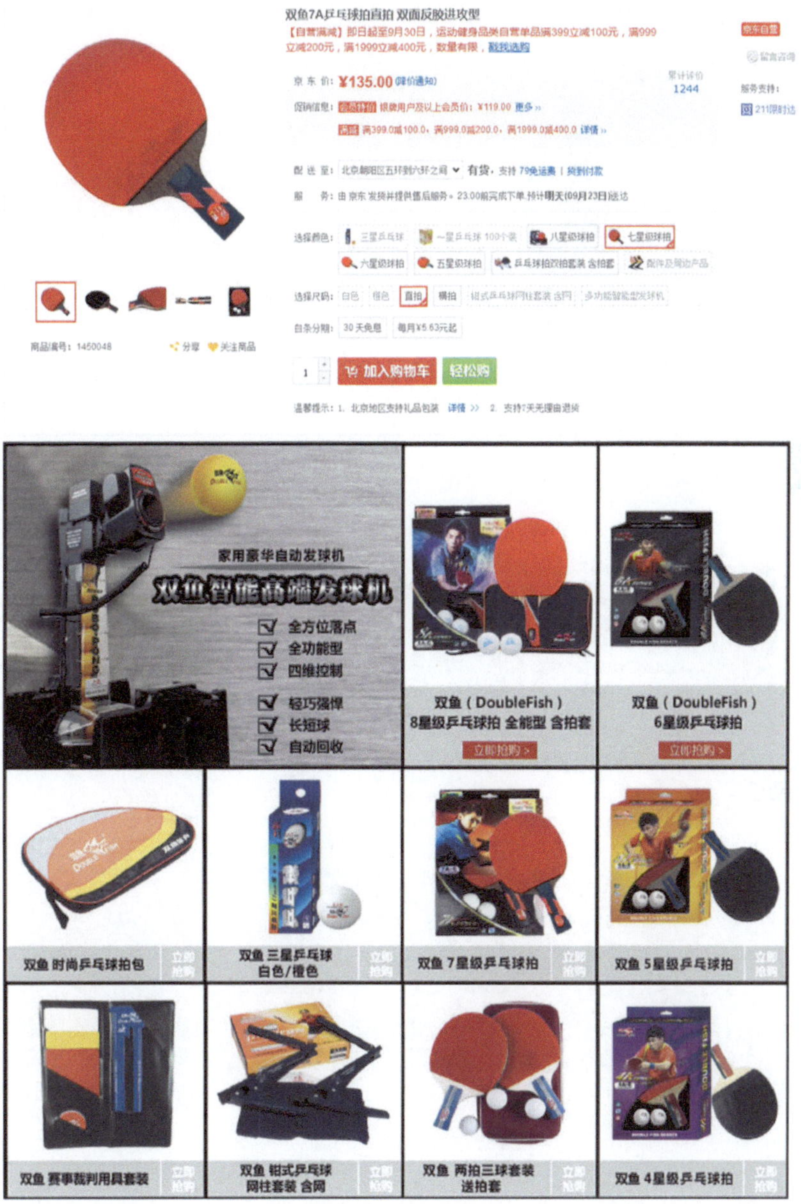

图 3-3-3

（4）解决方案型互补：解决方案型互补的关联商品推荐是商品之间功能上可能没有很大的关联性，但是搭配在一起可以放大商品组合的价值，搭配之后的商品组合更具功能性或审美的格调，比如说在家具装修上，通过商家对家具在颜色和形状上的搭配，可以提升整体装修效果，为用户提供简单、快捷且效果出色的一次性装修服务。在服装上也存在同样的形式，通过模特的展示来刺激用户购买整套服装，达到关联销售的效果。

如图 3-3-4 所示，是一款地中海风格的三人沙发，在关联商品处关联了地中海风格的茶几、地柜等，在图片中可以看到相同风格的沙发和茶几搭配起到了 1+1>2 的视觉效果。

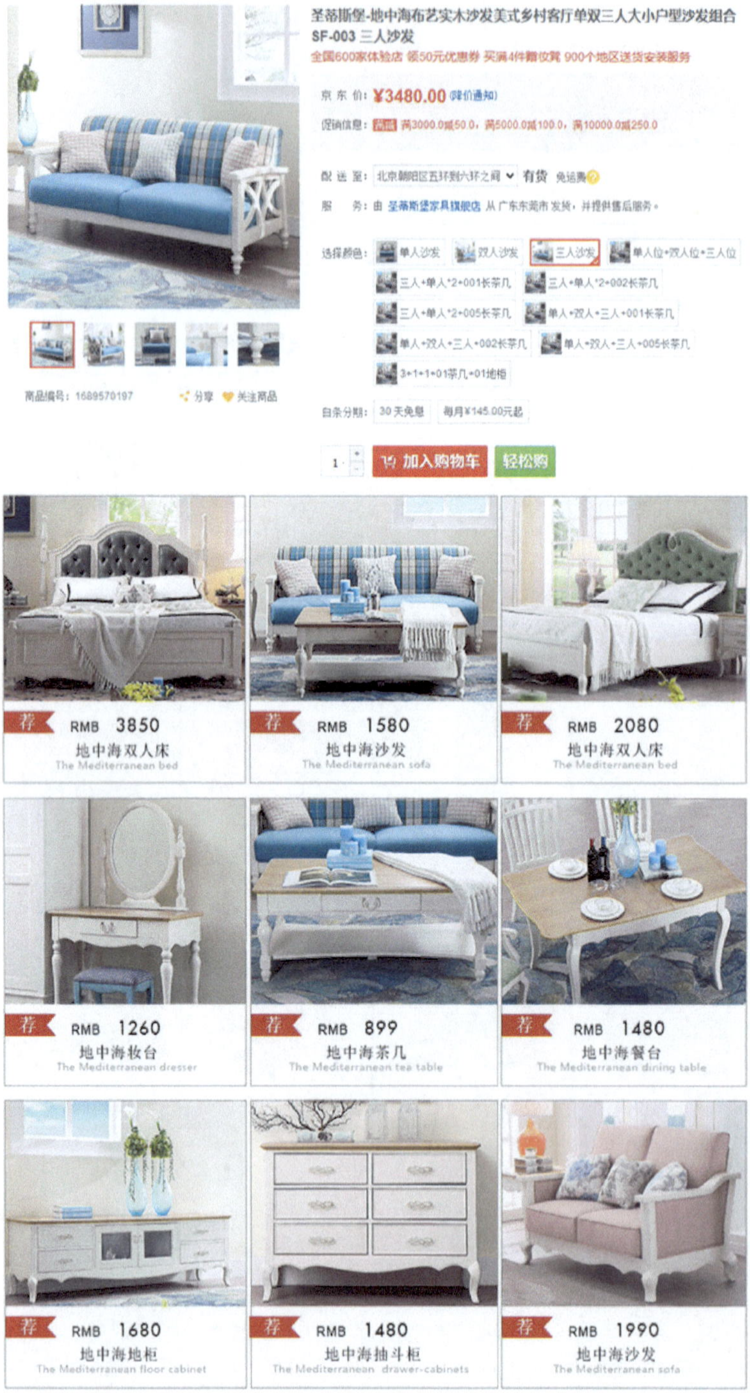

图 3-3-4

（5）情感嫁接型：通过利用用户和关联商品的使用者之间情感的需求，进行商品关联推荐。在购买某件商品时，通过图片、语言的引导，来刺激用户在购买所需商品的情况下，再去购买自己亲人需要的商品，这就是情感嫁接型的关联营销。比如：当用户购买毛巾、浴巾的时候，可以通过语言来提示，给您的宝宝和父母也购买一条舒适的毛巾吧，通过这种提示来推销店内的商品。

如图 3-3-5 所示，主推商品是一款保健枕头，在商品详情页的结尾，商家做了情感推销，暗示用户在购买的时候也可以为自己的父母长辈购买，从而提高用户购买欲望。

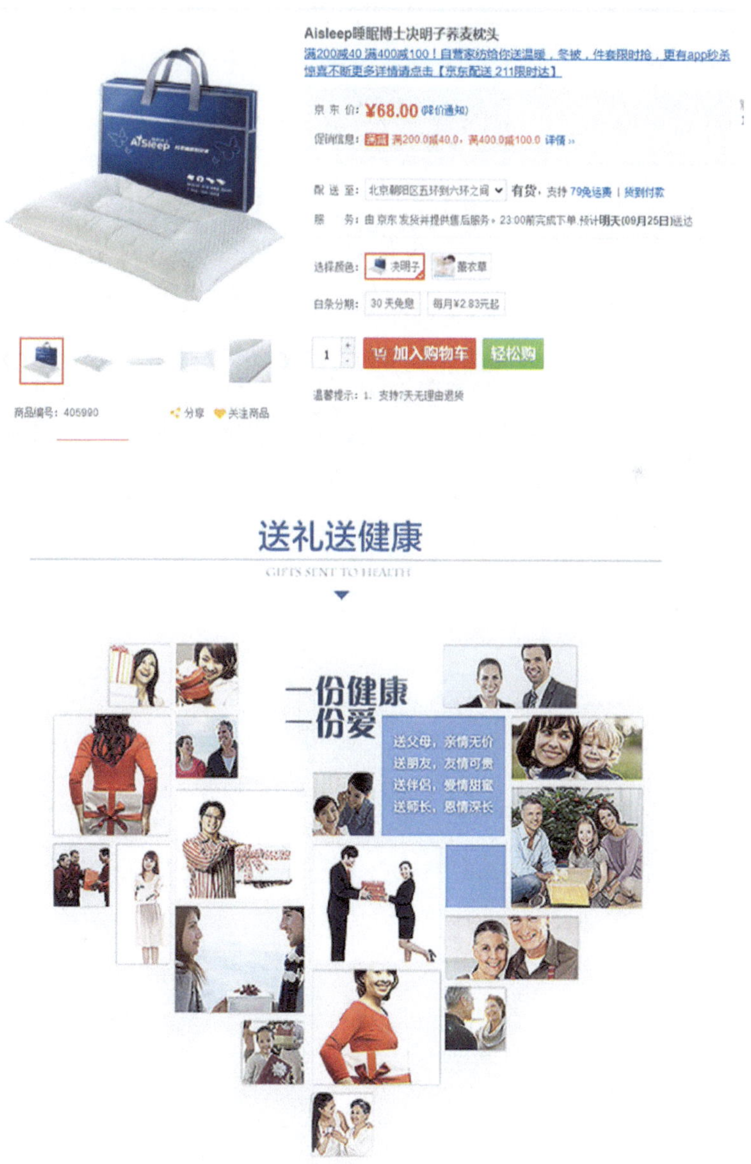

图 3-3-5

（6）活动类目推广型：在京东主站，做活动和类目的推广商家不在少数，关联活动页面的好处就是可以将流量引到店铺中正在做的活动和更多的商品中去。活动和类目的链接一般都设置在商品详情页的页头，活动关联可以和店铺内优惠券的领取放在一起，通过用户领取优惠券来刺激他们购买。对于店内类目丰富的店铺，类目上的关联可以突出店内的优势。活动页面由于包含特定的主题及优惠形式，用户进行组合购买的吸引力更大些。

如图 3–3–6 所示，商家为店铺中的商品详情页设置了店铺内的类目链接，分类明确，可以指导用户挑选符合自己需求的商品。

图 3-3-6

如图 3–3–7 所示，商家在商品详情页中有重点地放置了当前店铺的四个活动，分为中秋专题热卖、秋季上新、人气热卖和折扣特惠，从三个角度为不同的用户提供活动，主题明确，卖点突出。

图 3-3-7

如图 3-3-8 所示，是某家电器类店铺的优惠券领取关联页面，通过展示不同类目下的各价格区间的优惠券信息来刺激用户领取并购买，这也是一种可借鉴的关联活动方式。

图 3-3-8

3.3.5 关联算法的数据展示

京东平台的很多模块均引入千人千面推荐算法，为用户提供个性化的推荐，来增加商品的转化率，效果十分显著。商家也可以通过科学的数据分析来对商品进行关联，达到想要的效果。关联营销的商品选择可以依赖于订单历史数据，商家通过使用关联规则算法来计算历史订单中各商品之间的相关购买度，了解用户的需求动向，进而提供一些在以往订单中搭配购买次数多的商品进行关联。

我们完全可以用关联规则处理的数据来筛选关联商品，规则的支持度和置信度是计算关联度的两种度量指标，用来反映相互之间联系的有用性和确定性。支持度，可以理解为支持的程度，也就是在一个集合中包含特别项目的概率，支持度越大，两个商品被一起购买的概率越大。在统计学中，置信度表示一个样本在某个总体参数的区间估计。也就是说用户购买了一个商品后，同时购买另一个商品的概率。置信度越高，搭配购买另一个商品的概率越大，如果两件商品作为套装购买，则置信度最大为 1。

假设，购买连衣裙和打底裤的支持度是 10%，置信度是 30%。支持度 10% 表示分析的所有购买记录中，同时购买连衣裙和打底裤的频率是 10%。置信度 30% 则意味着购买连衣裙的用户有 30% 也购买了打底裤。通过经验数据得到最小支持度和最小置信度，当支持度和置信度满足最小支持度和最小置信度，则可以判断这两个商品具有相关性。

现在可以考虑一种情况，假如有 1000 个订单，其中有 600 个订单含有毛衣，750 个订单包含卫衣，有 400 个订单同时包含卫衣和毛衣。按照上文的规则，计算一下这两个商品之间的关联程度，可以知道购买毛衣和卫衣的支持度为 40%，置信度为 66%。通过这两个数字，商家会很轻易地认为毛衣和卫衣是强关联的两件商品，然而，从宏观来看，在所有的订单中，卫衣的购买率达到 75%，要大于 66%，说明毛衣和卫衣的购买实际上是负相关的，购买了毛衣并没有给卫衣的销量带来好的影响，相反，由于买一种商品降低了买另一种商品的可能性。所以我们引入第三个相关性度量指标，也就是提升度。

毛衣和卫衣的计算数据如图 3-3-9 所示。

共有1000个订单

支持度	置信度	提升度
同时包含毛衣卫衣的订单 ÷ 所有的订单	同时包含毛衣卫衣的订单 ÷ 所有包含毛衣的订单	置信度 ÷ 卫衣的购买率
400 ÷ 1000 × 100%	400 ÷ 600 × 100%	66% ÷ 75% × 100%
40%	66%	88%

购买毛衣和卫衣

图 3-3-9

提升度表示在有 A 的情况下，同时含有 B 的概率，与仅仅有 B 的情况的比值，当这个比值小于 1 时，这两个商品之间存在负相关关系，也就是说，一个商品的出现会降低另一个商品的出现概率，当比值等于 1 的时候，这两个商品之间互相不会影响，当比值大于 1 的时候，说明这两个商品之间存在正相关关系。刚刚举的例子中，购买毛衣对卫衣的提升度就是置信度 66% 比上卫衣的购买率 75%，结果是 88%，所以可以判断这两个商品之间的关联关系是毫无意义的，所以两个商品各自销售会比相互推荐效果好。

当商家想通过数据进行挑选关联商品的时候，可以在历史订单中，挑选一些热销的商品，这样从基础上就可以自然地挑选出支持度高的商品组合，计算置信度，再从 A 向 B 和从 B 向 A 来计算提升度，筛选出提升度大于 1 的商品组合，这些商品就是有潜力相互关联的商品，再根据现状，充分考虑库存及流量分配的问题来将这些商品组合，按照支持度和置信度的各自权重进行排序，就可以得到一系列进行关联销售的商品组合。

举一个简单的例子：

如图 3-3-10 所示，五个购物车中分别有三件商品，我们可以计算它他们的支持度、置信度及提升度，来决定设置什么样的搭配可以促进销售。

图 3-3-10

这五个购物车中的商品，可以计算出如图 3-3-11 的数据。

规则	支持度	置信度	提升度
A=>D	2/5	2/3	10/9
C=>A	2/5	2/4	5/6
A=>C	2/5	2/3	5/6
B&C=>D	1/5	1/3	5/9

图 3-3-11

则可以判断，A 和 D 之间存在正相关的影响，可以做关联营销。

3.3.6 关联营销的效果考察

关联营销的活动结束之后，商家在总结活动中要总结这次关联营销的活动效果，最直观的方法是通过数据罗盘来观察店铺的客单价和访问深度是否有所增加。

如图 3-3-12 所示，商家可以通过数据罗盘中的“店铺分析→经营概况”模块中查看客单价的数据。

图 3-3-12

如图 3-3-13 所示，商家可以通过数据罗盘中的“流量分析→按天流量分析”来查看平均访问深度和平均访问时间。

除了对比之前店铺的历史数据外，通过数据罗盘中的“行业分析→行业整体趋势”模块还可以查看行业内的平均客单价，来进行店铺效果评估的一个参考，如图 3-3-14 所示。

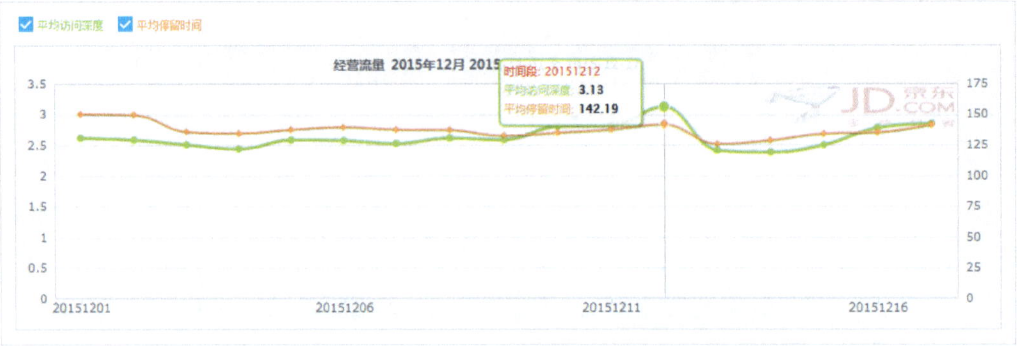

图 3-3-13

行业整体趋势报表

序号	日期	类目成交指数	客单价	类目关注人气	类目关注指数	搜索点击指数
1	2015-12-17	10,859,000	131.00	47,110,200	171,717,000	36,284,000
2	2015-12-16	9,880,400	160.00	50,632,400	183,348,000	38,142,400
3	2015-12-15	11,785,600	152.00	52,875,000	201,947,000	44,133,400
4	2015-12-14	8,989,200	163.00	52,133,200	197,633,600	40,033,000
5	2015-12-13	10,007,400	129.00	46,889,800	159,575,600	32,394,600
6	2015-12-12	23,351,600	194.00	81,477,600	363,376,400	61,593,200
7	2015-12-11	16,340,800	178.00	76,172,200	304,683,800	51,326,600

每页显示 10 条　首页　< 上页　下页 >　尾页

图 3-3-14

针对主推单品，商家还可以在数据罗盘中的“流量分析→商品页流量分析”模块，查看该商品页的流量转化详情，其中包括访客的间接转化情况，如图 3-3-15 所示。

图 3-3-15

如图 3–3–15 和图 3–3–16 所示，通过查看主推商品的间接转化访客数就可以初步判断此次活动的引流效果，通过关联分析，可以查看某款商品流量的来源去向，方便查看主推商品的流量分散到哪些关联商品中去了，也可以挖掘一下有关联潜力的商品，对于更加详细的关联营销效果则可以查看关联商品的流量转化率及订单等数据的变化趋势。

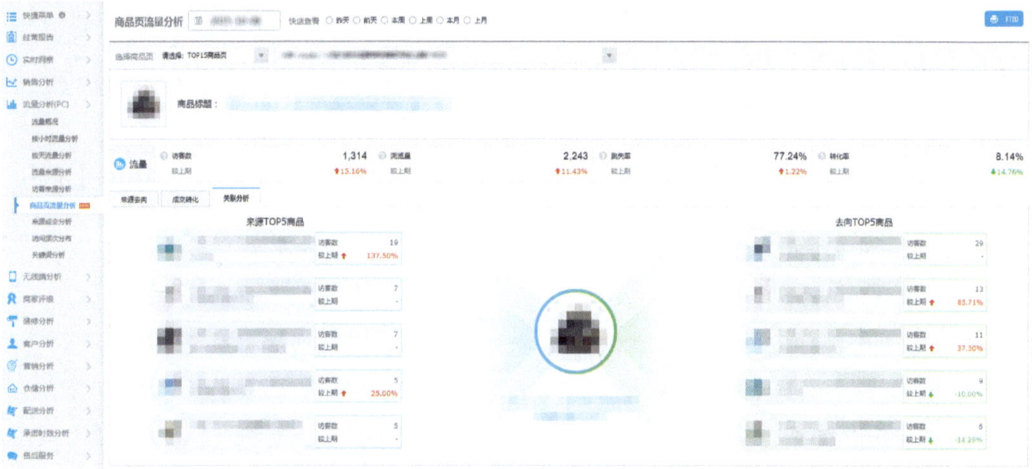

图 3-3-16

3.3.7 关联推荐的注意事项

最后总结，关联营销需要注意四点：

（1）要明确自己做关联营销的目的，不要为了关联而关联。

（2）不同类目的商品要寻求适合自身特点的关联方式来进行营销。

（3）关联商品宜精不宜多，要不反而降低了主商品的转化率。

（4）要时刻跟踪关联商品的数据表现，将表现不佳的商品进行替换。

第 4 章

复购率篇——提升利润的秘密武器

随着电商“人口红利”时代的逝去，商家纷纷意识到用户拉新的成本越来越高，而相对应的是老用户流失的触目惊心的数据统计。我们来看中国电子商务研究中心提供的公开数据统计情况：

- 2015 年大电商获取新用户（站外拉新）的成本价已经达到每人 200 ~ 400 元，商家站内拉新成本为每人 30 ~ 80 元；
- 电商行业商家获得新用户的成本是维护老用户的 5 ~ 10 倍；
- 用户流失率每降低 5%，其利润增加的就是 25% ~ 85%；
- 一个满意的用户会带来 8 笔潜在的生意，一个不满意的用户则可能影响 25 个人的购买意愿；
- 如果忽略对老用户的关注，大多数企业会在 5 年内流失一半的用户。

这些数据均表明，商家要保持业绩的持续增长，必须一手抓拉新，一手抓留存和复购。

电商的运营人员们，每天都在绞尽脑汁想各种办法来提升平台销售额，正如前文所描绘的那样，无非是提高流量和转化率，提升客单价。但作为商家还有一个方法一定要尝试使用，就是做好会员关系维护，增加用户满意度，提高单位时间内用户的下单频次（图 4-1-1）。

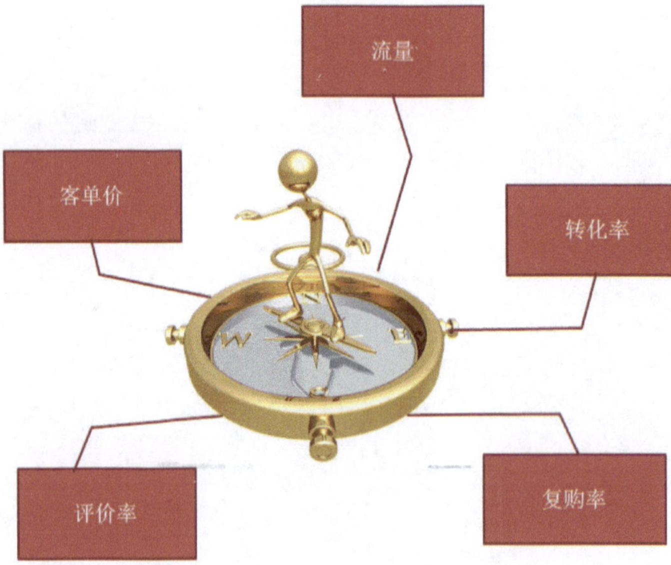

图 4-1-1

复购率衍生于传统用户关系管理 CRM 中的用户价值模型 RFM 中的 F（Frequency），即购物频次。无疑购物频次是最能说明用户对于品牌的喜好，对店铺的满意和忠诚的关键信息。重复购买率越多，反映出用户对品牌的忠诚度越高，说明品牌的用户黏性越好。反之则说明忠诚度低，黏性差，如图 4-1-2 所示。

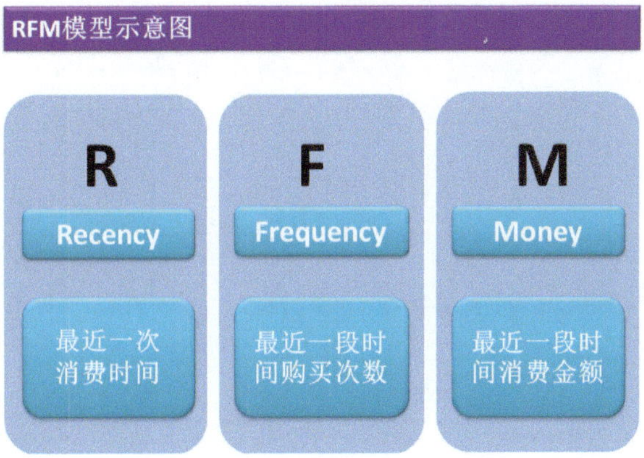

图 4-1-2

那么如何将购物频次通过模型和算法打造成直观的用于衡量商家近期用户维护及运营健康度的指标？又如何利用复购率这个指标来管理一个店铺？以及如何帮助商家提升复购率呢？带着这些问题我们来深入理解和认知复购率。

4.1 复购率的重要意义

4.1.1 复购率的定义

复购率即重复购买率，在业界的统计分析中基本分为两种定义，即用户复购率和订单复购率。

用户复购率：单位时间内，“购买两次及以上的用户数 / 购买的总用户数”。举例：近 90 天内共有 10 个用户购买了商品，4 个用户购买 2 次及以上，则用户重复购买率为 40%，如图 4-1-3 所示。

订单复购率：单位时间内，“第二次及以上购买的订单个数和 / 单位时间内总订单数”。举例：近 90 天内，共有 10 个订单，中间有 3 个是用户 2 次购买的订单，还有 1 个是用户的 3 次购买订单，则重复购买次数为 4 次，订单重复购买率为 40%。

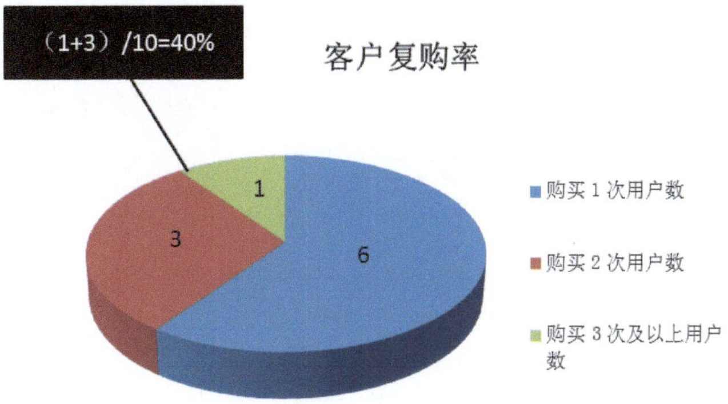

图 4-1-3

当前在电商领域比较常规的是按照用户复购率进行的统计核算和指标数据发布。

在京东商家后台 CRM（会员关系管理）模块中对于用户的定义如下，所有已经完成过一次交易行为的新用户都将自动成为店铺的会员。因此下面将老用户统称为会员。

复购率继续拆解，可以分成会员复购率、新用户复购率，如图 4-1-4 所示。

会员复购率：单位时间内，【购买 2 次及以上的且入会时间在统计开始时间之前的会员数】/【入会时间在统计开始时间之前购买的会员总数】。

新用户复购率：单位时间内，【购买 2 次及以上的当期新用户】/【购买的当期新用户总数】。

衡量会员运营得好不好，要看会员复购率。衡量营销推广拉新活动做得好不好，要看新用户复购率。

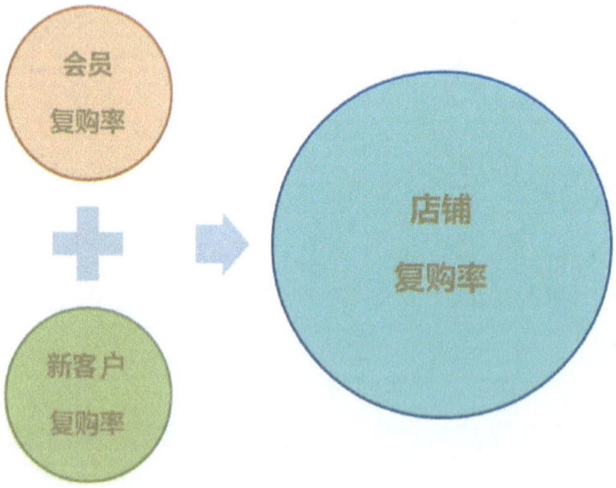

图 4-1-4

4.1.2 雷同指标释疑

从用户再次购买的维度进行分析的指标除了复购率，还有两个雷同的指标，会员回头率和新用户留存率。这三个指标本身的差异和计算方法不同，但都是展示会员再次购买特征的。

- 会员回头率

会员回头率≠复购率

很多人容易将会员回头率与复购率的指标混为一谈，但其实这两个指标从算法上差别很大。会员回头率即所有购买的用户中老用户的占比情况。

会员回头率：单位时间内，“购买的会员数 / 购买的总用户数”。

会员回头率也可以充分证明会员的活跃度、满意度及忠诚度。回头率与流失率是一对相反的指标。如果回头率高就说明会员流失率低。

- 用户留存率

用户留存率≠复购率

用户留存率也称为新用户留存率，顾名思义，就是有多少用户留下来了。多用在京东 APP 的安装后分析用户的活跃度。在电商领域的用户留存率是统计新用户在之后各月的再次购买情况，只要再次购买即被视为新用户留存下来了。

新用户留存率 :【新用户留存数】/【新用户总数】。

新用户留存数:截止到统计月,新用户最后一次购物日期停留在第 N 个月,即为第 N 月的用户。

比如：2 月份某商家有 100 个新用户，在 9 月份统计前 6 个月各月的留存率时，看这 100 个新用户的最后一次购买时间是几月份，如最后一次购买是 3 月份的有 10 个人，那 3 月的留存率就是 10/100=10%。

通常统计复购率都是以 6 个月的取样向后扩展 6 个月查看 6 个月的复购率,如图 4-1-5 所示。

新用户留存率

首次购买时间	新增用户	1个月后	2个月后	3个月后	4个月后	5个月后	6个月后	截止当月
2015年2月	1201057	6%	4%	5%	5%	5%	6%	32%
2015年3月	2577485	8%	8%	7%	7%	8%		37%
2015年4月	3149697	10%	8%	7%	9%			33%
2015年5月	3644763	9%	7%	8%				25%
2015年6月	4015906	10%	10%					19%
2015年7月	3062507	14%						14%
2015年8月	3022272							

图 4-1-5

会员留存率的常规走势是逐月降低，如果做得好，会员的留存率会保持不动或降低频率很缓慢。

- 指标对比

综述，关于用户的再次购买，我们提到了多个指标概念，可能大家有点迷惑了，我们将这些指标汇集起来，便于大家的对比记忆和理解，如表 4-1-1 所示。

表 4-1-1

指　标	别　名	算　法
复购率	用户复购率	【单位时间内购买两次及以上的用户数】/【购买的总用户数】
订单复购率		单位时间内,【第二次及以上购买的订单个数和】/【总订单数】
会员复购率		单位时间内,【购买 2 次及以上的且入会时间在统计开始时间之前的会员数】/【入会时间在统计开始时间之前购买的会员总数】
新用户复购率		单位时间内【购买 2 次及以上的当期新用户】/【购买的当期新用户总数】
会员回头率	会员回购率	会员回头率：单位时间内【购买的会员数】/【购买的总用户数】
用户留存率	新用户留存率	新用户留存率 :【新用户留存数】/【新用户总数】 新用户留存数：截至统计月，新用户最后一次购物日期停留在第 N 个月，即为第 N 月的用户

张姿势

无论是复购率、回头率、留存率，这些指标均体现商家对于店铺既有用户——会员的维系能力。

4.1.3 会员复购是利润的重要来源

下面，我们来看一个案例的数据显示。

自营电商的鼻祖亚马逊，在对它的 Prime 会员（付费会员）进行总结分析时发现了数据中隐藏的规律，Prime 会员大概占全站总活跃用户数的 4%，但是他们的消费额却差不多占了总额的 10%。他们的人均消费金额几乎是非会员的两倍，会员是 1224 美元，非会员是 505 美元。

付费会员意味着是商家最忠诚的用户，他们持续复购为商家带来源源不断的收入和利润。复购率直接影响着商家的利润，复购率越高，利润也越高，原因是复购带来的收入不再需要摊付拉新的成本，因此订单收入自然有更多转化为商家的纯利润。

在对大量商家的复购率与收益分析中，我们得到了如下的统计结果，如图 4-1-6 所示。

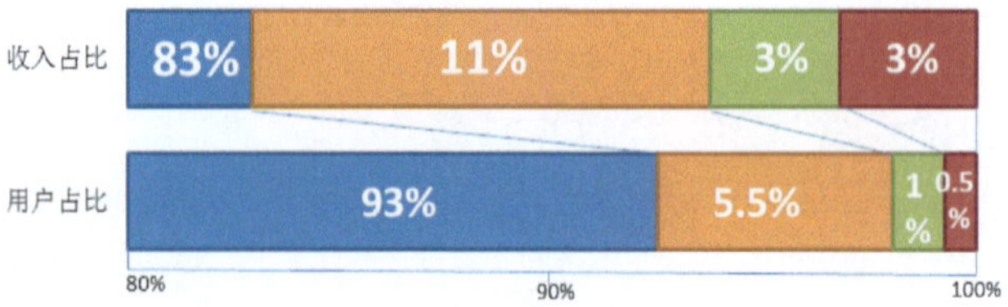

	用户占比	收入占比
购买一次	93%	83%
购买二次	5.5%	11%
购买三次	1%	3%
购买三次以上	0.5%	3%

图 4-1-6

当新用户的拉新成本居高不下，如上节而言，已经达到 200 ~ 400 元一个人，那么对于商家而言，他们割肉让出自己丰厚的利润空间，辛苦推广拉来的新用户，必须维护好，在未来从他们身上获得更多的收益。

商家花费成本与新用户成功的建立起联系，精心培养，建立感情，让会员对品牌和商家产生信任，会员的忠诚度逐渐提高，会员能够更及时便利的获知商家的活动和新品信息。信任使会员会再次购买并且持续购买，而这才是商家放弃短期利润，追寻长期收益的根本原因。

复购率与黏性、利润的重要关联关系，使电商的从业者，无论是平台还是商家，开始审视自己的会员管理，重新认知会员的价值。电商作为新兴的行业，不断向传统领域探索其会员管理的核心思想和管理知识，以此寻找共同点和突破点，做好电商时代的会员关系管理。

结论：通过提高复购率来实现利润提升是企业可以采取的绝对正确的运营策略和营销手段。

4.2 复购率的分析诊断与解读

复购率是一个量化的数值，其数据呈现是百分比。商家要了解店铺的用户黏性，就必须经常性地查看复购率的值及走势。一般网站对于复购率的分析周期都是按月、按季度统计的。

如图 4-2-1 所示，目前在数据罗盘中已经分析了月度用户复购率（30 日用户回头率）和订单复购率（30 日重复购买率）。

图 4-2-1

未来京东商家数据罗盘将增加更多关于复购率的呈现方式和统计的周期、口径等信息。

复购率的呈现多与用户数的结合展示，多用折线图描述其走势。另外对于复购状态的诊断，我们常以同比和环比的变化来描述，由于复购率本身就是百分比，所以在计算其同比、环比时我们仅用差额来标识其走势。

1. 用户复购的分析诊断

（1）会员黏度健康度分析

各月购物的总用户数的趋势与复购率趋势的叠加分析可以看出会员黏性的健康度，最佳的复购曲线应是持续上升或趋于平缓的，原则上复购率应不受购买总数的影响，但实际上从数据可看出，往往是用户数高，复购率也高。如果用户数增加或平稳，但是复购率大幅下滑，那么就说明会员营销做得不好，需要进行精准的会员营销。如图 4-2-2 所示，为某店铺展示复购率与总用户数的走势关系图。

图 4-2-2

（2）会员复购深入分析

对于已经产生复购的会员，可以深入分析其购买行为，比如对复购用户的购物次数进行更细致的分析，购物两次、三次、三次以上用户分别的数量占比，通过如图 4-2-3 所示的某商家示例，可以发现该商家购买两次的用户数是最多的，基本高于购物三次及三次以上的用户之和。

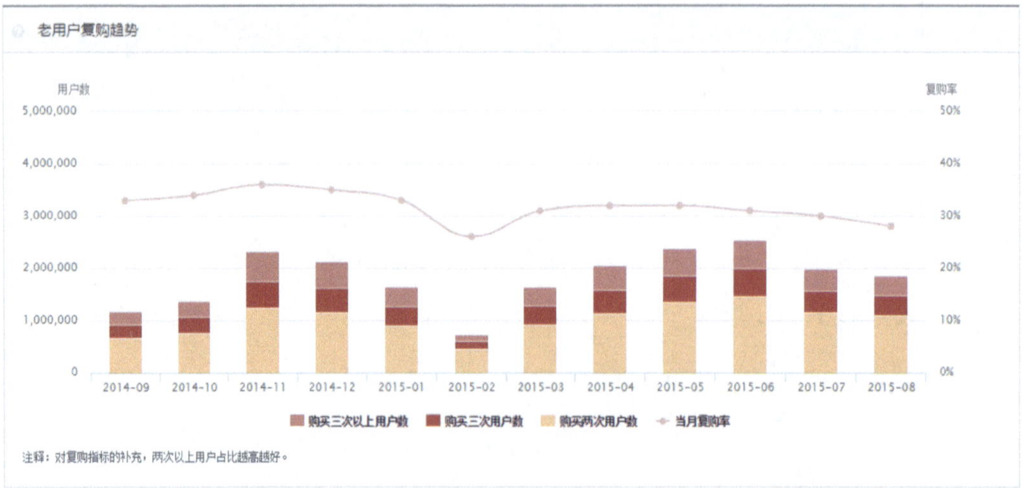

图 4-2-3

（3）老会员复购渠道分析

京东当前各渠道的复购率是不同的，以图 4-2-4 某商家示例数据为例，可以看到该商家微信端的复购率是最高的，手机 QQ 端次之，京东 APP 端第三，PC 端最低。这也说明各渠道在维系会员黏性上的能力差别，当然在不同的品类上复购率的渠道差异很大，商家可依据渠道的趋势图制定店铺营销和维系会员的策略和途径。

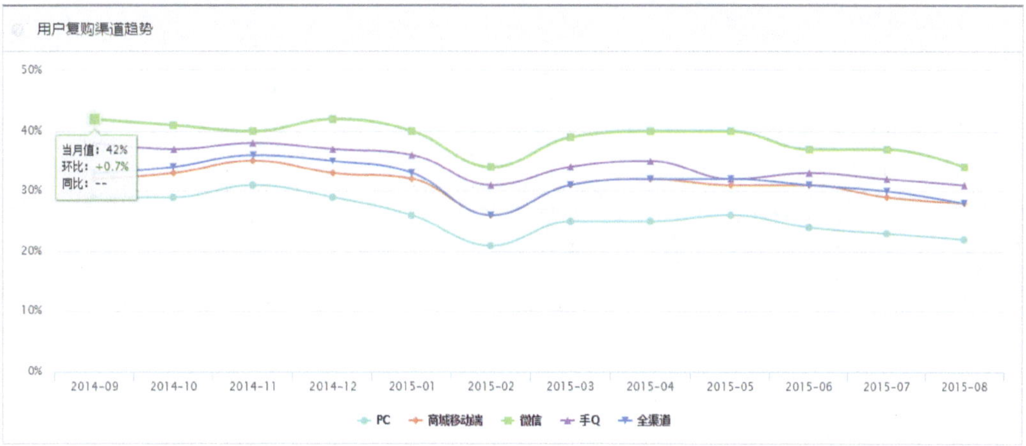

图 4-2-4

2. 会员回头率分析

回头率是用户结构占比分析的一部分，用户构成可以分成老用户、站内拉新用户、京东首次购用户（站外拉新）。图 4-2-5 示例是某商家的用户结构占比分析，我们看到这个商家的老用户回头率很高，可达近 60%，说明这个商家的会员维系很好，但是拉新能力就相对较弱了。

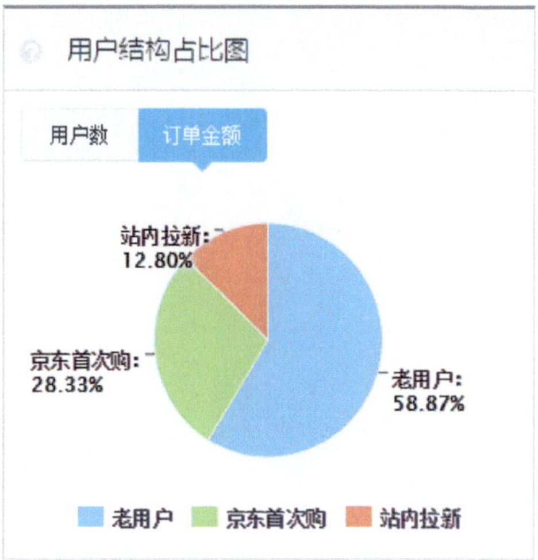

图 4-2-5

4.3 影响复购率的要素

我们研究复购率的终极目标是为了提高复购率，那就必须清楚哪些是会影响复购率的要素？经过与多名商家的调研，我们发现影响复购率的基础要素主要是商品质量、服务质量、物流效率。次之是商家的运营方法和营销触达。

（1）商品质量

调查报告表明，影响会员复购率的最主要要素是商品质量。

广州某女性营销有限公司董事长说：商品才是复购率的核心因素，其实品牌哪里分线上线下？用户愿意从哪里购买，我们的商品和宣传就应该出现在哪里，现有的很多品牌过于热衷运营细节及销售推广，最后变成依赖。做企业不要急，不要卖“穿”价格，如果你可以少打折扣甚至原价卖出去，才代表你的品牌是用户需要的、喜欢的、不可或缺的。

反过来讲，如果你的商品质量问题较大，使用再多的策略、手段、工具均不可能带来复购率，对于用户而言，不仅连一锤子买卖都做不成，而且由于电商的退换货机制，可能连一次购买都未最终完成。

所以商品是命脉，所有的手段均是在商品质量过关，且都是在商品同质化基础之上而言的。

（2）服务质量

电子商务交易平台的买卖双方，隔着电脑，隔着网络光纤，隔着地域上的千里万里，唯一的联系便是客服在咚咚上的交流，所以我们看到网络上超现实的亲切用语均从电商平台发起。因此在这个交流的渠道上无论如何不能慢待用户，对于用户发起的疑问、请求均要快速、专业、客气的响应。这样用户满意度可以保持在一个较高的水平，人是情绪化动物，好的情绪是产生复购率的强大动力。

（3）物流满意度

用户在评价物流快递服务时，服务速度是最重要的因素，其次是服务质量、服务态度等。由此可以看出用户在评价物流满意度时感性因素占有重大比例。

前述三个基础要素均为会员对已经发生的交易的感性记忆，影响最大。在前述基础要素没有硬伤的基础上，如果商家可以对这些会员进行有效的营销刺激和触达，才会实现复购率的提升。

4.4 提升复购率的方法

要提高复购率，说白了就是让更多的用户在评估周期内产生多次购买，当复购率公式中的分子增加，复购率自然增加（图 4-4-1）。

在互联网电商时代之前，传统的营销行为发生在固有的市场中，那时商家往往都是打猎模式，也就是常说的“一锤子买卖”，商家不在乎卖给了谁，更不在乎用户会不会再购买，因为那时是计划经济，是物质匮乏时期，是卖方市场。但随着中国经济的发展，制造业首先得到蓬勃发展，中国逐渐进入了丰饶社会，商品同质化严重，形成了买方市场，在这种情况下，商家才开始关注购买自己商品的用户是谁？并期望这些用户能持续购买，并按已经买过的用户特征同理推导出哪些人还可能购买自己的商品，商家真的从关注商品转向关注用户的那一刻起，就奠定了商家以用户为中心的运营理念，这就是 CRM 用户关系管理的思想在中国逐渐被接纳和发展的历程和原由。

随着互联网及移动互联网的发展，电子商务形成了新兴的虚拟“市场”，这个市场有新的销售方式，有新的交易规则，但它具有商业的所有本质，因此用户关系管理的概念也被引入到电商领域。

图 4-4-1

4.4.1 建立会员管理体系

坊间最流行最成功的高复购率案例就是台塑集团的王永庆卖米，那是早期用户关系管理的范本及标杆。

1932 年，16 岁的王永庆在嘉义开了自己的第一家米店，当时米店竞争激烈。在把好商品质量关的前提下。他从用户管理上进行了大胆创新。

（1）建立用户档案，记录下用户家里的人口数、几个大人、几个小孩、每人饭量、米缸容量、预估下次买米时间——会员识别；

（2）按预估时间提前一两天，主动送货上门——精准选取，有效触达营销；

（3）每次倒米均将陈米倒出，擦洗米缸，再倒入新米，最后将陈米倒在上面——优质服务提高会员满意度；

（4）记录穷人的发薪日，按发薪日去收账。

这些个性化的用户细分管理使得销售过程令用户印象深刻，且深受感动，进而成为雷打不动的忠诚用户。

由此可见想提升复购率，必须启用会员管理，有准确的会员档案，能识别出哪些会员是可能产生复购行为的，以便对其进行精准的营销刺激和用户关怀。

在京东的商家后台有免费的会员关系管理模块，供商家管理会员档案，并通过营销工具进行精准营销。

京东的商家后台的“会员关系管理”帮助商家进行会员的自动提取和存储。会员信息内容丰富，包括店铺会员等级、上次交易时间、下单终端、入会时间、京东会员级别、平均客单价、交易笔数等字段，如图 4-4-2 所示。

图 4-4-2

商家要了解店铺会员的等级，就需要构建会员体系，如图 4-4-3 所示。在系统中将会员等级的指标条件设定好，系统会自动算出不同的会员当前的等级，并且每日更新。

图 4-4-3

4.4.2 巧用优惠券精准营销

要提高会员复购，光记录会员数据是不够的，必须对会员进行精准的营销和触达。

在商家后台的“会员关系管理”系统中，商家每月可对自己的会员发放直送到账户的优惠券进行会员的营销触达。由于商家每月只能给一个会员发放一张优惠券，那么对于商家而言，如何把握这次营销触达的效率，也就是说优惠券要发送给谁？要发多少额度的券？这就要经过分析和测试得来。

（1）按店铺等级进行会员发券

店铺会员中五星会员是购买力较强或者黏性很强的用户，对他们的优惠券力度就比较大。四星会员及三星会员到一星会员依此类推，逐渐减少。

（2）按下单渠道进行会员发券

通过会员关系管理系统我们能筛选出不同渠道下单的用户信息，由于用户下单渠道的不同，可以侧面突出用户的购物习惯的不同，特别是微信端，因此我们在使用优惠券系统时，针对微信端、手机端用户发放优惠券的额度可以更优惠（图 4-4-4）。

图 4-4-4

（3）按京东会员等级进行会员发券

京东会员等级非常准确地反映了用户在整个京东平台的消费行为能力。当然京东会员的等级越高，则网购消费行为越成熟，对于京东平台的认知度越高，消费能力越强。所以很多店铺每个月会针对不同等级的用户发放优惠券，等级越高优惠力度越大。

图 4-4-5

如图 4-4-5 所示，该店铺曾进行过复购率和京东会员级别的数据分析，取店铺中复购率最高的会员，发现其中 29% 是钻石会员，近 43% 是金牌会员，28% 是银牌及以下会员。证实了京东会员等级越高，产生复购的概率就越大。该店铺通过以上方式筛选出各个等级的用户来发放优惠券。

（4）按会员活跃度进行会员发券

每个月可以激活“上次交易下单”时间是前面第 6 个月的会员，这样避免会员从活跃到沉默。激活效果可以通过商家后台的“会员关系管理→营销活动分析”模块进行查看。

图 4-4-6

将时间扩展到第 9 个月即是激活沉默会员，扩展到 12 个月即是激活睡眠会员。

（5）按平均客单价进行会员发券

对于“平均客单价”高的会员，商家发放的优惠券的门槛可以提高，减的金额比例可以不变，这样对于商家提高店铺的平均客单价和店铺销售额均有很大帮助。

“平均客单价”在高级查询中，可选取“平均客单价”的额度范围在某一个区间的会员，如图 4-4-7 所示，并在“会员模型”中建立一个名为“高客单价会员”的模型，以便在建立优惠券活动时直接使用。

图 4-4-7

上述这些发券的应用经验，商家可以进行举一反三，灵活应用，旨在有效触达会员形成购物刺激。

张姿势

按下单渠道、京东会员等级、会员活跃期发放优惠券可以通过会员关系管理中的“会员模型”功能提前设置好模型，在营销活动建立优惠券时直接调用“常用查询条件”来实现批量发券。

4.4.3 赋予会员专享的权益

提升会员黏性从另一个角度看，就是要提高会员的尊崇感和荣誉感，如果一个店让会员尤其是高等级（五星标识）会员感觉不到自己受到的是更优越的待遇，很可能就会不爽，那么会员流失的发生概率就会增加，我们可以类比银行的高端用户服务专区和服务条款，机场提供的航空VIP会员通道等服务。这些都表明专属服务是留住高等级会员的有效方法。

在会员专享服务方面商家可以做的事情就比较多了，例如：

- 建立会员等级商品折扣，在新用户不具备商品促销价或促销价幅度较小时，会员仍然能以绝对优势的价格购买商品；
- 建立会员专享活动，活动仅限于会员可参加，活动商品价格是独享的一口价，可通过商家后台中的“营销中心→令牌”模块来实现；
- 会员可享有购物多倍积分的特权，级别越高，积分倍数越高；
- 会员可以通过独有的互动通道，跟商家要一张任意门槛的满减优惠券；
- 会员可享有更高的抢券命中率；

- 会员级别签到送京豆可翻倍；
- ……

张姿势

在商家后台的“会员关系管理”系统中，目前可支持两种形式赋予会员特权，一种是建立会员等级折扣，另一种是通过令牌与单品促销整合，建立会员专享价格促销，其他几种类型的商品，正在规划中，不久也将会和商家朋友们见面。

（1）建立会员等级折扣

建立会员等级折扣，是为店铺会员提供长期的商品促销优惠。

会员等级折扣是会员关系管理新上线的功能，其入口及设置如图 4-4-8 所示。

图 4-4-8

进入设置各等级享受的商品折扣比例，以及设置不参加折扣的商品清单，如图 4-4-9 所示。

图 4-4-9

（2）通过令牌建立会员专享满减

令牌是面向商家新开通的功能，令牌是定向关联会员与特有促销的通道。令牌价格不会显示在商品详情页中，在加入购物车后方可生效令牌价，是一个神秘的用来进行会员专享价格活动的促销工具。

如图 4−4−10 所示通过，“营销中心→应用中心→创建令牌”模块创建令牌。

图 4-4-10

在会员关系管理中，将特有专享的会员发送到令牌中，建立起令牌对应会员的关系，如图 4−4−11 所示。

图 4-4-11

在营销中心建立单品等促销时，如图 4−4−12 所示，完成令牌与促销的关联生效。

仅有令牌关联的会员，在购买促销的单品时可以享受到活动促销价格，令牌价仅在购物车及结算页生效，在商品详情页不能生效展示。

所有基于会员的功能设定，其目的均是希望商家能够留住会员，提高会员的活跃度和黏性，进而提高复购率，提高利润。

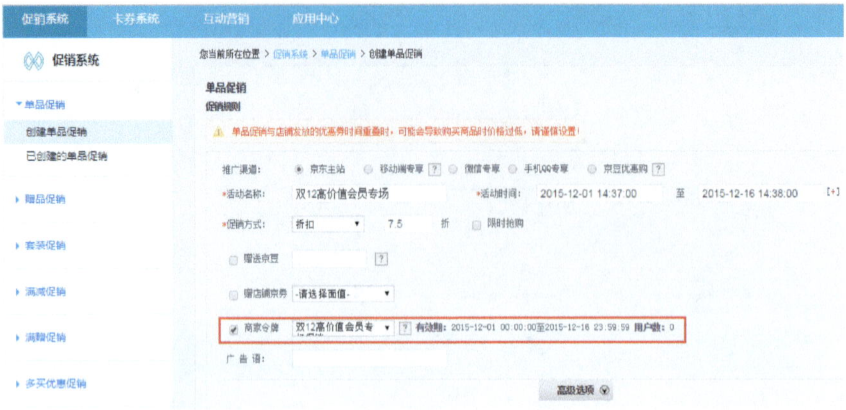

图 4-4-12

4.4.4 会员娱乐式互动

随着移动互联网的发展，给电商注入了新的生机，电商不再仅仅是为了“Shopping”（购物），而越来越多地成为了“Living”（生活）的一部分，这是中国 6 亿多网民当前对于电商依赖的根本原因。如果我们怀着为用户提供“leasure”（悠闲）的心态来运营一个店铺，尤其是为店铺会员提供更多的娱乐式的轻松愉悦的关怀与互动，比如游戏、任务、签到、互动面板，会员的黏性会大幅上升，而复购率则会水到渠成地得以提升。

更多的互动功能集中在京东的 APP 端及微信端、手机 QQ 端，目前京东平台已经上线店铺签到、店铺动态（图 4-4-13）等多种互动功能，在未来京东为商家服务的商品将增加大量的娱乐性和道具，让商家和用户的互动玩法可以有多种创造空间。

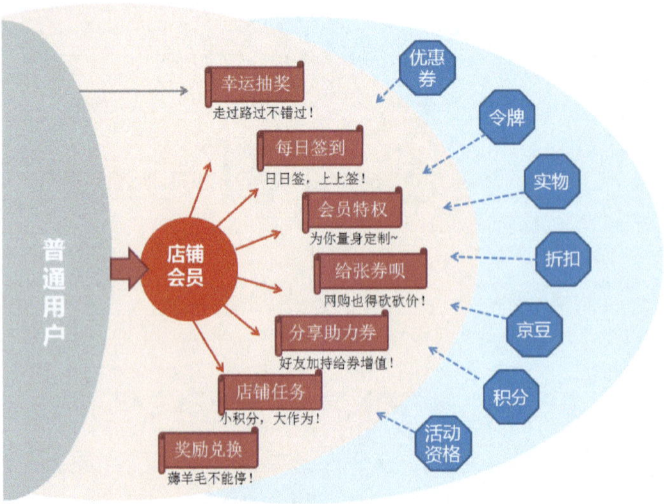

图 4-4-13

1. 会员签到（图 4-4-14）

第 1 章介绍过会员签到的功能，这里不做赘述。

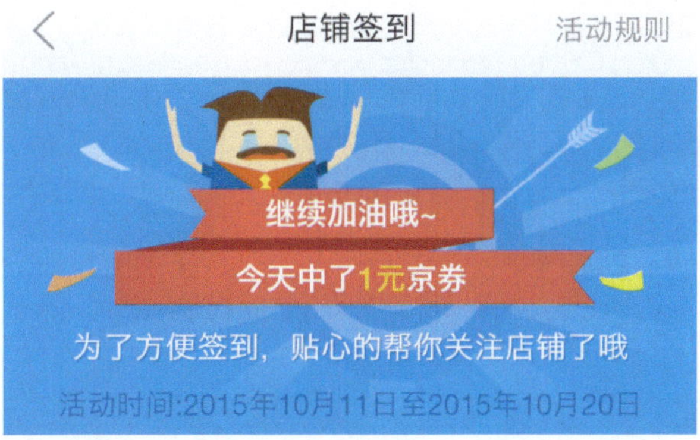

图 4-4-14

目前京东营销中心和会员关系管理系统正在联手积极地建造会员互动平台。在不久的未来，会员可以主动向商家发起一些互动的请求，比如要求复购砍价、要求一张特有门槛及减额的优惠券、分享组团后享有团购价、推荐用户获得优惠券等。

互动平台将建立起会员与商家沟通的真正通道，让会员可以参与到自己的交易过程中来，会员提出请求如果得到满足，会员复购转化率自然提高，因为这是主动行为，不是被动营销。而对于商家而言，可倾听到来自会员的真实想法，在利润空间内满足会员，可得到更好的会员复购利润。对于会员和商家双方均有好处。

2. 口碑营销

唯品会的会员复购率对外宣称高达 70%，除了其垂直领域电商的模式效应外，同时唯品会的口碑营销效果极好，且都是用户自发地为唯品会进行传播。

唯品会的用户以女性居多，而女性天生具有喜好传播、炫耀的个性，口碑营销能够充分满足女性购物的成就感，女性购物者之间的攀比、跟风又使得传播的有效转化率极高。

有意思的是这种自愿的传播行为又坚定了传播者成为商家死忠粉的一种保证力量，因为这符合了《影响力》的“承诺一致性”原理。既然你推荐了这个商家或这个品牌，那就要用行动证明你的推荐是负责任的，不是盲目的。

口碑营销是靠人和人之间的传播完成的营销行为，传播的渠道有以下几种：

- 通过面对面口述传播，1 对 1 或 1 对多；
- 通过社交平台的社群功能，QQ 群、微信群等；
- 通过社交平台的信息发布、转发、评论等功能，如微博、微信朋友圈等。
- 通过社交平台的公众号服务，进行粉丝管理和维护。

（1）面对面口述传播

第一种渠道是最传统的模式，指企业通过朋友，亲戚的相互交流将自己的商品信息或者品牌传播开来。

（2）社群营销

上文所述第 2、3 两种渠道都属社群性质，互联网时代的口碑营销其根源就是社群营销，因为互联网的本质已经天然划分好了具有相同属性的社群。如果有人在社群中发布买家秀或体验评价、商品推荐，会在本社群中有众多的信赖者效仿、跟风。据腾讯对社群营销转化率的数据分析显示，社群分享的营销活动转化率高达 17.8%。

如果可以策划一场由网络达人或意见领袖作为主人公的事件，可以快速获得大量新粉丝的关注，粉丝转化率相对较高。即为话题营销，所以商家的运营要保持互联网的话题感和热度。

比如当前火爆的自媒体“罗辑思维”，就是典型的通过聚类的会员，在会员中进行话题营销的典范，无论是无节操的月饼还是书籍、水果均能够通过话题和故事得以热销。可见社群营销有很好的营销效果，反过来想，“罗辑思维”的会员复购率之高应该是任何电商都羡慕不已且很难超越的。

在今天这个信息爆炸、媒体泛滥的时代里，用户对广告、新闻都具有极强的免疫能力，只有制造新颖的口碑传播内容才能吸引大众的关注与议论（图 4-4-15）。

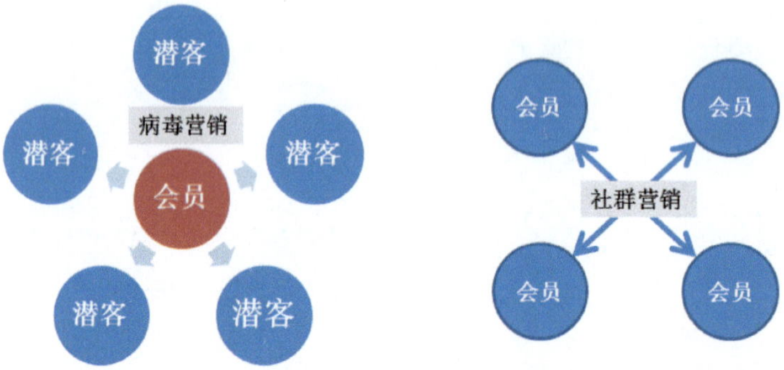

图 4-4-15

社群营销的用户之间的相互作用和相互影响除了朝正向的获取会员发展，也同样可以朝负向的流失会员发展，所以只有让每一个用户均满意，才能发扬褒义传播，收获正向收益。如果是贬义传播，除了流失一个用户外，还可能负面影响十几甚至二十几个用户的购买意愿。

（3）微信粉丝营销

社交化媒体兴起于 2007 年，但真正被广泛用来进行营销是从 2011 年的微博开始，直到微信兴起带火了微商的销售形势。

我们以微信为例来讲解说明。很多商家尤其是品牌的旗舰店商家，拥有自己独立运营的微信公众号。这些公众号已经通过一些线上、线下的营销活动积累了一些粉丝，公众号的粉丝就是把目标用户聚集在一起，粉丝中有部分已经是商家现有的会员，有部分是潜在用户。但这些粉丝由于可以第一时间收到公众号的信息，对品牌和公众号有鲜活的记忆，这在广告领域的价值是很强的。因此这些粉丝成为了商家最为活跃的用户信息，黏性高，复购率自然高。

京东商家燕格格是微信粉丝营销的佼佼者。拥有令人艳羡的 20 余万的公众号粉丝，更漂亮的是燕格格通过自己的公众号打造了“燕窝文化圈”，提供了大量的燕窝知识，比如燕窝食谱，专业的燕窝鉴定窍门与炖煮技巧。这些知识吸引了许多对燕窝还不了解的用户前来取经，也间接地带动了公众号人气。

在京东与腾讯合作后，打通了微信的购物入口，为公众号的营销带来了良好的交易渠道，粉丝可通过公众号直接进入京东商城的商家微店，满足了用户一站式购物的需求，转化率得以提高，而复购率更是快速增长。

在对京东现有 PC 端、京东 APP 端、微信端、手机 QQ 端各渠道的复购率分析的结果我们发现了一个惊人的对比，服装服饰品类，微信端最高，手机 QQ 端次之，京东 APP 端第三，而 PC 端最低。这与我们所设想的社交化对于复购率的帮助和影响完全吻合，如图 4-4-16 所示。

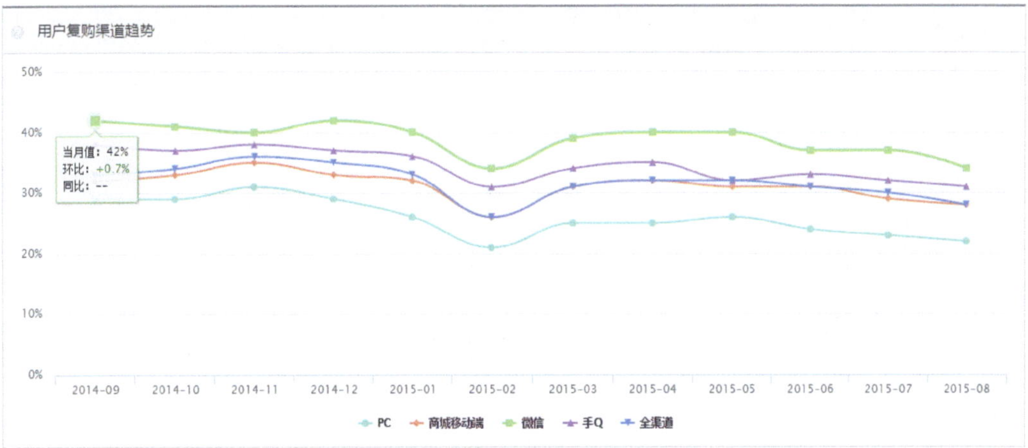

图 4-4-16

因此，商家应充分发挥口碑营销和粉丝营销的价值，提高复购率。那么，常用的粉丝营销活动可以包括哪些呢？可以通过一些粉丝抽奖、粉丝专享优惠券、粉丝专享促销活动、分享有礼等手段持续进行粉丝的触达营销。

第 5 章

行业分析篇——知彼知己，百战不殆

根据京东 2014 年的财报数据显示，京东的交易总额（GMV）已经达到 2602 亿元人民币，完成订单量超过 6.89 亿单，其中通过移动端渠道完成订单量已经占总完成订单量的将近一半，增长速度巨快，APP 扛起了移动端的大旗，和腾讯联姻使京东在移动端迅速发展，以 2015 年“双 11”单日为例，其中微信、手机 QQ 带来的新用户占 52%，并且订单贡献率也在提升。虽然整体业务是从 PC 逐渐向移动转移，但是目前 PC 端仍然是主场，承担着京东的利润，所以相关的推广资源仍然较为集中（图 5-1-1）。

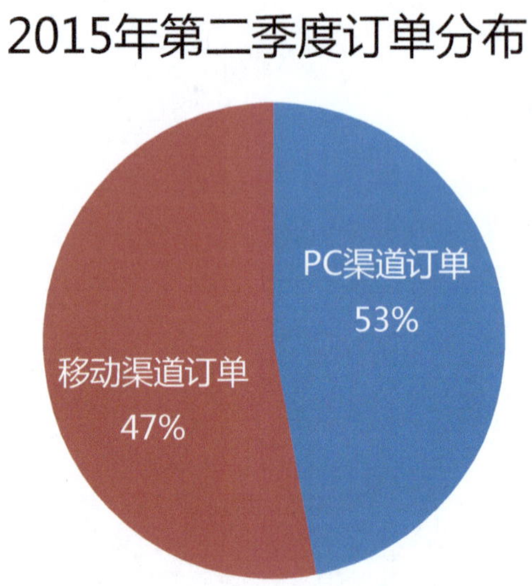

图 5-1-1

服饰家居类目在京东成长迅猛，在 2015 年“双 11”当日，已经成为下单量最大的品类。自营的百货、手机、家电增速很快。根据工业和信息化部下属中国电子信息产业发展研究院发布的《2015 上半年中国家电网购分析报告》中，京东在家电网购市场上以 60% 的市场份额遥遥领先。

POP 近年获得长足发展，已经不能单纯地理解为第三方平台。跨境电商是块前景巨大的蓝海市场，京东全球购从上线至今入驻商家已经增加到几千家，SKU 已经超过上千万，已开通的备货口岸有上海、宁波、杭州、郑州等，京东在全球购平台上线了“日本馆”、“澳洲馆”、“美国馆”、“法国馆”和“韩国馆”为中国的用户提供正宗进口商品。O2O 作为重点方向，京东希望利用电商方面的优势在 O2O 行业占据有利地位，和永辉超市合作就是 O2O 策略的一部分，而落地到京东到家、POP 家具和服装 O2O 等项目正如火如荼地展开（图 5-1-2）。

不管是 POP 还是自营都需要更多的资源去培育项目及消化市场，有资源的地方就有机会，要想在京东这个平台获得快速成长，需要关注京东，注意京东的风向标，对市场变化要足够敏感。商家需要关注以下两个方面。

- 战略层面：通过订阅工具订阅跟京东相关的资讯；重点关注商家所在业务的动态；深刻解读京东财报。
- 战术层面：充分利用京东的免费流量，关注搜索规则，订阅微信号 JDLan；关注活动，提报是关键；多和运营沟通；做好付费流量的转化率。

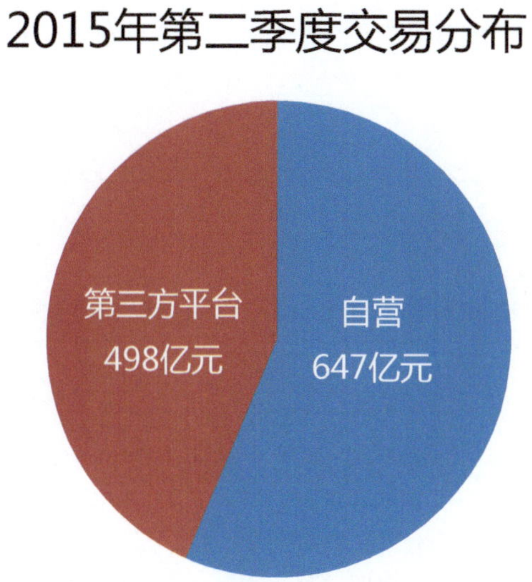

图 5-1-2

商场如战场，只有做到知己知彼才能运筹帷幄决胜千里，本章着重讲解商家如何找准自己的定位，结合京东的行业数据分析竞争对手和用户市场，从而达到知己、知彼，并制定行之有效的运营策略，希望通过这些方法给商家带来更多的思考和启发。

5.1 行业定位分析

电子商务在国内发展了十几年，从 B2B、C2C、B2C 等到现在火热的 O2O，各种模式各种概念相继而出，并催生了京东等巨头电商平台。随着传统行业不断涌入及各种运营成本不断上涨，目前的电商环境竞争激烈，然而每个阶段都会有一些优秀的商家脱颖而出，如韩都衣舍、大朴家居、茵曼、小狗电器等，综合分析的结果是这些商家都注重品牌建设并完成市场的精确定位。不可否认，目前电商已经进入了一个讲究精准定位和市场细分的时代，商家的思考点在于如何快速占领目标市场，那么如何做？清晰明确的市场定位是关键。

我们建议不管是已经入驻京东还是即将入驻京东的商家，都需要仔细分析自己，找准自己的定位。

这一章节将讲解什么是定位、定位的意义及定位的方法，帮助商家有步骤地找准自己的定位，在市场竞争中保持强大的战斗力。

5.1.1 定位的概念

定位是根据一款商品，找到适合某一人群的位置并迅速占领。我们建议即将入驻的商家要先根据商品做好京东这个平台的市场定位。已经入驻的商家要定期做商品再定位，分析目标人群的变化，及时调整运营策略。记住不是商品决定市场，而是市场决定商品。

看看大师们是如何描述定位的：

定位就是在用户头脑中寻找一块空地，扎扎实实地占据下来，作为“根据地”，不被别人抢占。

——定位之父 艾·里斯

所谓定位，就是令你的企业和产品与众不同，形成核心竞争力；对受众而言，即鲜明地建立品牌。

——定位之父 杰克·特劳特

5.1.2 定位的意义

定位是为市场营销而生，是为了在目标人群中塑造商品的独特个性和差异化优势，在目标人群心中形成印象，从而建立商品核心价值，是为了与用户建立长期、稳定的关系，通过用户管理，不断与用户互动，培养忠诚度，也是精确划分消费人群。定位既是战略也是战术，通过定位确定商品的利润点、市场规模，定位清晰可以指导运营，根据定位的指向制定营销计划，不断塑造自己。菲利普·科特勒在《营销管理》里说，解决定位问题，能帮助企业解决营销组合问题。营销组合（商品、价格、分销、促销）是定位战略战术运用的结果。

5.1.3 用户的五大心智模式

了解用户的需求，是做出一款产品的基础，而要卖好一款产品，则要抓住用户的心，这是定位的基础理论。《新定位》一书从用户的心理去分析，总结了用户的五大心智模型。总体来说，在一个不断饱和的商业环境中，战场已经不是在市场，而是在用户的认知，这也是所谓的互联网思维。

用户的五大心智式如图 5-1-3 所示。

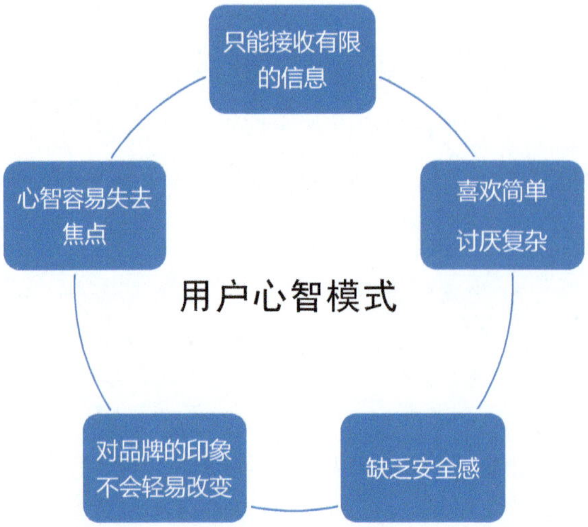

图 5-1-3

1．用户只能接收有限的信息

买家每天都会被大量商品信息和促销信息包围，但是他们会忽略、过滤掉大部分信息，只会从兴趣、经验、需求点或根据当时的情景和情绪来选择性地接受。当用户做出购买决策时，关注点会更集中在目标商品上。这就要商品定位更明确，切合目标用户的兴趣，引起注意。

2．用户喜欢简单，讨厌复杂

在遍地充满广告、信息泛滥的互联网时代，需要简化信息将重点准确植入人心，以破除用户讨厌复杂的心理障碍。例如，笔者就非常喜欢苹果 iPhone 6 的广告语：岂止于大。

3．用户缺乏安全感

用户的网购经历里总会有不愉快的购物体验，总担心买到质量不好或性价比不高的商品，白花冤枉钱。这种心理导致用户在购买商品时喜欢参考销量，喜欢看评论，容易从流，如羊群效应。要打消这种顾虑需要注重商品信息的简洁性，使商品易于传播，如朋友推荐，可信度就颇高。

4．用户对品牌的印象不会轻易改变

新品牌有新鲜感，能吸引人注意，但是用户在选择时必然会和自己熟悉的相似品牌去比较，品牌一旦植入心中，从习惯、认知深度和情感上都难以撼动。

5．用户的心智容易失去焦点

很多品牌喜欢调整自己，多元化发展，扩充商品线，这容易让用户模糊对品牌的印象。当用户被各种卖点包围时，往往不知道应该如何选择，容易失去对商品的核心诉求。

通过心智模型给我们的启示如下：

在竞争过程中，提高竞争性的方法是精简卖点，突出差异化；理念简单准确、建立可信度；顺应用户的认知、强调品牌价值。

5.1.4 定位的步骤

做定位前要先了解市场情况，研究市场上的商品及表现，设法找到竞争对手的优势和劣势，根据事实说话，不掺杂个人判断。最典型的做法是表格陈列，表格可以自由设计，但必须要列出竞争对手和自己的优劣势，分析项可以根据不同的对手和商品而定。整个定位过程可以分三步进行。

第一步：找到自己的竞争优势

先设计一套完整的用于分析的指标，可以从经营管理、技术能力、采购、生产、营销、财务、人才和商品等维度展开，然后利用一切调研手段挖掘竞争对手的详细资料逐项填写，经过对比、分析和讨论后找出自己的潜在竞争优势。

这套分析模型，要解决三个问题：

一是竞争对手的市场定位是什么？

二是挖掘目标市场的容量数据、竞争对手的覆盖情况。

三是分析目标市场的潜在用户真正需要什么？

京东官方出品的商家数据罗盘有行业分析，能帮助商家完成大部分的数据参考工作。

第二步：竞争优势定位

这一步是通过分析比较确定自己的优势，优势是指胜过竞争对手的能力，这种能力是现存的，也可能是潜在的。选出适合自己的优势点便是初步确定在目标市场上所处的位置。如果是再定位则要根据优势做运营调整。

第三步：制定执行战略

这一步是分析自己的优势，充分了解用户的特点，按定位的指向，通过大量的宣传促销活动，将商品的特点、关怀、设计的理念及价值准备传达给用户，给用户留下深刻印象。这一过程要不断重复，不断强化用户对商品的认知。需要注意的是对优势和用户的理解不能偏差，否则会导致目标人群偏离，并造成定位混乱。

5.1.5 定位的维度

1. 市场定位（图 5-1-4）

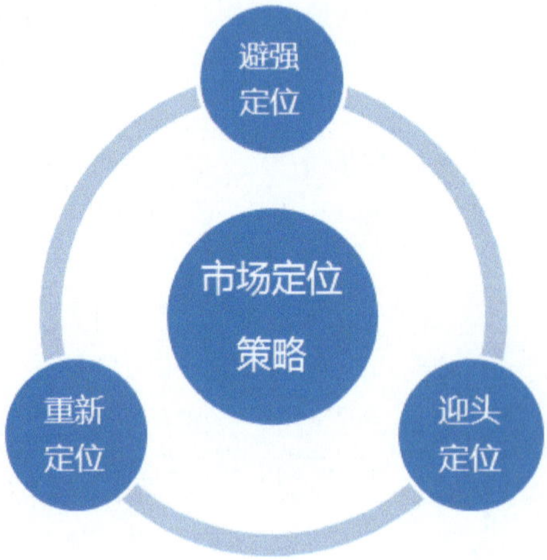

图 5-1-4

- 避强策略

电商发展至今，大多数类目都已经饱和，也已经有巨头出现，特别是传统品牌将市场投向互联网后，竞争更加激烈。因此在做市场定位时，大多数人采取的策略是避免与强有力的对手竞争，将自己定位于某一市场区域内，通过商品的某些属性和特点，使之与对手有明显区别，然后迅速在市场上站稳脚跟。但是要避免选择竞争对手容易进入的领域，或是竞争对手未来规划内的领域。这种策略风险较小，成功率较高。

- 迎头策略

这种策略是正面竞争，通过分析，认为自己比强大的竞争对手更具优势。好处是可以迅速将自己的商品和竞争对手拉齐，在竞争过程中比较吸引眼球，能快速被用户了解。这需要充分了解市场容量，具有敏锐的市场洞察力和用户心理把握能力。风险点是需要实力雄厚，后劲不断。

- 重新定位

重新定位是根据市场变化重塑品牌，以更新用户原有的认识，争取新市场。重新定位的前提是发现用户的需求即将或已经发生转移，市场对产品的需求已经减少，或者由于新竞争者的涌入，选择了相同的市场位置。重新定位可以摆脱困境，寻求新活力，这也叫顺应市场，但是可能会带来产品生产及一系列运营策略的改变，因此也需要考虑定位转移带来的成本或收益问题，必须谨慎。

2. 商品定位

商品定位受市场定位指导，但和市场定位相比，商品定位是具象化的，是通过营销手段或广告宣传等让用户心中确立一个具体形象的过程，并在商品上体现形象。原则上商品定位要顺应用户的需求，是为促进购买而生的，但也要结合自身的情况，不能夸大，要务实（图 5-1-5）。

图 5-1-5

商品定位的方法

（1）差异定位法

商品差异定位法是指和竞争商品相比具有明显特征，这些特征可能是优化的结果，比如体验更好、品质更好、价格更低、服务更好等，也可能是使用方法的改变，目的是和竞争者有所区别，又形成商品的个性以获得用户认知。

（2）利益定位法

利益定位法是指除了商品本身，还可以给用户带来其他更重要的利益。比如购买热水器免费安装，包括免费材料。通过强调附加利益来获得形象定位。

（3）使用者定位法

直接找到商品使用者或购买者，会使商品定位更突出。商品可以根据使用者的气质、用户群体、使用地点等来塑造。如婴儿沐浴露就是专门为使用者定制的，强调弱酸性，以保护婴儿的皮肤。

（4）使用定位法

有些商品是季节性规律特别强，或使用场景特别强，根据这些特点为商品定位，配合特点传播，往往会使商品迅速植入人心。

（5）分类定位法

使用这类定位法的商品是目前市场上最多的，其目的不是要和谁竞争，而是要在同类商品中占领一份市场，分一杯羹。在开发新市场或对市场做深耕时，该方法特别有效。

（6）关系定位法

关系定位法是指赋予商品灵性、性格及内涵，利用感性广告的手法，传播商品的情怀。其主要用于无差异性商品或竞争者的定位和自己有关时。这种定位方法的好处是不需要投入大量成本。

（7）问题定位法

该方法是针对用户共同遇到的问题，为解决问题而生的，通常就是我们所讲的痛点，适用于目的性非常强的商品。

3. 店铺定位

店铺定位是战略执行的第一步，开店之前需要先确立店铺的定位。

通过市场及商品定位后，商家经营的理念、运营策略已经有了一个初步的方案。而店铺是最能将这种要传达的商品特性直接表现出来的地方。京东的店铺可以通过 Jshop 系统去装修从而体现自己的风格。有部分商家为了展示更个性的风格，甚至用自定义页面作为店铺首页。

风格最好的体现来自品类、品牌、商品文化及商品本身。每个品类都会有一些特定的风格，最典型的如服饰，可参考韩都衣舍、茵曼。品牌风格是完全根据品牌 VI（ VI 是指企业视觉识别效果）而定，其风格能传递自身的文化、特性及理念等。需要注意的是不要过分追求风格而舍弃店铺的促销、优惠等元素。如图 5-1-6 所示，茵曼的店铺设计浑然一体，无不体现其清新舒适的风格。

图 5-1-6

4. 价格定位

定价是一门学问，选择一个适合自己的定价方法和定价策略是非常有必要的。定价是硝烟最浓的地方，商家为了抢占市场，选择亏本销售或平本销售，有时却是非常有效的策略，相比大量广告投入，低价策略反而能节约大量营销成本。也有因为市场评估不足，定价过高，导致商品投入市场无人问津，如某国产 SUV 车型，因为价格高于用户心理预期引发热议，最终导致销量平平。拥有渠道优势的商家在定价上的选择会更多元化。

常见的定价方法如下。

- 成本加成定价法

成本加成定价法是指按商品的成本加上一定比例的毛利定出销售价，计算公式：$P=c\times(1+r)$，P 代表商品的单价，c 代表商品的总成本，成本包括人工、原材料、营销费用、厂房费用及机器耗损费用等，r 代表加成率。

- 竞争导向定位法

根据竞争对手的商品价格而定，价格可以相同，也可以上下小幅度波动，较多竞争价格通常是比竞品少 1 元、1 分等。

- 用户导向定位法

通过市场定位的指导，分析目标人群的消费能力及承受能力，按商品本身价格的曲张范围，最终选择一个区间为定价范围。

- 心理定位法

心理定价法是根据买家心理而定的一种方法，定价时充分考虑用户在购买活动中的特殊心理，用户购买的不是商品本身，而是商品的附加值。常见的价格心理有：以价格区分商品档次的心理；追求名牌、时尚的心理；喜欢价格数字里的高价位数字；炫富心理；追求品质的心理。

- 活动促销定价法

这是一种在活动、节日或大促时使用的定价方法，如京东“6.18”大促，参加促销的商品价格为 6.18 元、61.8 元、618 元等，这种定价法往往是为了引流，其实也是一种促销手段。

- 9 字定价法

这种定价法最著名的案例当属苹果 iTunes 音乐商店里下载一首歌曲为 0.99 美元。相信大多数人都见过类似的定价，这种定价法最大的成功点是让用户极易接受，比如 100 元的商品，定价为 99 元后，1 元钱的同位差异十分巨大，但屡试不爽。

- 组合定价法

吉列（Gillette）锋速系列自带刀片剃须刀的价格算不上高，但是盒装刀片的价格却堪比剃须刀本身，这就是组合定价，将某些商品低定价，而其配件却走高价位，以获取整体的经济效益。

- 价格分割法

将商品的单位缩小，或将商品用小单位的其他商品进行比较，给用户塑造一个这件商品价格很优惠的错觉。比如：1 吨大米是 1000 元，不如改成每公斤大米 1 元听起来便宜。经常在广告中看到的空调每晚只要一度电，不如直接说每晚只需五角钱。

- 议价法

议价是自古以来就形成的一种价格形式，但电商环境制约了其使用场景，而且需要商家花费大量时间交谈，在时间就是金钱的今天，实在是成本太高，但是用户通过自己的努力获得的折价价值往往成为其做出购买决策的关键。

需要注意：

A. 京东搜索有一个定价模型策略，每个三级类目都有几个主推区间，客单价是其关键因素，因此定价时要充分参考。

B. 定价要清晰明朗，每个 SKU 应该明码标价，特别是涉及材质、尺寸等影响价格的品类，更要标明对应的价格。

C. 价格要根据商品定位而设，不应该一成不变，根据销售的不同阶段要适时调整，具体可以参见第 3 章 3.1 节。

5. 地理定位

地理定位是在做营销策略时圈定的商品销售区域。做好地理定位能提高营销转化率，做地理定位分析有两个目的：一是找准用户的群体分布，二是寻找未被占领的市场。用户地理数据需长期积累，但是初期可以按三级品类数据作为指导。做地理分析时需要避免误区，如义乌是中国最大的皮草基地，根据数据显示其为最大交易市场，但是真正的用户并非在义乌。

整体而言，地理定位明确在京东这个平台是能享受一系列优势的，如选择京东的仓储配送服务、国际购跨境电商各地保税仓等，都需要根据目标市场区域而定，这些选择可以保证库存充足、物流速度，提升购物体验。京东千人千面计划及搜索排序规则等也会根据用户的地理位置推荐商品，竞争力是由一点一滴的优势集中建立起来的。

6. 人群定位

由于不同人群的成长环境、教育程度和兴趣爱好不同，对商品的需求也不同。商家需要先明确两个概念，购买人群和使用人群，购买人群是下单购买的人，使用人群是使用商品的人，我们建议以购买人群做人群定位，定位时需要根据商品多维选择才能更接近目标人群，人群划分的维度很多，这里介绍四种常见的定位维度。

- 性别

商品能决定目标用户群体的性别，多数商品都具有这方面的显性特征，如服装、化妆品等，但儿童用品、宠物用品等却不能根据其显性特征定位人群，目前大部分儿童都不太可能在网上购物，真正的儿童用品的购买者通常为女性，因此做市场营销活动时要根据购买人群做性别定位。但生鲜、图书等购买人群性别定位没有太大作用，需要结合其他维度综合分析。

- 职业定位

职业可细分的维度很多，职业划分的目的是区分收入、文化认知和商品功能，最终指导商品定价和商品风格。白领阶层以上的收入较高，人物性格偏向小资，追求品质，因此商品定价可相对偏高，商品风格偏向清新、时尚。职业定位需要和地理定位综合考虑，不同城市的相同职业截然不同，如一线城市和三、四线城市的办公室人员就有很大区别，前者更职业化，收入更高，后者收入偏低，购买出发点更偏向性价比。

- 年龄定位

根据目前网购环境，儿童和老人可以不在年龄定位的范围里，按年龄可以分为学生、上班族、父母三大阶段。15 ~ 23 岁的学生消费能力一般，大学生群体更倾向促销折扣商品。24 ~ 25 岁为初入社会的上班一族，领着低工资租着房子，努力工作，加班加点，有自由支配的收入，其消费冲动较强，但还是较追求性价比。26 ~ 30 岁开始谈婚论嫁，建设家园，有较多资料显示其消费能力有所下降，但是因为结婚，买房、怀孕等原因，往往有爆发性的购物行为。30 ~ 38 岁及以上人群大多数是为孩子、老人考虑，投入也会越来越多，消费能力较强。

根据商品不同，对应年龄的划分需要更细，具体可细到 1 ~ 2 岁。人的年龄是不断增长的，这意味着部分商品特征要随着老用户的阶段性认知进行迭代。

- 个性定位

个性定位是考虑如何将商品销售给拥有特定个性的人，如逛街买衣服，除了要看款式、颜色等，还要看衣服是否符合自己的审美和气质。个性定位是根据商品的属性划分对应人群，个性定位也是对商品文化、品牌文化的传达。

5.2 市场分析

经常有人问，京东哪个类目好做？店铺装修怎么做？怎样提高商品的搜索排名？京准通怎么投放有更多流量？不得不说这些事情应该做，但是不要刚刚开始就去做这些技巧性的东西，在没有对自己有个很好的分析定位的前提下就一味去追求技巧，这绝对是事倍功半的，这些事情都是做店铺分析的时候该做的应对措施。开店之前一定要给自己做好定位，分析一下自己适合做什么，定位好自己能做什么之后，就要先做好市场分析了。

5.2.1 市场规模

市场容量分析：我们在选定了几个行业类目后，就要对每个行业做市场容量和趋势分析，再结合我们自己的优势，判断该选择哪个行业，不是说哪个市场容量大，我们就进哪个市场。要综合地做分析评价，数据分析的结果只是辅助你来做决策，数据源可以参考京东数据罗盘中的“行业分析”模块，当然你也可以从不同渠道获得源数据。

以女装为例，通过数据罗盘中的“行业分析”模块可以看到整个女装行业的类目成交情况、客单价及搜索情况，如图 5-2-1 所示。

序号	日期	类目成交指数	客单价	类目关注人气	类目关注指数	搜索点击指数
1	2015-09	3,856,956,200	272.00	12,641,941,200	69,528,040,200	14,765,231,000
2	2015-08	3,031,275,000	270.00	10,433,600,400	52,093,351,600	9,787,801,400
3	2015-07	2,829,032,400	261.00	7,921,322,200	50,679,268,600	9,666,171,800
4	2015-06	3,658,385,200	286.00	8,977,451,800	78,060,915,200	13,811,646,400
5	2015-05	3,753,754,000	305.00	8,334,413,200	78,179,895,600	15,865,162,800
6	2015-04	3,130,351,600	325.00	7,825,548,000	68,582,941,000	14,780,119,600
7	2015-03	2,218,578,400	338.00	5,367,676,400	55,428,764,600	12,162,339,200
8	2015-02	551,700,000	339.00	2,797,384,800	19,558,229,600	5,325,558,800
9	2015-01	1,595,277,600	389.00	6,135,538,200	58,151,719,800	11,864,036,600
10	2014-12	2,127,241,800	412.00	7,544,434,600	58,976,847,000	12,804,826,800

图 5-2-1

女装是一个大类目，涵盖了许多子类目，极少有商家能推出女装的全系统商品，我们做市场规模分析是为了定位，因此需要结合自身的商品特点对数据进行细化。

以女装的羽绒服为例，通过子行业分析，我们可以看到女装羽绒服的成交占比的季节性变化情况，如图 5-2-2 所示。

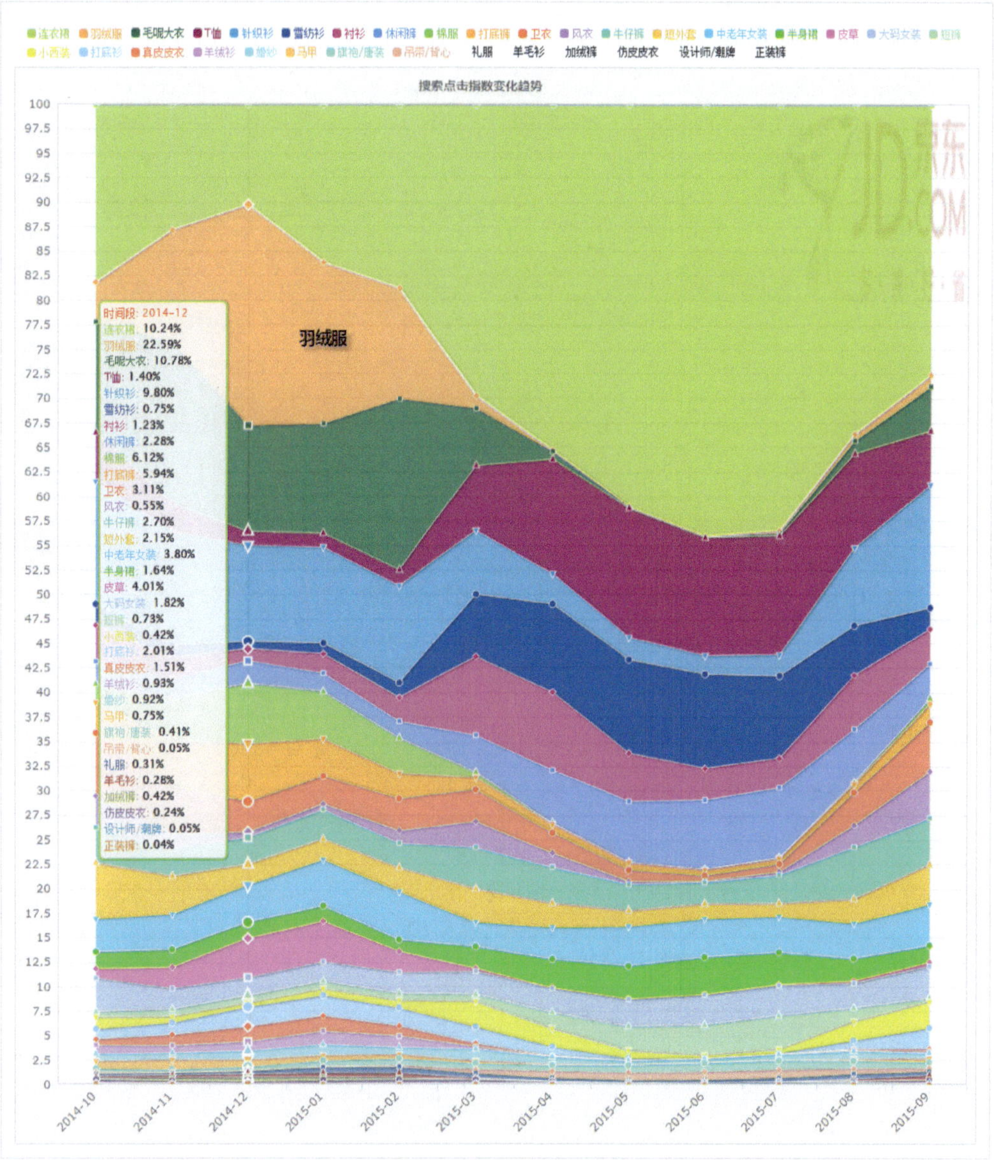

图 5-2-2

我们还可以通过行业属性再进一步细化羽绒服的数据，选择行业属性，如图 5-2-3 所示，图中不光有各属性的成交情况，还有店铺数量、商品数量，这些数据非常可贵，当我们要从某一个细分领域切入羽绒服这个类目时，这些数据能帮助我们完成竞争程度和需求空间的调研。

属性分析表

序号	属性名称	成交指数	成交用户指数	店铺数量	商品数量	店铺排名	商品排名
1	90%	6,146,226	4,244,121	24,007	226,424	查看	查看
2	50%	5,582,448	3,180,640	14,965	119,007	查看	查看
3	80%	2,612,644	2,125,278	14,128	69,899	查看	查看
4	70%	1,809,991	1,281,954	7,907	27,864	查看	查看
5	95%及以上	1,707,337	888,325	12,960	99,575	查看	查看
6	65%	1,675,699	105,066	4,015	15,024	查看	查看
7	85%	1,474,056	402,234	8,879	37,101	查看	查看
8	60%	358,866	218,663	4,774	20,207	查看	查看
9	75%	118,587	96,513	5,512	23,419	查看	查看
10	55%	74,233	59,463	5,112	24,317	查看	查看

图 5-2-3

5.2.2 竞争程度分析

竞争的核心是买家的需求分析和电商平台的发展，类目及商品数不断增加完善就是为了解决这一问题，然而几乎每个类目都有大量商家涌入，如果能在这个残酷的环境中突围，找到一个适合自己的方向，这就需要通过理性的分析去完成。

由于竞争是需求的分析，而搜索是最能体现用户需求的动作之一，因此，这里我们从搜索关键词入手，寻找空间。还是以羽绒服为例，在数据罗盘里查看羽绒服的搜索关键词，如图 5-2-4 所示。

选择一个关键词，如“羽绒服女轻薄”，到京东上搜索可以发现，商品数量为 9.1W，将每个关键词的商品数量找出来再结合图 5-2-3 的数据，我们可以得到成交概率高及竞争程度较低的都有哪些词，这些词即代表了需求空间，能为我们进行类目切入提供决策依据，具体操作方法可以参见第 1 章 1.5 节。

再做细化分析时，还可以通过属性分析进一步确定市场竞争程度。

序号	热词	三级类目	搜索指数	搜索人气	点击指数	点击率	成交指数	转化率	相关词	对比
1	羽绒服女轻薄	羽绒服	8,340,650	4,656,050	4,291,786	51.46%	11,534	1%	相关词	加入对比
2	羽绒服女	羽绒服	5,949,041	2,768,740	5,878,600	98.82%	399,600	13%	相关词	加入对比
3	羽绒服	羽绒服	2,140,022	825,751	1,452,772	67.89%	104,911	11%	相关词	加入对比
4	羽绒服女款中长款	羽绒服	412,520	114,007	610,313	147.95%	1,301	2%	相关词	加入对比
5	优衣库	羽绒服	406,255	226,137	53,485	13.17%	1	0%	相关词	加入对比
6	羽绒服女短款	羽绒服	269,922	92,942	539,708	199.95%	7,906	8%	相关词	加入对比
7	真维斯	羽绒服	234,624	129,867	209,845	89.44%	1	0%	相关词	加入对比
8	波司登	羽绒服	204,725	83,188	136,699	66.77%	5	0%	相关词	加入对比
9	棉服女	羽绒服	196,759	80,603	337,635	171.60%	4,619	6%	相关词	加入对比
10	中长款棉衣女	羽绒服	154,708	51,590	235,025	151.92%	1	0%	相关词	加入对比
11	韩都衣舍	羽绒服	136,030	53,657	136,917	100.65%	1	0%	相关词	加入对比
12	森马	羽绒服	126,690	81,050	64,436	50.86%	1	0%	相关词	加入对比
13	羽绒服女中长款	羽绒服	122,013	35,994	280,208	229.65%	5,211	12%	相关词	加入对比
14	波司登羽绒服女款	羽绒服	116,015	39,194	203,774	175.64%	5	0%	相关词	加入对比
15	欧时力	羽绒服	99,721	38,162	74,252	74.46%	1	0%	相关词	加入对比
16	uniqlo/优衣库	羽绒服	99,156	172,105	23,144	23.34%	1	0%	相关词	加入对比
17	以纯女装	羽绒服	98,681	63,004	17,810	18.05%	1	0%	相关词	加入对比
18	妖精的口袋	羽绒服	95,200	36,478	91,362	95.97%	1	0%	相关词	加入对比

图 5-2-4

5.2.3 买家分析

较多商家都会问哪个类目好做，但是只有极少数商家能清楚了解自己的用户。无论是已经入驻京东的商家还是即将入驻的商家，都需要对自己的目标人群有一个大致的定位，买家人群清晰，可以帮助商家做精准营销，这里的精准不单是推广，还有商品定位也需要符合买家人群的习惯、品味、期许等。京东即将推出基于用户的新数据商品，商家可以期待，该商品能详细分析用户画像，对于我们了解买家群体非常有帮助。

这里我们结合数据罗盘为大家做买家分析，以羽绒服为例，通过行业分析、买家购买行为分析能看到关于羽绒服的成交单价占比，如图 5-2-5、图 5-2-6 所示，图中反映了各消费区间成交人数占比情况，根据这个买家信息，可以为商品做价格定位。

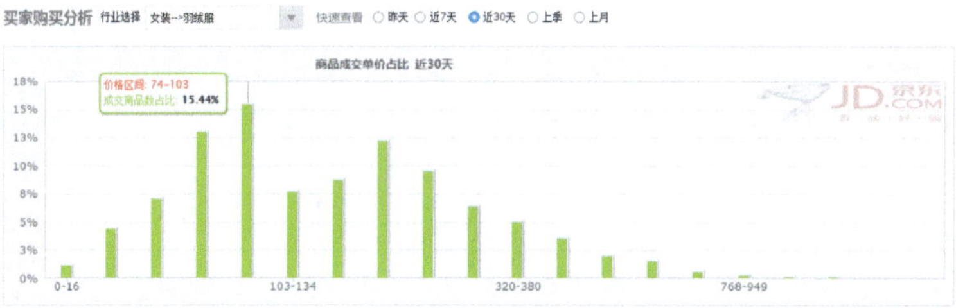

图 5-2-5

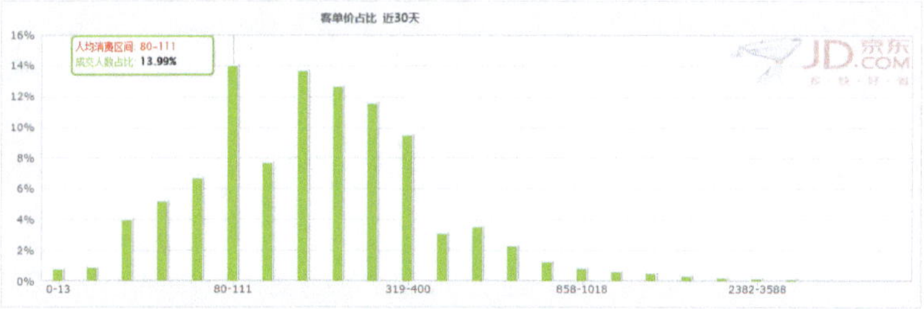

图 5-2-6

如前文所述，生意不是一次性的买卖，要想做长远的生意，维护用户关系至关重要，而目的就是为了使买家重复购买，这里能帮助商家清楚分析买家的购买频次，如图 5-2-7 所示。

买家购买频次　　请输入关键字

序号	买家购买频次	成交人数	成交人数占比
1	选定时间内购买1次	7,781,528	92.60%
2	选定时间内购买2次	476,074	5.67%
3	选定时间内购买3次	84,733	1.01%
4	选定时间内购买4次	21,183	0.25%
5	选定时间内购买5次	7,350	0.09%
6	选定时间内购买6次	20,709	0.25%
7	选定时间内购买7次	3,398	0.04%
8	选定时间内购买8次	1,501	0.02%
9	选定时间内购买9次	1,027	0.01%
10	选定时间内购买10次	632	0.01%
11	选定时间内购买11次	553	0.01%
12	选定时间内购买12次	790	0.01%
13	选定时间内购买13次	395	0.00%
14	选定时间内购买14次	474	0.01%
15	选定时间内购买15次及以上	2,766	0.03%

图 5-2-7

商家在执行推广计划时，需要清楚知道自己的用户行为才能做到精准，提高转化率，通过数据罗盘，我们可以看到买家的来访、成交时段（图 5-2-8）和买家地域分布（图 5-2-9）。

图 5-2-8

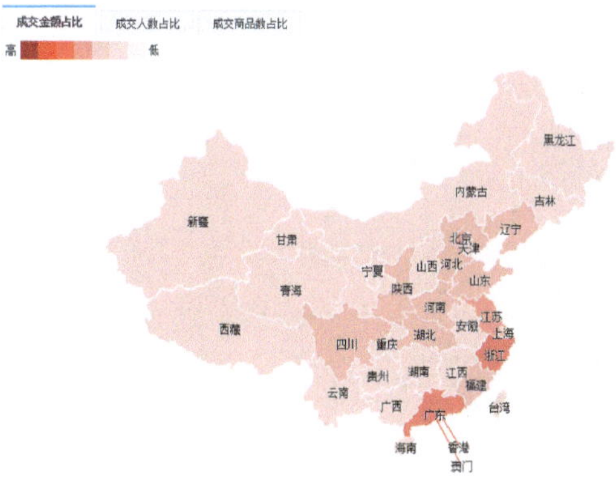

买家地域分布

省份	成交金额占比
广东	11.59%
浙江	10.71%
北京	7.62%
江苏	6.24%
山东	5.75%
四川	4.59%
河北	4.55%
辽宁	4.42%
福建	3.56%
湖北	3.54%
上海	3.52%
河南	3.03%
陕西	3.02%
湖南	2.91%
新疆	2.54%

首页 < 上页 1 2 3 下页 > 尾页

图 5-2-9

5.3 案例：女靴的数据化定位

现在是数据化运营的时代，数据分析是基本功，能在一开始就为商家指明方向，避免走弯路，前面介绍的方法最终还是要通过数据体现，接下来以京东女鞋类目的案例来帮助商家加深认识，这只是一条思路，多元化的分析还需要靠商家去挖掘。

第一步：寻找市场空间

女鞋是京东的大类目，在进入这一领域前，需要确定子类目的市场空间及竞争程度。通过数据罗盘中的“行业分析→子行业排行”模块，我们可以看出女鞋下面各个子类目的情况，如图 5-3-1 所示。

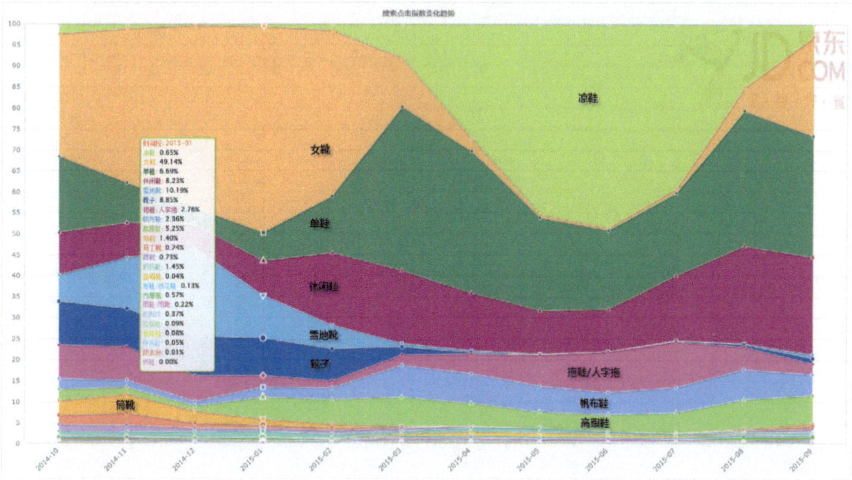

图 5-3-1

这是一个通过搜索数据反映出市场需求空间的面积图，面积代表占比，曲线代表趋势，从图中可以看出：

- 凉鞋、女靴、单鞋、休闲鞋、雪地靴、拖鞋的市场需求是比较大的，有市场空间；
- 凉鞋、女靴、雪地靴的季节性变化非常明显，这里决定了运营节奏点；
- 单鞋、休闲鞋、拖鞋、帆布鞋、高跟鞋生命周期长。

根据商家资金、供应链、商品质量等自身条件，对子行业做一次筛选，假设筛选后的子行业为女靴、休闲鞋、雪地靴、高跟鞋，通过数据罗盘中的“行业分析→行业关键词”模块，按品类下载近 30 天的关键词，并放在 Excel 里做竞争程度分析，如图 5-3-2 所示。

	A	B	C	D	E	F	G	H	I	J	K
1	热词	三级类目	搜索指数	搜索人气	点击指数	点击率	成交指数	转化率	商品数	成交指数/搜索指数	商品数/搜索指数
2	踝靴	女靴	11,427,600	5,996,150	4,494,114	39.33%	31,022	0.00%	115000	0.27%	370.70%
3	女鞋	休闲鞋	10,205,850	4,621,150	8,163,500	79.99%	769,200	17.00%	2056000	7.54%	20.15%
4	短靴	女靴	5,286,814	2,778,173	5,073,650	95.97%	393,100	12.00%	698000	7.44%	13.20%
5	高跟鞋	高跟鞋	4,436,350	2,436,550	5,310,350	119.70%	646,900	26.00%	849000	14.58%	19.14%
6	休闲女鞋	休闲鞋	3,643,379	2,065,609	3,563,327	97.80%	126,757	7.00%	1511000	3.48%	41.47%
7	女靴	女靴	2,717,441	1,171,337	3,531,099	129.94%	355,170	22.00%	896000	13.07%	32.97%
8	短靴女	女靴	1,634,574	807,141	2,868,685	175.50%	203,462	17.00%	569000	12.45%	34.81%
9	休闲鞋	休闲鞋	1,104,078	533,960	2,086,211	188.96%	16,697	3.00%	4259000	1.51%	385.75%
10	雪地靴	雪地靴	1,092,850	588,100	1,048,950	95.98%	39,900	7.00%	146000	3.65%	13.36%
11	内增高女鞋	休闲鞋	1,037,098	818,462	2,913,342	280.91%	99,333	12.00%	244000	9.58%	23.53%
12	马丁靴	女靴	1,027,555	484,220	1,307,860	127.28%	42,151	5.00%	467000	4.10%	45.45%
13	女鞋秋	女靴	886,626	300,880	729,538	82.28%	2,480	0.00%	1169000	0.28%	131.85%
14	增高鞋女	休闲鞋	776,637	571,870	939,205	120.93%	5,772	1.00%	312000	0.74%	40.17%
15	乐福鞋女	休闲鞋	767,635	626,051	1,207,534	157.31%	15,639	3.00%	69000	2.04%	8.99%
16	乐福鞋	休闲鞋	723,908	665,677	1,210,977	167.28%	42,660	7.00%	136000	5.89%	18.79%
17	中筒靴	女靴	702,094	356,695	980,678	139.68%	14,259	2.00%	214000	2.03%	30.48%
18	女鞋	高跟鞋	674,070	256,628	640,391	95.00%	2	0.00%	2057000	0.00%	305.16%
19	靴子女	女靴	647,113	218,445	1,077,217	166.47%	17,758	4.00%	876000	2.74%	135.37%
20	秋冬女靴	女靴	558,056	343,823	861,183	154.32%	8,525	1.00%	435000	1.53%	77.95%
21	休闲鞋女	休闲鞋	531,121	448,693	1,707,781	321.54%	131,819	26.00%	1511000	24.82%	284.49%
22	长筒靴	女靴	516,492	223,667	934,445	180.92%	21,723	4.00%	50000	4.21%	9.68%
23	靴子	女靴	407,871	174,720	456,227	111.86%	3,656	1.00%	1185000	0.90%	290.53%
24	运动鞋女	休闲鞋	344,024	87,116	383,301	111.42%	2,089	4.00%	783000	0.61%	227.60%
25	女靴秋冬	女靴	328,011	186,113	562,393	171.46%	8,511	2.00%	434000	2.59%	132.31%

图 5-3-2

操作方法详解如下：

（1）将各品类的关键词下载并复制数据到一张新的 Excel 表里，增加两列，分别为“成交指数 / 搜索指数”和“商品数 / 搜索指数”，商品数可以在京东的搜索结果页看到。

张姿势　成交指数 / 搜索指数：分析成交程度，数据越高越好。商品数 / 搜索指数：分析竞争程度，数据越低越好。

（2）选择 Excel 数据菜单，按“筛选”按钮，数据表头出现筛选选项，这时可以通过按钮选择排序，先按“搜索指数”降序排序，从中标识出搜索指数最高的几个词。

（3）从已经标识的词里再标识出“成交指数 / 搜索指数”数据最高和“商品数 / 搜索指数”数据最低的词。

完成标识后，我们开始分析，从图 5-3-2 中可以看出“女鞋”、“短靴”、“高跟鞋”、“内增高女鞋”是比较容易切入的点，因为“女鞋”的范围太大，我们舍弃，可以从“短靴”切入，把类目定位为女靴，主导短靴。当然分析是各花各眼千人千面，可以结合自身的情况选择，比如“踝鞋”的需求空间巨大，虽然竞争较强成交较少，但如果商家有优势也可以选择，只是要慎重。

第二步：确定商品定位

我们已经确定了切入的类目为女靴，主打短靴，接下来根据商品定位的方法，分析清楚女靴的需求有哪些特点，细分市场情况如何，价格区间如何，从而给商品定位。

在数据罗盘行业分析里的行业关键词，下载女靴的近 30 天关键词，我们从这些关键词里挖掘需求，如图 5-3-3 所示。

	A	B	C	D	E	F	G	H	I
1	热词	三级类目	搜索指数	搜索人气	点击指数	点击率	成交指数	转化率	成交指数/搜索指数
2	踝靴	女靴	11,427,600	5,996,150	4,494,114	39.33%	31,022	0.00%	0.27%
3	短靴	女靴	5,286,814	2,778,173	5,073,650	95.97%	393,100	12.00%	7.44%
4	女靴	女靴	2,717,441	1,171,337	3,531,099	129.94%	355,170	22.00%	13.07%
5	短靴女	女靴	1,634,574	807,141	2,868,685	175.50%	203,462	17.00%	12.45%
6	马丁靴	女靴	1,027,555	484,220	1,307,860	127.28%	42,151	5.00%	4.10%
7	女鞋秋	女靴	886,626	300,880	729,538	82.28%	2,480	0.00%	0.28%
8	中筒靴	女靴	702,094	356,695	980,678	139.68%	14,259	2.00%	2.03%
9	靴子女	女靴	647,113	218,445	1,077,217	166.47%	17,758	4.00%	2.74%
10	大东	女靴	128,137	49,489	230,868	180.17%	401	0.00%	0.31%
11	粗跟短靴	女靴	123,572	44,178	766,160	620.01%	13,375	10.00%	10.82%
12	冬季女鞋	女靴	116,828	30,303	169,345	144.95%	249	0.00%	0.21%
13	莱尔斯丹	女靴	72,644	33,677	93,201	128.30%	10	0.00%	0.01%
14	真皮女靴	女靴	69,659	23,456	234,296	336.35%	9,132	11.00%	13.11%
15	高筒靴	女靴	55,514	26,106	161,312	290.58%	7,239	8.00%	13.04%
16	新款真皮女鞋踝靴	女靴	53,078	15,029	70,443	132.72%	89	0.00%	0.17%
17	女士短靴	女靴	52,410	15,665	177,046	337.81%	3,785	6.00%	7.22%
18	女士鞋	女靴	50,836	13,566	83,753	164.75%	170	0.00%	0.33%
19	女长靴	女靴	50,745	27,579	202,764	399.57%	2,678	3.00%	5.28%
20	坡跟短靴	女靴	50,564	15,942	239,928	474.50%	2,480	4.00%	4.90%
21	内增高女靴	女靴	48,936	20,034	291,808	596.31%	5,122	7.00%	10.47%
22	磨砂皮女靴短靴	女靴	48,635	14,085	135,561	278.73%	170	0.00%	0.35%
23	平底短靴女	女靴	34,471	12,394	137,370	398.51%	2,213	4.00%	6.42%
24	高跟女靴	女靴	33,289	9,659	231,944	696.76%	9,858	25.00%	29.61%

图 5-3-3

操作同上一步，同样加入“成交指数 / 搜索指数”，以方便查看成交情况，从图 5-3-3 中可以看出短靴、马丁靴、粗跟短靴、真皮女靴、内增高女靴、高跟女靴的成交概率较大，所以商品的初步特点是：粗跟、真皮、内增高、高跟。找出这些词的目的是分析用户需求点，也是了解搜索流量都有哪些词适合我们，光知道这些还不够，我们还需要做多维分析。

通过数据罗盘中的“行业分析→属性分析”，我们看看能获得什么信息，选择属性为跟高，如图 5-3-4 所示，图中我们得到了非常有用的信息，对于高跟的需求有了明确的范围，6 ~ 8cm 以上成交概率较高，并且竞争程度低。

属性分析表　　请输入属性名称　　下载

序号	属性名称	成交指数	成交用户指数	店铺数量	商品数量	店铺排名	商品排名
1	中跟3-5	20,427,047	11,664,909	95,506	3,265,736	查看	查看
2	高跟6-8	17,341,459	10,524,936	86,144	3,341,555	查看	查看
3	超高跟>8	13,287,190	7,610,723	70,299	2,898,002	查看	查看
4	低跟<3	8,999,900	5,150,164	81,948	1,799,310	查看	查看
5	平跟	4,641,297	2,827,794	78,043	1,226,616	查看	查看

每页显示 10 条　　首页　< 上页　下页 >　尾页

图 5-3-4

选择鞋跟形状，如图 5–3–5 所示，粗跟和内增高已经是我们圈定的特点，坡跟、方跟、细跟的成交概率和竞争程度可以给我们做进一步扩展。

属性分析表

序号	属性名称	成交指数	成交用户指数	店铺数量	商品数量	店铺排名	商品排名
1	粗跟	27,052,884	14,793,099	90,756	5,453,422	查看	查看
2	平跟	10,320,669	4,912,500	90,310	1,681,595	查看	查看
3	内增高	8,308,760	5,630,767	72,108	1,307,922	查看	查看
4	坡跟	3,876,947	2,916,013	72,206	1,144,490	查看	查看
5	方跟	3,842,570	2,802,257	66,432	1,405,153	查看	查看
6	细跟	3,415,080	2,640,657	59,269	1,206,283	查看	查看
7	马蹄跟	623,446	405,609	26,378	165,476	查看	查看
8	酒杯跟	378	88	17,429	88,968	查看	查看
9	镂空跟	0	0	1,750	27,795	查看	查看
10	锥形跟	0	0	12,335	57,222	查看	查看

每页显示 10 条　首页 < 上页 1 2 下页 > 尾页

图 5-3-5

选择帮面材料，如图 5–3–6 所示，因为我们已经选择了真皮，所以舍弃 PU 人造革，综合分析，牛皮、绒面是我们可以关注的材料。

属性分析表

序号	属性名称	成交指数	成交用户指数	店铺数量	商品数量	店铺排名	商品排名
1	PU	23,268,646	13,307,390	65,464	3,237,023	查看	查看
2	头层牛皮	16,762,217	7,747,608	69,316	3,773,153	查看	查看
3	牛皮	5,116,588	2,297,987	57,016	2,077,369	查看	查看
4	牛二层皮	2,867,568	1,076,520	41,836	312,428	查看	查看
5	绒面	1,077,294	1,072,808	38,771	806,000	查看	查看
6	人造革	767,782	107,839	11,457	67,797	查看	查看
7	超纤	316,248	208,622	20,833	81,407	查看	查看
8	磨砂皮	306,215	405,689	34,786	414,095	查看	查看
9	其他	284,013	84,439	30,898	593,269	查看	查看
10	[illegible]	[illegible]	[illegible]	[illegible]	[illegible]	[illegible]	[illegible]

图 5-3-6

选择风格属性。从成交量高的鞋子来看，鞋子的款式以欧美、韩版和休闲为主，如图 5–3–7 所示。

属性分析表

序号	属性名称	成交指数	成交用户指数	店铺数量	商品数量	店铺排名	商品排名
1	欧美	6,082,666	3,298,506	18,210	1,029,696	查看	查看
2	英伦	3,172,650	1,674,969	15,528	289,766	查看	查看
3	韩版	2,068,377	1,424,569	13,008	326,546	查看	查看
4	甜美	1,705,981	993,780	12,588	182,321	查看	查看
5	休闲	1,451,729	974,040	14,132	230,444	查看	查看
6	简约	499,716	433,968	10,098	101,711	查看	查看
7	日系	34,724	3,360	5,305	32,181	查看	查看
8	性感	28,124	20,178	4,841	41,466	查看	查看
9	街头	23,253	23,576	7,512	54,990	查看	查看
10	通勤	11,190	9,437	5,433	36,666	查看	查看

每页显示 10 条　首页 < 上页 1 2 3 下页 > 尾页

图 5-3-7

接下来看看热卖价格段，选择属性的价格，如图 5–3–8 所示，100 元 ~ 299 元区间，虽然热卖指数高，但竞争也激烈，因此需要选择相对舒适的环境，而且以现在的消费水平，300 元 ~ 599

元也在可接受范围，利润空间出来了，商品质量还可以更好把控。

属性分析表

序号	属性名称	成交指数	成交用户指数	店铺数量	商品数量	店铺排名	商品排名
1	100-199元	8,180,688	4,337,268	17,911	849,144	查看	查看
2	200-299元	5,019,894	2,228,414	17,178	513,804	查看	查看
3	1-99元	1,380,498	1,251,754	5,651	147,286	查看	查看
4	300-399元	797,090	593,140	12,632	299,929	查看	查看
5	400-499元	363,061	238,786	8,826	136,480	查看	查看
6	500-599元	117,804	91,126	7,365	125,533	查看	查看
7	700元以上	32,088	26,225	6,403	822,387	查看	查看
8	600-699元	30,427	25,673	5,707	145,466	查看	查看

每页显示 10 条 首页 < 上页 1 下页 > 尾页

图 5-3-8

选择“属性→适用对象”，如图 5-3-9 所示，我们的用户群主要为年轻女性。

属性分析表

序号	属性名称	成交指数	成交用户指数	店铺数量	商品数量	店铺排名	商品排名
1	青年（16-44岁）	12,882,929	7,115,245	24,686	2,592,988	查看	查看
2	中年（45-59岁）	2,176	1,282	3,858	23,509	查看	查看
3	儿童/少年(0-15岁)	133	0	2,735	14,778	查看	查看
4	老年（>60岁）	0	0	522	1,512	查看	查看

每页显示 10 条 首页 < 上页 1 下页 > 尾页

图 5-3-9

数据罗盘中的“行业分析→属性分析”模块还可以挖掘出更多特点，在这里不一一赘述，通过上面的分析，我们得出了成交指数不低，竞争程度又相对较低的选品方向，如图 5-3-10 所示，至此，商品定位已经完成，可以开始着手准备定款或寻找供应商了。

类目	女鞋
主打产品	女靴
款式	短靴、马丁靴
特点	粗跟、真皮、内增高、高跟
跟高	6-8CM以上
鞋跟形状	坡跟、方跟、细跟
帮面材料	牛皮、绒面
风格	欧美、韩版、休闲
销售价格	300元-599元
面向对象	16-44岁年轻女性

图 5-3-10

第三步：分析目标市场

这一步开始思考商品卖给谁，买家在哪里？有什么特征？流量特征如何？卖家市场如何？同样，我们可以利用数据罗盘作为工具，逐步完成市场分析，形成分析报表。

买家在哪里？通过数据罗盘中的“行业分析→买家特征分析”模块，可以查看近 30 天的数据，如图 5-3-11、图 5-3-12、图 5-3-13 所示，我们得到女靴的买家分布。广东、四川、北京、江苏、浙江、河北、山东、上海，这是主要买家分布，营销活动可以重点针对这些地区，同样，应该注意这些区域的仓储和配送情况，给予更好的资源。

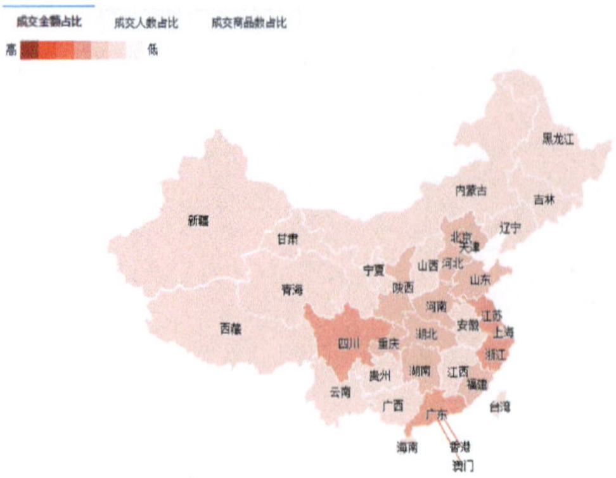

买家地域分布　请输入省份

省份	成交金额占比
广东	8.90%
四川	8.23%
北京	7.90%
江苏	6.93%
浙江	6.52%
河北	4.69%
山东	4.55%
上海	4.38%
陕西	3.46%
湖北	3.45%
河南	3.36%
湖南	3.22%
福建	3.14%
重庆	3.12%
辽宁	2.94%

首页　< 上页　1　2　3　下页 >　尾页

图 5-3-11

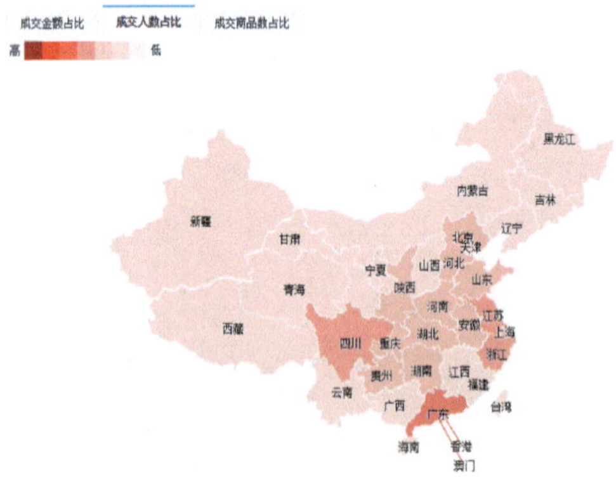

买家地域分布　请输入省份

省份	成交人数占比
广东	9.51%
北京	8.09%
四川	7.87%
江苏	7.06%
浙江	6.22%
河北	4.94%
山东	4.88%
上海	3.95%
陕西	3.84%
湖南	3.51%
河南	3.40%
湖北	3.37%
贵州	3.07%
安徽	3.06%
重庆	3.01%

首页　< 上页　1　2　3　下页 >　尾页

图 5-3-12

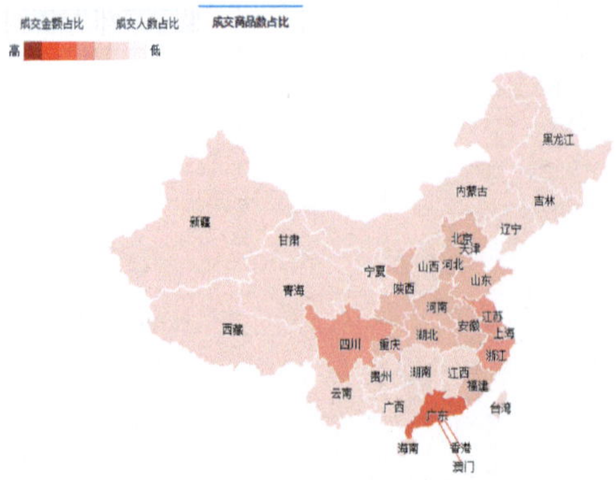

买家地域分布　请输入省份

省份	成交商品数占比
广东	12.99%
北京	8.49%
浙江	7.45%
四川	7.38%
江苏	6.84%
山东	4.28%
福建	4.28%
河北	3.98%
上海	3.98%
湖北	3.76%
陕西	3.24%
安徽	3.17%
重庆	3.12%
河南	3.09%
湖南	2.86%

首页　< 上页　1　2　3　下页 >　尾页

图 5-3-13

再看看买家特征的分析，查看近 30 天数据，如图 5-3-14 所示，买家来访时段和成交时段分布比例正常，相对来说来访时段没有大起大落，高峰点分布为中午 12 点，下午 15 点～ 18 点，晚上 9 点，符合网购人群的习惯。

图 5-3-14

在数据罗盘中的“行业分析→买家购买分析”里可以看到买家的购买频次，查看近 30 天数据，如图 5-3-15 所示，第二次购买人群占比为 7.85%，女靴是季节规律很强的商品，不像快销品，因此重复购买的占比稍低，但老用户依然是我们要关注的重点。

买家购买频次　　请输入关键字

序号	买家购买频次	成交人数	成交人数占比
1	选定时间内购买1次	16,140,142	89.79%
2	选定时间内购买2次	1,411,289	7.85%
3	选定时间内购买3次	272,518	1.52%
4	选定时间内购买4次	80,903	0.45%
5	选定时间内购买5次	29,806	0.17%
6	选定时间内购买6次	15,096	0.08%
7	选定时间内购买7次	7,045	0.04%
8	选定时间内购买8次	5,883	0.03%
9	选定时间内购买9次	2,864	0.02%
10	选定时间内购买10次	3,174	0.02%
11	选定时间内购买11次	1,006	0.01%
12	选定时间内购买12次	696	0.00%
13	选定时间内购买13次	77	0.00%
14	选定时间内购买14次	232	0.00%
15	选定时间内购买15次及以上	4,800	0.03%

图 5-3-15

看看买家的流量来源情况，可通过数据罗盘中的“行业分析→热销商品排行”模块，选几款热销商品来观察，这里选择了两款，如图 5-3-16、图 5-3-17 所示。

3 HOT		[redacted]马丁靴2015秋冬新款平跟	269.00	1,885,376	500832.77% ↑	收起 ^

流量来源 | 热搜关键词 | 关联购买

序号	流量来源	商品页浏览量	浏览量占比	商品页访问次数	平均浏览次数
	汇总统计	785	100.00%	509	1.54
1	京东免费流量	750	95.54%	475	1.58
	京东搜索	375	47.77%	375	1.00
	店铺页面	354	45.10%	310	1.14
	京东站内其它	15	1.91%	15	1.00
	三级类目	3	0.38%	3	1.00
	京东首页	3	0.38%	3	1.00
2	自主访问	28	3.57%	28	1.00
	直接访问	21	2.68%	21	1.00
	购物车	5	0.64%	5	1.00
	核对订单信息	1	0.13%	1	1.00
	我的京东	1	0.13%	1	1.00
3	京东站外	6	0.76%	6	1.00
	其它	6	0.76%	6	1.00
4	京东付费流量	1	0.13%	1	1.00
	站内京东快车	1	0.13%	1	1.00

图 5-3-16

5		[redacted]2015秋款上新内增高	169.00	1,286,803	0.67% ↑	收起 ^

流量来源 | 热搜关键词 | 关联购买

序号	流量来源	商品页浏览量	浏览量占比	商品页访问次数	平均浏览次数
	汇总统计	978	100.00%	720	1.36
1	京东免费流量	729	74.54%	532	1.37
	京东搜索	343	35.07%	343	1.00
	店铺页面	331	33.84%	190	1.74
	京东站内其它	26	2.66%	26	1.00
	三级类目	19	1.94%	19	1.00
	京东首页	8	0.82%	8	1.00
	京东内部页面	2	0.20%	2	1.00
2	京东付费流量	133	13.60%	91	1.46
	京东直投	65	6.65%	46	1.41
	站内京东快车	65	6.65%	43	1.51
	京挑客	3	0.31%	3	1.00
3	自主访问	111	11.35%	110	1.01
	直接访问	66	6.75%	66	1.00
	购物车	25	2.56%	25	1.00
	我的京东	16	1.64%	16	1.00
	核对订单信息	4	0.41%	4	1.00
4	京东站外	5	0.51%	5	1.00
	其它	5	0.51%	5	1.00

图 5-3-17

如图 5-3-16 和图 5-3-17 所示，这是两款热销的短靴，属于我们商品定位范围里的竞争商品，可以看到，这两款商品的主要来源均为京东搜索，进而，我们可以去参看这两款商品的标题和主题，进行分析和学习，为我们商品的标题和主图设计，吸取有价值的经验。

至此我们已经基本可以得出买家市场数据，结合前面的数据整理一下，如图 5-3-18 所示。

第四步：制定运营策略

根据前面的分析，我们开始制定运营策略，这里举了几个方面的示例。

商品定位：由于价格定位在 300 元 ~ 599 元，属于价格偏高的商品，这个价位的女性消费体有一定的经济实力，主要是上班族，有追求时尚爱美的特质，因此商品定款也要精挑细选，同时要保证质量，建立口碑。

目标市场数据		
买家购买行为	主要来源	搜索
	次要来源	店内转化
	二次购买	7.85%
买家访问习惯	30天周期	高峰成交时段第一位：15~16点，占比79.7% 高峰成交时段第二位：16~17点，占比7.65% 高峰成交时段第三位：14~15点，占比7.58% 高峰成交时段第四位：11~12点，占比7.04% 高峰成交时段第五位：17~18点，占比6.44%
买家地域分布	成交金额前3名	广东、四川、北京
	成交人数前3名	广东、北京、四川
	成交商品数前3名	广东、北京、浙江

图 5-3-18

价格定位：这个价格区间细分后可以将 300 元 ~ 399 元的商品作为引流款，400 元 ~ 499 元为利润款，500 ~ 599 元为品牌款。

上新节奏：女靴是秋冬春季商品，根据上面的数据显示，主要从 8 月份开始热卖到下一年的 3 月份结束，11 月 ~ 1 月份为爆发期，因此，我们的预热阶段应该在 8 月份，在这之前需要完成商品定款。

推广策略：首先前期主要精力放在老会员营销和小范围付费流量的推广，累计更多好评，并逐步积累更好的商品质量分，慢慢站稳搜索免费流量的脚跟；其次参加京东的各种官方活动，在保证成本的情况下迅速获得销量。中期在搜索流量基础上，可大规模开展付费推广，打造店铺爆款，以获得女靴爆发期商品排名及商品利润。

部分运营策略如图 5-3-19 所示。

推广策略表	
价位策略	300元~399元商品打造为引流款 400元~499元商品打造为利润款 500元~599元商品打造为口碑款
搜索优化策略	主关键词：短靴、马丁靴 长尾词根：粗跟、真皮、内增高、高跟、牛皮、绒面、坡跟、方跟、细跟
促销活动策略	9月份开始低价参加日常促销活动，把握好京东双十一
付费推广策略	10月份开始付费推广
口碑策略	主打产品口碑建设，将好评率提升至98%以上，引导评论
地域销售策略	重点关注广东、北京、浙江及四川市场，由于天气原因，可优先关注北京

图 5-3-19

写在最后：

本案例只提供一种思路，商家在运营过程中想法丰富多样，技巧繁多，有自己的主观判断，也有理性分析，不管怎么样，不可忽视的事实是：这是一个信息的时代，因此，学会利用数据寻找、发现想要的空间能让商家少走弯路，事半功倍。

附录 A

综合案例赏析

A.1 小狗电器的六小武功——家用电器第一名的秘籍

小狗电器作为家用电器类目第一名的商家，都有哪些秘籍呢？以下为小狗电器资深运营人员的分享。

运营人员都知道这个公式，销售额 = 流量 × 转化率 × 客单价，可以说做好流量和转化率，销售基本就没什么问题了，有的同学摸不到门，觉得很难，觉得怎么做也没有大商家做得好，他们的流量和品牌都比我要强，永远也做不过他们。

其实，最关键在于内功，也就是细节，这可能是不少运营人员忽略掉的，下面我就给大家分享一些现有京东商品中出现的一些细节问题，看似不大，但非常重要，所以不叫六大武功，就叫六小武功吧。

1. 标题

先来看看京东两款客单价相仿的吸尘器的标题

（1）某品牌无尘袋真空吸尘器

（2）小狗（puppy）小型无耗材超静音除螨家用吸尘器 D-9005

可以注意到，该品牌吸尘器比小狗关键词少了“小型无耗材超静音除螨家用”字段，多了“无尘袋真空”字段，根据数据罗盘中的“行业分析→吸尘器热词排名”的数据分析，我们可以看到如表 A-1-1 所示的数据。

表 A-1-1

热　词	搜索指数	转化率
小型	2,217	4%
无耗材	351	4%
超静音	18,772	3%
除螨	23,018	3%
家用	562,480	6%
无尘袋	0	0
真空	562	0

这里的搜索指数是京东数据罗盘统计出来的真实搜索数字，并转化为指数的形式展现出来，转化率大家都看得懂，从数据上看能看出该品牌吸尘器因少了几个关键字，而缺失了不少的流量，而多出来的“无尘袋”和“真空”又是用户很少搜索的关键词，所以放上去没什么用。

另外还有个小建议，型号可以放在最后面，把对用户最有用的关键词放在前面（可展示的位置十分有限，详见图 A-1-1 所示），给用户先入为主的感觉，型号只是用来区分的，不用于购买决策。

图 A-1-1

2. 评价及好评率

大家都知道，由于京东平台常年积累的品牌影响力，静默下单率极高，大部分用户几乎是自己根据商品详情页描述及评价就会快速决定是否要下单，因此评价的维护极为重要。

京东好评率 =100%- 中评数除以全部评价 %- 差评数除以全部评价 %。

举例：好评 97 个，中评 2 个，差评 1 个

好评率为：100%-（2/100）-（1/100）=100%-2%-1%=97%（如基数较大，则四舍五入，如 0.005 则计算为 0.01）

如上例中，如果我们需要增加好评率到 98%，那就一定要想办法争取得到中差评用户的谅解进而删除中差评，当然推荐通过真诚的电话沟通等手段，以达到理想的效果。

另外，对于商家爆品的中差评，一定需要及时回复，且一定要耐心细致的对用户进行解答，如图：

图 A-1-2

3. 广告语

不要小看广告语，写起来真的有技巧！

广告语我一般分为 3 类：促销类、氛围类、卖点类。

促销类示例：直降 20 元、下单立减 50 元、领券立减 50 元、手机秒杀 299 元等

氛围类示例："库存有限！"、"赠品有限！"、"赠完即止！"、"【京东自营】类目爆品！"等

卖点类示例：德系精工理念、1800W 超大功率、9 米操作半径等

这些根据自己商品的实际情况，都可以写，但不能不写，要求就是句子要通顺，不是简简单单文字的罗列，让人看不懂。

小技巧：

在类目页和搜索页列表中，广告语只能显示前 15 个字，所以重要的促销利益点一定要放在前面，让用户在列表页还没有点击商品，就被你的促销利益吸引住！你的点击率也会更高，如图 A-1-3 所示。

图 A-1-3

4. 页面布局

京东与其他友商有一个很大的区别是，用户不喜欢逛首页，主要流量聚集在商品页，而其他友商的用户都喜欢点击进入首页看一看，这不光是人群的区别，跟京东页面布局也有关系。

这次我要说的是我们商家自己的页面布局，主要分为两种：主推式和陈列式（图 A-1-4）。

陈列式示例：

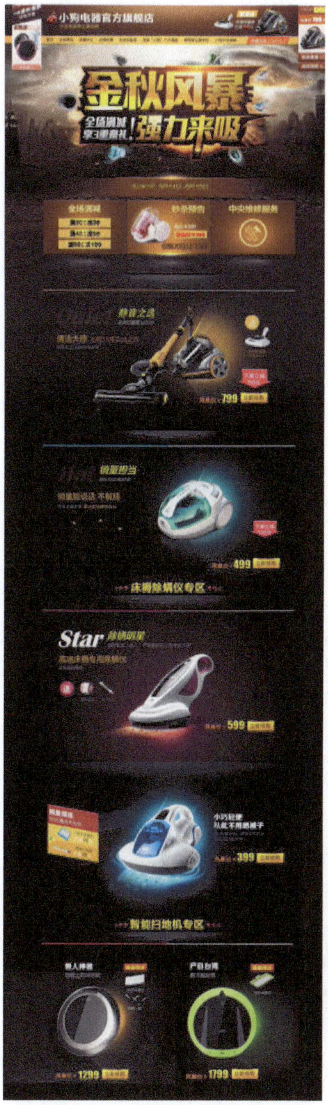

主推式示例：

图 A-1-4

主推式主要针对 SKU 比较少的店铺，将店铺的主要爆品和活动款放在页面最上方，以比较大的篇幅去展示，以求让爆品的曝光最大化，达到自己爆款销售规划的目标（跳转页面少）。

陈列式主要适用于 SKU 比较多的店铺，有不同品类和套餐，无法集中将爆款在页面中呈现，所以页面做得像超市一样，有不同的分类列表，不同的跳转二级页面，力求让用户自己去寻找最适合自己的商品，让用户“逛”起来！

这两种方式我曾经和友商讨论过，到底哪个比较好？结果是因“人”而异。

陈列式虽然让用户逛起来了，怎么逛都是自己的页面和商品，用户停留时间多了，但入口便是出口，容易让用户不知道自己选哪个比较好，有种看了半天发现都是主推，有选择恐惧症的人会比较纠结。

而主推式呢，将不同品类的 1 ～ 2 款商品摆上去，“告诉”用户，你就买这个吧！这个是最好的！性价比最高的！其他卖得一般的就不在页面展示了，容易从潜意识鼓励用户，促进下单。

由于品类多的商家最适合的只有陈列式布局，不然无法一一兼顾，所以具体用哪个还是大家根据自己的商品线规划来决定，总的来说，让自己的 SKU 越少越好，毕竟 80% 的销售额是来自于 20% 的 SKU 的，这个道理永远都不会变。

5．详情页设计

小狗的详情页都是策划大神们苦思冥想，改了无数次优化出来的，我学了一点皮毛，分享给大家，希望有所帮助。

（1）代入感

如图 A–1–5 所示，这是从某品牌一款油汀取暖产品的商品页面截取下来的，在介绍商品卖点的时候，它用了很大的篇幅和数据去描述，但是看来看去，你有什么想法呢？

图 A-1-5

这些数据看似很牛，但是用户看不懂，2500W 大功率到底有多大？提升了 30% 对于我来说到底有什么区别？发热元增长了 23% 会对我有什么影响？耗损的 40% 热量会让我失去什么？

除非产品经理，或者对这款机器很懂的策划，一般用户很难理解这些数据，要把它们“翻译”出来，用户看得懂的语言去介绍。

举个例子：“寒冷的冬天，下班回到家中，打开该品牌油汀取暖产品，强大的专利风道油汀使得房间在 3 分钟内温度升高了 5 度，让您立刻感觉到温暖，比普通油汀快了 10 分钟，也就是您脱下外套，打开电脑的这么一会儿。”

让设计用图片和场景，把这些文字描述出来，这样就会让用户体会到这些数据能给他带来的好处，立马身临其境。

（2）差异化

现在电商行业已经是充满竞争，很多商品的商品页都是雷同的，同样的卖点，同样的图片，同样的数据，让用户实在没有兴趣阅读和购买。那么我们就需要为自己的商品挖掘出独特的，只属于我自己的卖点。

举例：某品牌风扇

这款商品是夏季销售较好的一款风扇，打开商品页一看，前大半部分都是在讲它的“七叶”有多么好，讲得丝丝入扣，几乎每一个零件都讲了一次，静音、材质、减震、设计能说的都说了一遍，并且有场景化，这样的商品卖得好就很正常了。

（3）场景化

还是该品牌风扇商品页中的例子，不用过多解释，大家看我从商品页中截取的一张图（图A-1-6），就能看明白了。

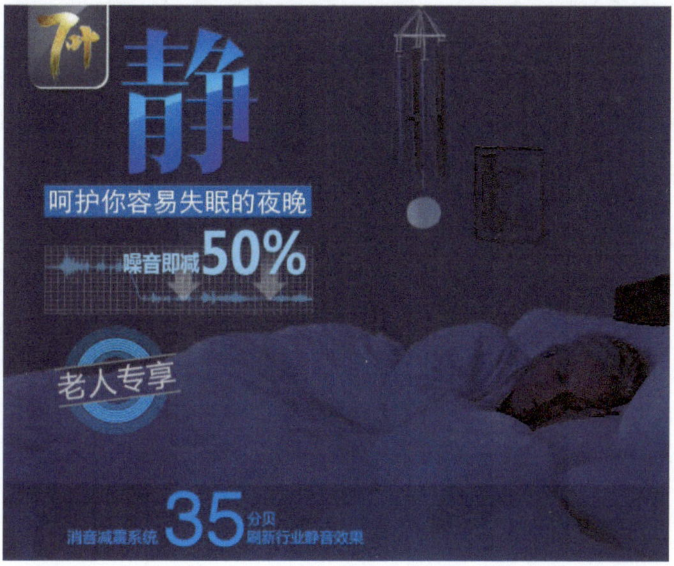

图 A-1-6

（4）读图

策划写好商品 PPT 后，要与设计进行充分沟通，当某一个页面需要较多字去解释时，就需要设计同学发挥强大的实力，将文字图片化，让用户尽量去看图，不要阅读文字，毕竟谁都不愿意去看冗长的文字（效果见图 A-1-7，小狗 D-9005 中的一屏）。

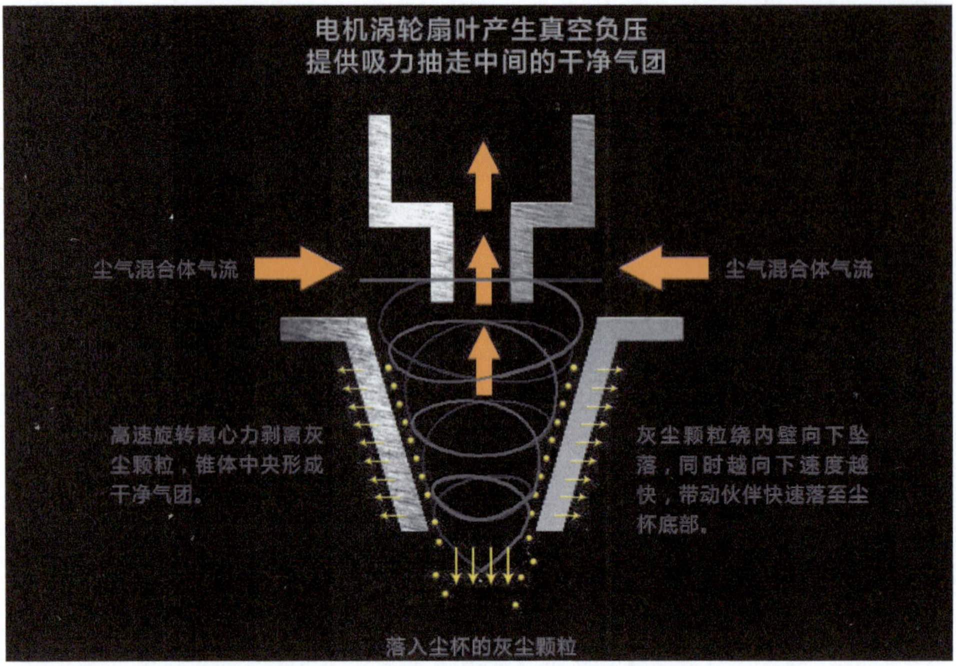

图 A-1-7

（5）综述

做一个商品页是很难的，需要策划去充分了解商品、挖掘卖点，并围绕卖点把商品讲透，针对这个商品的目标人群，去撰写与之相关的文案和对比（竞品），让卖点场景化，让用户有代入感（让用户从好奇、感兴趣、纠结再到下单），这才是一个优秀的商品页。

6. 京东配送

这是个能让订单量提高 50% 的神技，用户来京东买东西大部分是因为一个字——“快”，购买的时候一般会勾选“京东配送”这个选项，没有入仓的 SOP 商家会被过滤掉，这样就少了很多竞争力。小狗从入仓以来，订单量增加了 50%！并且现在京东有了新的模式，仓配一体，比之前的 FBP（入仓模式）价格更加优惠。如果你的商品日常动销比较稳定，适合入仓，就尽快联系你的对接人加入吧！

A.2 铸味锅具——沉重的黑铁锅也可以卖得很火

1. 店铺状况

铸味品牌，为福煌实业有限公司旗下品牌，主要由子公司佛山铸味宝厨具有限公司、北京铸宝商贸有限公司负责经营。公司是生产搪瓷铸铁厨具、铸铁茶壶、铸铁搪瓷炉架、烧烤炉及 BBQ 配件的出口型企业。出口十余年来，已经成为美国通用公司、惠而浦、美国韦伯、英国汀普莱斯集团、伊莱克斯公司等多家世界知名企业的合格供应商。

商家以外贸代加工为主，并且有一个千人规模的工厂，在全球是专做铸铁锅具类的生产与加工的佼佼者。对象主要是给美国、德国、日本等企业做一些生产代加工，年出口额有五千万美元，相当于 3 亿左右的人民币。最近几年外销有一定的限制，销量有一些缩水，所以将目光逐步转向国内市场。

京拍档于 2014 年 3 月 22 日正式接手铸味 Jill May 旗舰店（京东），开始运作。这个店铺最初是在 2013 年的 3、4 月份在京东开的店，但是商家缺乏专业团队去维护和运作店铺，前几个月几乎没有销售，直到 8 月份才开始有些起色，截至 12 月底，数据罗盘显示全年销售额 30 万元左右。商家基于这样的情况，同时考虑让专业的人做专业的事会更有效果，通过沟通，最终决定交给京拍档代运营公司来运作该店铺。

2. 商品分析

商家因为长期做代加工，对商品本身优、缺点缺乏了解，对电商和平台缺乏了解。

京拍档接手铸味之后，通过了解商品的特点、企业背景、品牌文化、商家团队实力、市场行情等信息，逐步构思品牌运营思路与营销计划。

关于如何打造爆款，京拍档的经验是这样的：

销售上常出现的一个问题就是在销售过程中商品组合和策略上没有重心，实际上店铺内主要销售的商品一定是通过行业数据分析后，精心挑选出来的商品，通过爆款引流、常规热销、明星热卖等商品组合搭配的方式进行销售的，一般来说会符合 2/8 原则来分，引流、热销商品会为店铺带来 80% 的销量，其他一般、常规商品在 20% 左右。那流量和能够满足用户体验的商品至关重要。总结来说，爆款是一个店铺流量的主要来源，爆款商品的利润要相对低，主要起到引流作用，带动店内其他商品的销售。同时做好关联商品的销售。

（1）如何选择爆款

通过对平台的热销商品分类的选择、商品的热销属性、商品的单价与客单价的选择，等等，来具体衡量哪些商品可以作为我们的引流爆款。

（2）如何打造爆款

A. 根据选择的爆款商品，进行强有力度的促销活动。

B. 通过促销活动，进行全面而深入的推广宣传工作，使商品搜索排序的位置在短时期迅速靠前。

C. 后续不断地进行搜索优化。

（1）商品优势分析

铸味主要销售的是铸铁材质的厨房锅具。对于铸铁，大部分人不是太了解，但是可以试想一下，我们小时候在农村看过、用过的那种炒锅 / 大铁锅，现在农村有的地方还能看到，铸铁的材质就和那种烧灶台的大铁锅差不多。

铸铁（又叫生铁）锅具有一个特性，就是当火的温度超过 200℃时，生铁会通过散发一定热能，将传递给食物的温度控制在 230℃，从而达到均匀导热、防止糊锅、减少油烟、防止食物营养流失的目的。所以能保留食物的原味和营养，做出的菜美味又健康，还有补铁、养生、恒温久、节能的作用。

（2）商品劣势分析

这种铸铁锅有一个特点，就是重！铸铁这个材质比较粗糙、笨重，不像普通的铁，这也算是它的一个缺点。它的这个特点可能现在的年轻人比较难以接受，因为用起来比较费力，不习惯。而且商品的颜色相对偏黑，因为铸铁都是一些灰黑的颜色，所谓铸铁材质的锅具整体风格较为单一。铸味锅具走的又是复古路线，比如它有木制的锅盖，现在城市家庭一般都看不到了。铸铁的材质很难做成流行的款式，因为锅的重量基本都在 6 ~ 10 斤，使用和清洗不太方便，所以有些家庭可能接受不了。但是其实也正是这样的特点，铸味锅具才有能够具有保留食物的原味和营养的效果。如果减轻分量，效果也会打折扣。因此受众人群会比较有限，要进入千家万户的厨房，还需要时间让大家逐步接受这样的产品和理念。不过，用铸味的锅具其实是可以促进家庭和睦的哟！就像我们用过的广告语：给男人下厨的一个充分理由——重（男女搭配，恩爱加倍）！

（3）商品对比分析

铸铁的锅具虽然有笨重、外观不时尚等缺点，但是对于注重生活品质与健康的人来说，还是比较喜欢用这种锅具的。因为只要用了铸味的铸铁锅做饭、做菜，就会发现做出来的饭菜就是不一样，味道就是香！就是好吃！

近来，也有好多其他的商家开始推铸铁的锅具，他们也开始生产这种材质的产品了。这说明，一方面大家对铸铁这种材质正在逐步认可；另一方面，铸铁锅具的市场越来越大，因为现在的人们在外面用餐，对食品健康、地沟油等问题都很担心，而铸铁锅具却能给人们健康饮食的保障，在自己家里也可以做出美味健康的食物，这样就会慢慢喜欢上厨房和烹饪。相信它的未来市场还是很乐观的！

（4）商家的配合度

商家对这个店铺的重视度，就是对代运营的工作的支持和配合的力度。

从这一点来说，商家对京拍档代运营的服务和工作是比较认可的。同时，商家在用户服务方面做得也非常好，一是顺丰发货，顺丰运费本身就贵，而且铸味的锅又特别重，但是为了让用户能体验到快速收货，商家选择用顺丰发货。同时又跟京东沟通，开通了货到付款功能。所以从用户服务、提升用户认可度方面，商家做得很细致周到。

比如售后方面，可以通过一个小案例体会商家是如何做的。铸味有一种煎锅，锅和手柄是连体的，有时候快递在派送和搬运途中会不太小心，用力过猛把箱内的锅手柄弄断。这样用户就不好用了，为了给用户一个好的服务和体验，也是减少来回运费的损失和来回派送的时间成本，商家是这么操作的：用户不用退货，直接给用户补发一个。这样的做法让用户非常满意，其实这个断柄的锅还能凑合着用，只是在清洗的时候不是很方便，但是商家提供这样的服务，用户非常满意，因此店铺商品的好评率基本都在 95% 以上。还有一个服务就是，如果遇到店铺大的促销活动，促销前 7 天内，用户因为价格找回来，商家会做差价返还。所以这样一来，用户的认可度很高，复购率也非常高。

3．解决方案

（1）基础工作

前 1 ~ 3 个月需要做好基础工作，首先做好店铺的商品图片、标题、价格定位、页面风格、商品特点、服务特点、挖掘商品卖点等工作。

其次，优化改进。针对销售较好的商品做重点跟踪和优化并添加至详情页面的关联处，根据用户的评价不断改进商品及物流、发货、客服、售后等服务工作。

A．图片的优化

原来的图片不太好，看上去比较枯燥，比较死板。所以即便用户看了，跟别人家的商品没有太大的差距，而且还比别人的贵一点。商品必须要重视主图的视觉效果，锅具配合着美味的食物，会激起用户购买的欲望。所以京拍档接手铸味之后，就逐步去优化它的主图，把有视觉冲击力的、有诱惑力的图换上去，选择配着热腾腾的食物的锅具做主图，这样用户看着就很有食欲，也会激起购买的欲望。

B．关联销售

前期除了优化主图，同时也做一些关联的推荐。就是把店铺里卖得好的商品都拿出来展示，比如：铸味有炒锅、煎锅、汤锅、烤锅、蒸锅、火锅等，就是每一个品类卖得好的，都拿出来一个，做一个关联销售的推荐。那么用户进入这个店铺的页面，他可能是通过一个炒锅进来的，但是通过关联销售，他又看到汤锅，那就有可能再购买一个汤锅，这样无形中就把转化率提高了，客单价也就相应提高了。既然开店，肯定不希望用户买一个锅就走，而是希望用户成为长久的用户，经常重复购买。买铸味的产品的用户基本上就是这样，有一些用户买了一个铸味的锅之后，用后感觉确实很好，就会把其他的锅换掉，全部换上铸味的锅具。

（2）活动、促销

提报参加京东的活动、自动自发组织联合活动，针对京东官方大型活动可以购买付费资源，利用大的流量结合店内大促，使销量和转化率井喷！

推广工具——京准通，利用推广工具，选择热销商品争取更大的曝光机会，结合用户兴趣、用户区域分布、针对用户群里的购物特点设置投放时间等设定精准投放，利用数据报表和数据罗盘来改进投放策略。

除了优化商品的主图和关联，也做京准通推广。2014 年 4 月份到 5 月份，连续上活动，所以流量上有提升，商家也是极力配合，有活动就上（图 A-2-1）。

图 A-2-1

站外流量方面，京东也有腾讯方面的流量，包括微信端、QQ 端，都有大量的流量。在 2014 年 6 月份，上过一些微信端的团购，包括后期的京东移动端的推广，也都做过。从活动推广入手，包括商家对硬广的支持，像 2014 年 6 月份，还上过京东的品牌团，但是因为京东流量问题，当时做得不是非常好。

在销售比较好的情况下，或者你是京东运营手里的类目 TOP 商家，运营这边也会分配给你一些资源去做。比如二级页、三级页，其实很多资源都是可以用活动去争取的，包括京准通的推广，以前大部分资源位是免费，不过现在是置换，广告投入较高的，会有一定的奖励或者说是资源置换，适当投入其实也是向平台和对接运营展示我们品牌的实力，具备做大的可能性，这样日积月累，再逐步获取平台方面的支持，才能将店铺做到更好。

（3）借鉴其他同类产品，挖掘更多用户

铸味的产品算是特类，因为在京东，80% 左右的锅具都是不锈钢的，或者是合金成分的产品，做铸铁的是比较少的，铸味在铸铁里面算是做得比较好的，而且铸味现在也在跟他们竞争，跟常规的大众产品竞争，因为铸味也要去挖这部分人群进来。从营销的角度来说，都是有共性的，就是其他人在做的我们也要去借鉴去参考，不是说只是闷头做自己的铸铁，别的都不管。

（4）2014 年活动总结和分析

2014 年 6 月 3 日品牌团，原先提报的是 6 月 19 日 2.5 万的品牌团，结果团购组安排提前至 6 月 3 日，品牌团费用为 3.5 万元，导致活动很仓促，但是店铺还是拿出 30 款商品做特价再满减，并匹配了京准通推广资源。无奈当日的销售还是很差，当天共计销售额为 3.5 万元，次日销售 1.9 万元，总体来说，亏，很亏！

2014 年 9 月家装节，购买了 1 万元的家装节会场资源，9 月 9 日 ~ 15 日厨具日专场，店铺结合特价加满减大促，7 天共计销售 147987 元。

2014 年 10 月家居节，购买了 1500 元的单品资源。10 月 13 日 ~ 19 日结合店铺热销商品特价再享满减的促销活动，7 天共计销售 144746 元。

2014 年 11 月，11 月 11 日当天没有活动资源，11 月 12 日有一个团购。店铺针对“双 11”，做了巅峰巨惠，大促时间为 2 周，11 月 5 日 ~ 19 日，促销价格为历史最低价，且店铺所有商品均为历史最低价，并配合满减促销。11 月 11 日当天销售 88054 元，大促期间共计销售 471978 元。

2014 年总体完成了销售目标，并且月度销量、单日访客数、商品客单价、用户群体等因素基本稳定（图 A-2-2）。

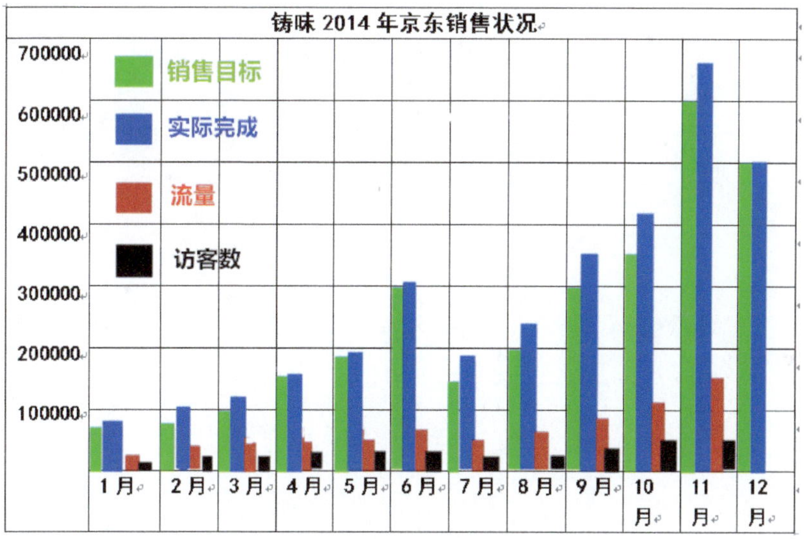

图 A-2-2

4. 京东店铺运营经验

京拍档的运作方式，是属于稳扎稳打型的，各个方面的工作做得都比较扎实。从铸味这个店铺来讲，有以下几方面的运营经验。

（1）商品定位

无论什么商品，都有它的优点和缺点。所以接手一个店铺之后，首先要去给这个商品定位，看看它有没有市场前景，以及用户对这个商品的认可度。还要想想，这个产品要卖给谁，如果是高端商品，就一定更要卖给经济能力比较好的人，那就要考虑这类人的心理需求。而铸味的产品则可以定位为一款适合注重生活品质健康的人的商品。

（2）稳扎稳打，做好店铺基础工作

稳扎稳打，做好店铺基础工作，借用数据做分析来规划店铺并逐步总结调整策略，后期通过策划活动和推广来引流，提升销售。

其实做运营，更多的是要统筹，把控一些细节性的工作。比如：活动策划、文案编辑，包括设计、页面的效果、客服、售后等，其实每一个环节，都是大家通力合作才能做好的。可能有的人不太了解情况，会问你们这个店铺是靠哪些方面做成功的？可能会更在乎某一点，但是实际上，店铺运营久了你会发现，肯定是大家全方位的配合，而且不放过每一个细节，不断去改进和完善，最终在稳扎稳打的基础上，有一个质的飞跃。

附录B

京东资深运营对你说

B.1 京东平台的特色服务

京东作为国内最大自营电商企业之一，拥有超过 1 亿的活跃用户，致力于打造更潮、更酷、更国际化的一站式综合购物平台。京东平台对比国内其他电商平台有着很多其独有的特色，下面为大家逐一解读。

（1）依托京东强大的自建仓储物流体系，京东平台拥有更多合作模式的选择。

截至 2015 年 9 月 30 日，京东在全国范围内拥有 7 大物流中心，在 46 座城市运营了 196 个大型仓库，拥有 4760 个配送站和自提点，覆盖全国范围内的 2266 个区县。京东的仓储物流不仅服务于京东的自营模式，同时全面开放给平台的合作商家，在京东开店的商家可以根据自身的货品结构、运营思路等因素考量，灵活选择与京东平台的合作模式，达到资源利用更高，经营受益更大的效果（图 B-1-1）。

服务	京东开店	交易系统	仓储系统	配送服务	货到付款	京东开发票	增值服务
SOP	√	√	×	×	×	×	
SOP+京配	√	√	×	√	√	×	货到付款
SOP+京仓	√	√	√	√	√	×	
FBP	√	√	√	√	√	√	

图 B-1-1

A. SOP：在 POP 上销售，商家自主发货给用户，不支持货到付款。

B. SOP+ 京配：服务采用京东配送服务，支持货到付款（COD）。

C. SOP+ 京仓：在 POP 上销售商品存储在京东仓库，订单生成后由京东配送进行订单配送发货 。

D. FBP：商品入京东仓库，京东负责仓储配送，支持货到付款，须为一般纳税人。

（2）京东强大的整合营销能力，为在京东开店的商家提供全方位、全渠道的店铺推广解决方案。

一个好的店铺的经营状态绝不仅限于开店、铺货、卖货。有针对性的根据平台的节奏、经营品牌的市场推广节奏及店铺自身货品情况制定合理的营销规划必不可少。京东有专业的运营同事会指导商家什么时间，在哪些资源位，动用什么渠道，通过怎样的噱头和形式，卖给哪些目标用户群。

A. 推广时间更多的要根据平台及品牌的营销节奏而定。

B. 噱头和形式，京东运营同事会和商家根据活动要求及货品情况协商而定。

C. 目标用户群可根据京东数据罗盘及店铺会员数据分析而定位。

D. 资源位方面，京东平台提供了丰富的资源助力商家推广品牌及单品。

- 针对还未上市想试探市场反馈的产品：京东众筹、京东预售等
- 针对刚刚上市的新品：京东首发、白条免息、试用、上新活动等
- 针对成熟期亟需冲量的商品：团购、APP 秒杀、热卖推荐位、大促活动等
- 针对衰退清仓期商品：闪购、清仓频道、清仓活动等

E. 推广渠道方面，与京东平台合作的商家，不仅只有 PC 端的展示推广渠道，还包括京东 APP、微信购物、手机 QQ 购物甚至包括线下渠道都可以提供给商家或单独或打包的推广方案。

（3）京东平台为商家提供微店开店及运营解决方案。

当前微商市场异常火爆，市面上各种微店的开店工具种类繁多、鱼龙混杂。京东平台依托与腾讯的战略合作伙伴关系，为商家提供优质的微店开店及运营解决方案。

京东微店是基于京东店铺的一套微店开店解决方案。商家只需在“商家后台→移动后台→我的微店”中绑定微信服务号，即可使用完整的“京东微店 ”功能 。京东微店为商家提供统一的微信支付、网银在线、货到付款、手机 QQ 钱包等支付方式。商家可在京东商城 PC 端后台统一管理京东微店，用最小的成本，覆盖更广的用户群。

京东微店既具有一般微店“去中心化”的优点，又是唯一一家提供一级中心化场景的微店系统。通过微店，企业可以同时拥有独立的、个性化的店铺，积累自己的粉丝，又可以利用京东平台的流量和信用体系，取得用户信赖，兼具两者的优势。

O2O 作为当下最为火爆的课题，一直是企业极力想要开展却又一头雾水的痛点。而京东微店正是帮助企业打通线上线下资源，形成联动助力企业 O2O 开展的利器。

京东微店具有以下五大优势：

A. 去中心化

通过京东微店，商家可以拥有独立的、个性化的店铺，摆脱对大型购物网站的依赖，积累自己的粉丝，可以有机会拥有忠实的用户。

B. 中心化入口

可以利用京东中心化入口的流量和信用体系，取得用户的信赖、更便捷地获取流量和粉丝。

C. 用户覆盖广

可以同时在微信、手机 Q 里开店，覆盖两个最大社交平台的用户。京东微店还率先将微店扩展到手机 QQ 中，开通京东微店后，商家的店铺会同时开到微信和手机 QQ 中。商家可以同时享有微信和手机 QQ 两大平台的巨大用户资源。实现开张一小店，卖遍互联网。

D. 转化率高

- 支付方式多样便捷
- 页面体验一流
- 京东品牌支持，购物更安心

E. 低成本

- 开店便捷，入驻京东平台后，只要提交符合要求的 QQ 号、服务号，即可在 2 个工作日内完成开店。
- 运营高效，商家在京东商城后台统一管理店铺，节省运营，管理成本。

（4）打破店铺间营销局限，提供不同店铺间跨店促销功能，帮助店铺取长补短经营。

京东平台系统除了提供商家常规的店铺内单品促销、店铺券、店铺满减、满赠、买赠、会员促销等促销形式，同时为了丰富平台营销方式的多样性，打破不同店铺间的营销壁垒，还独家拥有跨店促销功能。

如做相机主机的商家可联合做相机配件的商家，进行两个店铺间的满减活动，用户在两个店铺凑单达到满减额度即可享受优惠，费用按照订单中两家商品价格占比分摊。达到店铺间优势资源互补，实现两家店铺效益最大化。

B.2 京东运营眼中的好店标准

1. 整体数据

从运营的角度来讲，销售额反映了店铺运营的结果，是运营第一关注的要素，UV 价值能够衡量店铺将流量转化为销售的能力，是运营分配资源的重要参考指标，除此之外，还会关注广告费用和移动端占比。

商家可以问，我熟悉的流量、转化率和客单价呢（B-2-1）？这些指标因为在同一类目各个商家中差别也会比较大，不好直接比较，所以用销售额和 UV 价值更容易直接判断店铺运营的结果。

图 B-2-1

Joy小援手

UV 价值 = 下单金额 / 访客数

多数运营会负责几百家店铺，想要都照顾到是非常困难的，所以销售额、UV 价值、广告费用和移动端占比 4 个指标可以帮助运营筛选出需要重点关注的店铺，具体来说，销售额高的店铺即通常所说的 TOP 商家，当然会受到重点关注；销售额中等，但是 UV 价值高于类目平均水平的商家，会更具有发展潜力，会作为潜力商家培养；广告费用高的商家，在各种付费活动中总少不了他们的身影，当然，也说明商家有强烈的意愿把京东平台做好，运营当然也乐意给予他们更多支持；在移动化大趋势下，移动端占比高的商家也会受到关注，因为要么他们的商品更适合在移动端销售，要么商家的移动端运营能力很强，这类商家很容易在移动端活动上得到资源倾斜（图 B-2-2）。

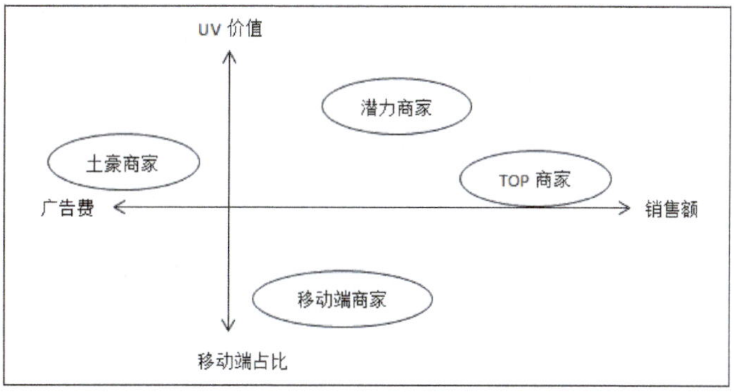

图 B-2-2

不同的运营在上述 4 个指标上的侧重可能会不同，而且通常会综合多个指标的情况圈定自己需要重点关注的店铺，再进一步查看商品、流量和商家运营能力，确定自己的主推店铺。

2. 商品结构

电商也是零售，所以商品还是根本。见过很多电商公司，运营能力很优秀，但是因为商品不给力，销售一直提不上来，瓶颈很明显。相反，具有强大产品和供应链能力的公司，近几年越来越多地占据了销售排行榜的前列。

对于产品的考察不同类目差异会比较大，以我的经验来讲，会关注品类、品牌，热销商品和新品。每个类目都有自己的重点品类和发展品类，即销售占比高的品类和发展潜力大的品类。重点品类销售额高，竞争也激烈，TOP 商家通常是在重点品类上取得了竞争优势，发展品类一般以行业新兴产品为主，也会包括新拓展的品类及与行业或友商差距比较大的品类。为了在这些品类尽快取得突破，也会投入比较多的资源进行推广。对品牌的考察与品类类似，考虑现在的品牌市场规模和市场潜力，同时不同品牌运营能力和支持力度不同，也会作为考虑的一个因素。根据品类和品牌大致能判断出店铺所能达到的最高销售额，再考虑商家的供应链和运营能力，就可以对其店铺销售有个预估。热销商品和新品是供应链能力的一种体现，通常标品类目会更重视热销商品，服饰类目会更重视新品。

3．流量结构

流量按照来源渠道划分可以分为 PC 端、APP 端和 M 端、微信端、手机 QQ 端。各个渠道的占比情况大家可以和同行了解下，看下自己店铺的数据是否合理，还有哪些短板可以提升。需要特别提醒的是，现在 APP 端无论是在占比还是增长速度上都非常不错，值得重点关注。尤其数据罗盘目前已经上线了无线流量分析的功能，商家可以对无线流量看得清晰明白，非常给力（图 -2-3）。

店铺整体经营概况　PC端经营概况　移动端经营概况

移动端来源构成	浏览量	访客数	下单金额	下单客户数	下单单量	下单商品件数	客单价	店铺成交转化率
总计	10,348	4,435	20,134.00	79	83	85	254.86	1.78%
APP端	7,057	3,262	12,716.00	45	48	50	282.58	1.38%
微信端	1,580	440	5,151.00	24	24	24	214.63	5.45%
M端	1,078	574	706.00	3	3	3	235.33	0.52%
手机QQ端	593	149	1,561.00	7	8	8	223.00	4.70%
其他	40	10	0.00	0	0	0	0.00	0.00%

图 B-2-3

流量类型里比较重要的包括搜索和类目流量、付费流量、活动流量。搜索和类目流量的占比通常是最大的，尤其是搜索流量，在 APP、微信、手机 QQ 渠道的占比也比较高，对整个店铺的流量起举足轻重的作用。搜索流量越高，说明店铺的流量来源越稳定、持久，店铺的销售越有保证，但是如果过高（如 70% 以上），则意味着其他渠道引流不足。京东的搜索规则可以参考京东搜索排序白皮书：http://help.jd.com/Vender/viewQuestion-851-2302.html。关键词的选择可以参考数据罗盘中的“行业分析→行业关键词分析”（图 B-2-4）。

请输入关键字　下载

序号	热词	三级类目	搜索指数	搜索人气	点击指数	点击率	成交指数	转化率	相关词	对比
1	积木	积木	607,050	263,801	862,450	142.07%	55,650	20.58%	相关词	加入对比
2	磁力片	积木	426,609	293,200	777,745	182.31%	55,405	18.64%	相关词	加入对比
3	玩具	积木	407,318	134,981	198,245	48.67%	5,372	5.13%	相关词	加入对比
4	乐高	积木	145,382	63,050	173,594	119.41%	533	1.40%	相关词	加入对比
5	积木玩具	积木	144,047	68,161	166,925	115.88%	7,599	11.54%	相关词	加入对比
6	乐高积木	积木	81,652	32,951	97,240	119.09%	804	3.23%	相关词	加入对比
7	我的世界	积木	60,012	28,417	78,077	130.10%	308	1.66%	相关词	加入对比
8	磁力片积木	积木	53,773	26,678	150,063	279.07%	5,293	14.47%	相关词	加入对比
9	乐高幻影忍者	积木	38,527	18,173	122,985	319.22%	239	1.90%	相关词	加入对比
10	拼装玩具	积木	34,590	9,839	49,919	144.32%	308	3.76%	相关词	加入对比
11	乐高玩具	积木	33,566	12,582	42,920	127.87%	217	2.33%	相关词	加入对比
12	磁力积木	积木	32,232	14,743	112,761	349.84%	890	6.54%	相关词	加入对比
13	乐高气功传奇	积木	29,897	13,960	90,403	302.38%	40	0.54%	相关词	加入对比
14	星钻积木	积木	28,468	10,716	56,135	197.19%	332	3.74%	相关词	加入对比
15	积木拼插	积木	27,892	10,260	44,201	158.47%	1,184	10.93%	相关词	加入对比
16	军事航母积木	积木	27,164	5,948	10,545	38.82%	10	0.35%	相关词	加入对比

图 B-2-4

付费流量主要通过京准通和硬广购买，为日常运营和大促活动补充流量。一些商家有专门的推广专员负责付费流量的购买，既有利于提高广告的 ROI，又能够在需要流量时以相对合理的价格购买到优质流量，保证活动的效果。特别是在参与官方活动时，额外引流的商家活动效果要好于未引流商家，有利于争取到更多的活动资源。活动流量一般持续时间较短，流量大，是帮助店铺销量提升的重要机会。运营也会希望经过一段时间的活动推广后，店铺的日常销售能够提升一个台阶，这样的活动才是有效的。活动流量在一个较长的时间段内（一个月及以上）不应过高，否则对活动依赖太大店铺销售不稳定，一旦活动停止店铺销售会下滑得厉害，而且从商家角度来讲，毛利也会受到比较大的影响（图 B-2-5）。

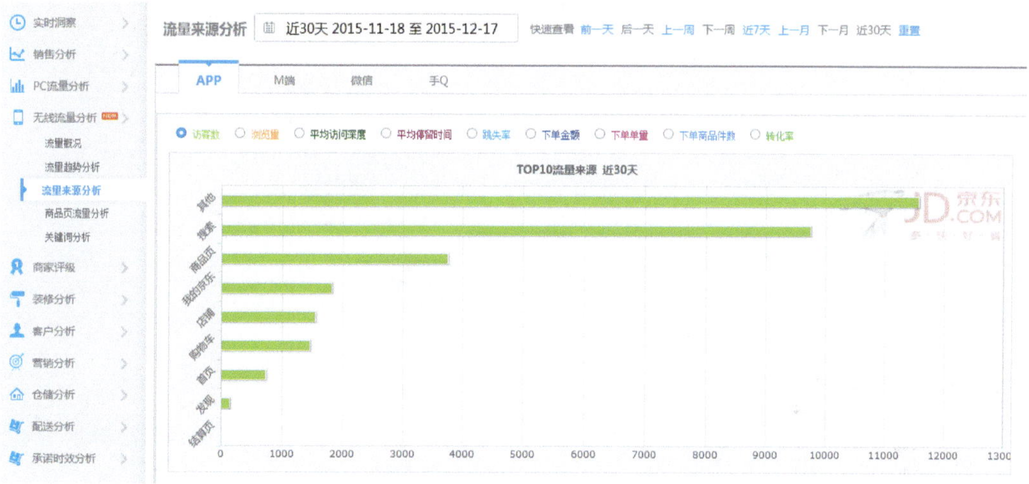

图 B-2-5

4. 活动运营能力

活动的效果除了与流量有关外，还和商家的活动运营能力有直接的关系。一个相同的活动资源位，最终的产出不同的商家可能相差数十倍。在羡慕其他商家可以选上参加官方活动时，也要反思自己的活动运营能力是否存在不足。具体来说，活动运营能力包括选品，活动优化和配合度等。

选品是活动的基础，虽然多数常规热销品在活动时也能有比较好的表现，但是活动选品和常规热销品还是有些区别的，根据活动的受众、时间点、力度等要求选择合适的商品仍然是最重要的一环。

京东各式各样的活动比较多，现在好多活动还是以比较传统的表格方式进行提报，所以配合度也是运营选品的一个考虑因素。有的商家提报活动时不能及时联系到，申请价格折扣流程太长，反馈很慢，提交的表格或者素材不符合要求等很多因素会影响商品被选中的概率，建议商家运营在工作时间尽可能保持在线，可以提前选出部分产品作为活动商品提前申请好价格，提报活动时认真阅读活动要求，及时准确提报。即使运营提报后，活动还会经过活动负责人和页面审核同事审核，如果被驳回，也要及时修改。

有些活动坑位的排序是根据一定规则排的，或者是根据 BI 算法排序的，这类活动是有优化排序的空间的，靠前的排序通常意味着更高的流量和销售。即使是坑位固定的活动，在大流量的情况下，优化入口图，也能明显提高点击率，进而增加进店流量，提升活动的效果（图 B-2-6）。

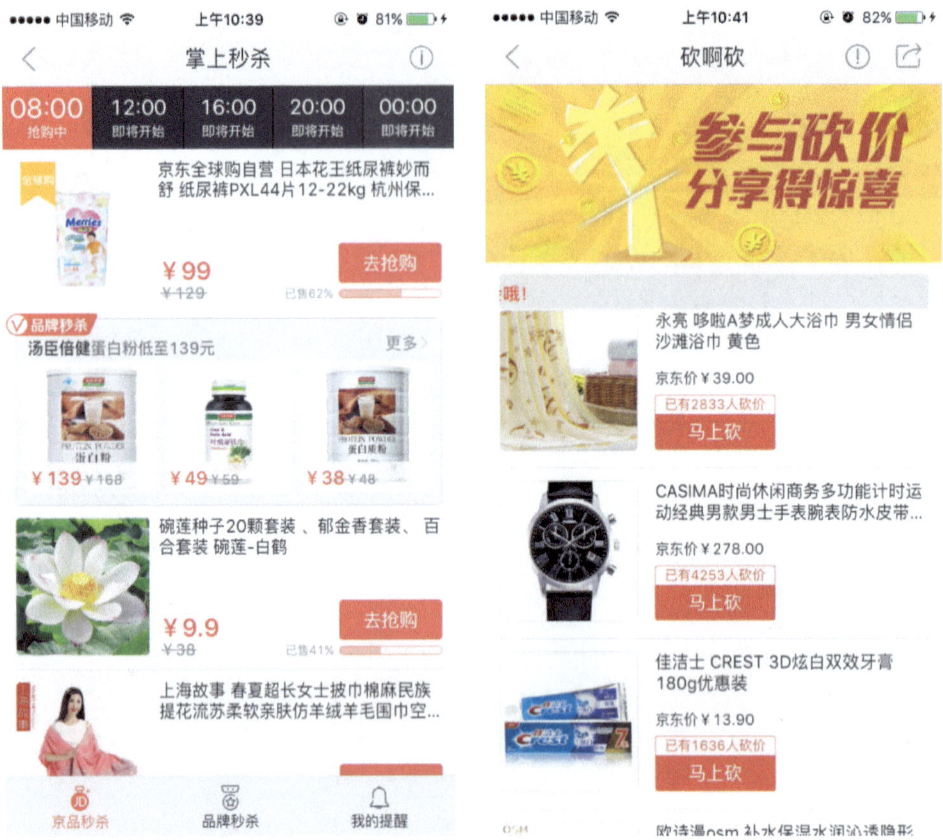

图 B-2-6

附录C

常用指标注释汇总

访客数：也称为 UV，访客数是一个用于衡量店铺或页面来了多少个人的指标，是到达店铺或页面的用户去重后的数值，即同一用户从多个渠道多次访问只被计算一次。多天的访客数为各天访客数累计后去重的数值，也就是说同一个人在一段时间内来了多次，也只会被统计为一个人。

浏览量：也称为 PV，浏览量是用于衡量用户，也就是一个访客，在店铺内浏览和查看了多少次页面的指标，也就是说，一个用户多次打开或刷新某个页面，浏览量累加。多天的浏览量为各天浏览量的累计值。

平均访问深度：浏览量 / 访问次数，这个数据是用于衡量用户在进行店铺访问时，浏览了几个页面的指标。

平均停留时间：总停留时间 / 总浏览量，平均停留时间表示用户每次访问在页面内停留时间的均值，单位为秒。

跳失率：跳出次数 / 访问次数，用于表示用户只访问了店铺或商品一个页面就离开店铺的访问次数占总访问次数的比例。

有效访客数：有效访客也就是未跳失的访客，指访问店铺至少两个页面才离开的访客数，例如点击了加入购物车按钮，或者点击了咚咚咨询按钮等的访客。

咨询访客数：在所有来访的用户中，点击了咚咚客服咨询按钮进行咨询的访客数量。

成交访客数：指在所有来访的用户中，下单成功的用户数量，包括先款订单（在线支付、公司转账、邮件汇款等）完成付款的用户和先货订单（货到付款、各类自提等）下单成功的用户。同一用户在统计周期内发生多笔成交会进行去重计算。

成交转化率：成交用户数 / 全部访客数，例如店铺的成交转化率等于全店的成交访客数 / 店铺的全部访客数，商品页的成交转化率等于该商品的成交访客数 / 到达过该商品页的全部访客数。

静默转化率：静默成交的访客 / 全部静默的访客。

咨询转化率：咨询成交访客 / 全部咨询访客。

加购转化率：成交访客数 / 点击加入购物车按钮的访客数，这个指标主要用于衡量加购购物车后是否形成成交的情况。

付款转化率：先款订单已付款的下单单量 / 先款订单总下单单量。

客单价：下单金额 / 下单用户数，用于衡量平均每个用户到达店铺或商品页后消费多少钱的指标。

客单件：下单件数 / 下单用户数，用于衡量平均每个用户到达店铺或商品页后消费多少件商品的一个指标。

用户复购率：单位时间内，购买两次及以上的用户数 / 购买的总用户数。

订单复购率：单位时间内，第二次及以上购买的订单个数和 / 单位时间内总订单数。

会员复购率：单位时间内，购买 2 次及以上的且入会时间在统计开始时间之前的会员数 / 入会时间在统计开始时间之前的购买的会员总数。

新用户复购率：单位时间内，购买 2 次及以上的当期新用户 / 购买的当期新用户总数。

会员回头率：单位时间内，购买的会员数 / 购买的总用户数。

新用户留存率：新用户留存数 / 新用户总数。